CB138919

Capitalismo da atenção

Chris Hayes

Capitalismo da atenção

Como a atenção se tornou o recurso mais escasso do mundo

Tradução: Laura Folgueira

LIVROS DE Valor

As informações contidas neste livro foram cuidadosamente pesquisadas pelo autor e pretendem ser uma fonte de informação. Para o tratamento de questões de saúde específicas, consulte um médico. Os nomes e as características de alguns indivíduos foram alterados para proteger suas identidades.

Texto fixado conforme as regras do Acordo Ortográfico da Língua Portuguesa (Decreto Legislativo nº 54, de 1995).

Editora responsável: Amanda Orlando
Editora de produção: Viviane Rodrigues
Editor-assistente: Rodrigo Dutra
Assistente editorial: Camila Novaes
Preparação: Pedro Siqueira
Revisão: Jane Pessoa
Diagramação: Victor Gerhardt | CALLIOPE
Design de capa: Keith Hayes
Adaptação de capa: Carolinne de Oliveira

CIP-BRASIL. CATALOGAÇÃO NA PUBLICAÇÃO
SINDICATO NACIONAL DOS EDITORES DE LIVROS, RJ

H331c

Hayes, Chris, 1979-
Capitalismo da atenção : como a atenção se tornou o recurso mais escasso do mundo / Chris Hayes ; tradução Laura Folgueira. - 1. ed. - Rio de Janeiro : Livros de Valor, 2025.
272 p.

Tradução de: The sirens' call: how attention became the world's most endangered resource
ISBN 978-65-83961-02-0

1. Atenção. 3. Atenção plena (Psicologia). I. Folgueira, Laura. II. Título.

25-99221.1 CDD: 153.733
CDU: 159.952

Carla Rosa Martins Gonçalves - Bibliotecária - CRB-7/4782

1ª edição, 2025

Direitos exclusivos de edição em língua portuguesa para o Brasil adquiridos por Editora Globo S.A.
Rua Marquês de Pombal, 25 — 20230-240 — Rio de Janeiro — RJ
www.globolivros.com.br

Para Ryan, David e Anya: Vocês têm toda a minha atenção

Sumário

1. O canto da sereia ... 9
2. O caça-níquel e o Tio Sam ... *31*
3. A raiz do mal ... *59*
4. Atenção social ... *79*
5. Alienação ... *109*
6. Os primórdios da era da atenção ... *145*
7. Atenção pública ... *181*
8. Retomando nossa mente ... *229*

Agradecimentos ... 245
Notas ... 247

1

O CANTO DA SEREIA

VAMOS COMEÇAR COM UMA HISTÓRIA da jornada de Odisseu. No livro doze da *Odisseia*, nosso herói está prestes a deixar a ilha de Circe quando ela lhe dá algumas dicas de como enfrentar os perigos da próxima etapa de sua viagem.[1]

"Escuta", ela o instrui severamente:

> Primeiro, você encontrará as duas sereias: elas fascinam todos os homens que se aproximam. Se alguém, por ignorância, se avizinha e escuta a voz das sereias, adeus, regresso! Não tornará a ver a esposa e os filhos inocentes sentados alegres ao seu lado, porque, com seu canto melodioso, elas o fascinam, sentadas na campina em meio a montões de ossos de corpos em decomposição cobertos de peles amarfanhadas.

Circe diz para Odisseu pôr cera nos ouvidos da tripulação para que seus homens não ouçam as sereias e faz com que eles o amarrem ao mastro da embarcação até que estejam fora de perigo.

Odisseu segue o plano à risca. E de fato, quando o canto das sereias chega a seus ouvidos, pede a seus homens que o soltem para que ele possa segui-lo. Mas, conforme instruída, sua tripulação o ignora até que não se ouça mais o canto delas.

Essa imagem é uma das mais potentes do cânone ocidental: Odisseu amarrado ao mastro, lutando contra as amarras às quais ele mesmo se submeteu, sabendo que tudo isso estava predestinado. Ela chegou até nós ao longo dos séculos como uma metáfora para muitas coisas. Pecado e virtude. As tentações da carne e a força de vontade para resistir a elas. O viciado que joga seus comprimidos no vaso sanitário, antevendo os efeitos da abstinência, e depois implora por mais droga. É uma imagem que ilustra a luta freudiana entre o ego e o id: o que queremos e o que sabemos que não devemos ou não podemos ter.

Sempre que me deparo com uma representação visual das sereias, elas são, por falta de uma palavra melhor, gatas. Sedutoras. De Shakespeare a Ralph Ellison e por toda a literatura, as sereias são, na maioria das vezes, uma metáfora da sedução feminina.[2] Em *Ulysses*, de James Joyce, Bloom descreve o homem que está se encontrando com a esposa como "vítima de seus encantos de sereia e esquecendo os laços do lar".[3]

Diante disso, é um pouco estranho pensar no significado original da palavra *siren*, em inglês, em relação a como é usada hoje, para descrever o lamento intrusivo das sirenes que ficam em cima de ambulâncias e viaturas. Mas há uma conexão, e profunda, que é a razão de ser deste livro e que é fundamental para a compreensão da vida no século XXI.

Fique parado em uma esquina de qualquer cidade do mundo por tempo suficiente e você ouvirá um veículo de emergência passar em alta velocidade. Quando viaja para um país estrangeiro, esse som se destaca do conjunto de sensações que você está experimentando ali. Porque não importa onde se esteja, o chamado é ao mesmo tempo familiar e estranho. A estranheza vem do fato de que, a depender do país, a sirene soa ligeiramente diferente — mais demorada, com dois tons ou com um tom distinto. Mas mesmo que você nunca a tenha ouvido antes, entende imediatamente seu propósito. Em meio a um idioma que talvez você não fale e a uma comida que nunca provou, a sirene é universal. Ela existe para chamar a nossa atenção, e é bem-sucedida nisso.

A sirene como a conhecemos hoje foi inventada em 1799 pelo polímata escocês John Robison.[4] Ele era uma daquelas figuras do Iluminismo que se dedicava a tudo, desde filosofia até engenharia, e a princípio pretendia usar o dispositivo como uma forma de instrumento musical, embora não tenha dado certo.[5] O que conhecemos como sirene só atingiu sua forma e função atuais no final do século XIX. Na década de 1880, um engenheiro e inventor francês que havia criado barcos elétricos (portanto, quase sempre silenciosos) utilizou sirenes elétricas a fim de evitar acidentes náuticos.[6] (Ele até tinha um barco chamado *La Sirène*.) Em relativamente pouco tempo, a tecnologia chegou a veículos terrestres como caminhões de bombeiros, substituindo os sinos altos que antes eram usados para abrir caminho.[7]

As sirenes da tradição e as sirenes da paisagem urbana das ruas atraem nossa atenção contra nossa vontade. E essa experiência, ter nossa mente capturada por esse lamento intrusivo, é agora nosso estado permanente, nossa sina. Nunca estamos livres do canto das sereias e das sirenes.

A atenção é a substância da vida. A cada momento em que estamos acordados, estamos prestando atenção em algo, seja por nossa própria escolha ou porque algo ou alguém nos obrigou a isso. Em última análise, esses instantes de atenção se acumulam em uma vida. "Minha experiência", escreveu William James em *The Principles of Psychology* [Princípios de psicologia] em 1890, "é aquilo em que eu aceito prestar atenção".[8] Cada vez mais parece que nossa experiência é algo que não aceitamos totalmente, e a onipresença dessa sensação representa uma espécie de ruptura. Nosso domínio sobre nossa própria mente nos foi roubado. Nossa vida interior foi transformada de uma forma sem precedentes. Isso é verdade em praticamente todos os países e todas as culturas do mundo.

De manhã, eu me sento no sofá com minha preciosa caçula. Ela tem seis anos de idade, e sinto seu hálito doce e suave na bochecha enquanto ela se aconchega com um livro, pedindo que eu leia para ela antes de irmos para a escola. Sua atenção é pura e não corrompida. Não há nada melhor nesta vida. Ainda assim, sinto o instinto quase físico de olhar para a caixinha de atenção no meu bolso. Deixo passar com algum esforço. Mas ela pulsa ali como o anel de Gollum.

Minha capacidade de resistir ao seu chamado significa que ainda estou vivo, sou um ser humano completo. No entanto, nos momentos de vergonha em que sucumbo, eu me pergunto o que exatamente sou ou me tornei. Continuo voltando à frase de James — "Aquilo em que eu aceito prestar atenção" —, porque a palavra "aceito" em sua formulação tem um peso enorme. Mesmo que a demanda por nossa atenção venha de fora, James acreditava que, em última análise, controlamos onde a colocamos, que ao "aceitar" prestar atenção em algo, oferecemos nosso consentimento. James era bastante obcecado pela questão do livre-arbítrio, se de fato o possuíamos e como ele funcionava. Para ele, o "esforço de atenção" — decidir para onde direcionar nossos pensamentos — era "o fenômeno essencial da vontade".[9] Era a mesma coisa. Não é de admirar que eu me sinta alienado de mim mesmo quando a caixa de atenção no meu bolso me compele a pegá-la, aparentemente contra minha própria vontade.

O barulho da ambulância pode ser um incômodo em uma rua barulhenta e cheia de gente, mas pelo menos chama a nossa atenção para um propósito socialmente útil. As sereias do mito grego atraem nossa atenção para acelerar nossa própria morte. Ao amarrar-se ao mastro, Odisseu estava tentando gerir sua própria atenção. Por mais dramática que seja essa passagem homérica, ela também é, para nós da era da atenção, quase mundana. Porque viver neste momento no mundo, tanto on-line quanto off-line, é encontrar-se uma e outra vez se contorcendo no mastro, lutando pelo controle de nosso próprio ser contra os incessantes cantos de pessoas, dispositivos, corporações e atores malévolos que tentam aprisioná-lo.

Esse é em essência o mundo que construímos para nossa mente. Bem, talvez não "nós" exatamente. Nosso papel na construção dos negócios e das instituições da era da atenção é uma questão de considerável debate. A combinação de nossos instintos biológicos mais profundos com o gênio iterativo do capitalismo global nos torna sujeitos a um processo interminável de experimentação, por meio do qual algumas das maiores corporações da história da humanidade gastam bilhões para descobrir o que desejamos e quanto disso podem nos vender. A atenção é o que nos constitui enquanto seres, mas, da perspectiva de entidades fora de nós, a atenção é como ouro em um riacho, petróleo em uma jazida.

Minha vida profissional exige que eu seja particularmente consumido por essas questões, mas acho que todos nós sentimos isso em algum grau, não é mesmo? A experiência alienante de estarmos divididos e distraídos apesar de nossa vontade, de estarmos *aqui*, mas não *presentes*. Aposto que você poderia passar um dia inteiro em qualquer cidade ou vilarejo entrevistando estranhos e não encontrar um único que lhe dissesse que sentia que sua capacidade de atenção era boa, que era sempre muito concentrado, que desejava ter mais distrações ou passar mais tempo olhando para telas. Assim como o trânsito, nossos celulares agora são fontes de reclamações universais, um jeito de puxar papo em uma barbearia ou na fila de um supermercado. O que começou como vozes baixinhas à margem, alertando-nos de que os titãs da tecnologia estavam nos oferecendo uma barganha faustiana, transformou-se em algo que se aproxima de um consenso emergente: as coisas estão ruins, e as tecnologias que usamos todos os dias são a causa. Os celulares estão nos matando com seus toques.

Porém, antes de simplesmente aceitarmos isso e seguirmos em frente com nossa investigação, vale a pena analisar um pouco essa sabedoria convencional que está tomando forma rápido. Quer dizer, não passamos sempre por esse ciclo? As pessoas não acham sempre que o mundo está perdido e que isso se deve às crianças de hoje em dia? Ou que alguma nova tecnologia (a prensa, a máquina a vapor etc.) foi a nossa ruína?

No *Fedro* de Platão, Sócrates faz um longo discurso — metade persuasivo e metade ridículo — sobre o perigo representado pela nova tecnologia da escrita: "Se os homens aprenderem [a arte da escrita]", adverte Sócrates, "isso implantará o esquecimento em sua alma: eles deixarão de exercitar a memória porque dependem do que está escrito, chamando as coisas à lembrança não mais de dentro de si mesmos, mas por meio de marcas externas. O que vocês descobriram é uma receita não para a memória, mas para a lembrança".[10]

Em retrospectiva, parece seguro dizer que a escrita foi um grande ponto positivo para o desenvolvimento humano, mesmo que um dos maiores pensadores de todos os tempos tenha se preocupado com ela da mesma forma que hoje em dia existe uma preocupação com os games. Na verdade, muitas vezes parece que, apesar de todas as críticas legítimas às redes sociais e à experiência de telas e conectividade onipresentes, há um tipo de histeria familiar por trás das terríveis advertências. Existe agora todo um subgênero de livros de conselhos para pais e softwares de bloqueio para gerenciar o "tempo de tela" e o perigo mortal introduzido pelos nossos dispositivos no desenvolvimento do cérebro das crianças; o debate cultural mais amplo assumiu toda a ferocidade exagerada de um pânico moral. Em 2009, o *Daily Mail* alertou seus leitores sobre "como o uso do Facebook pode aumentar o risco de câncer".[11] O *New York Post* avisou que as telas são uma espécie de "heroína digital" que transformam as crianças em "viciadas psicóticas".[12] "Os adolescentes nas mídias sociais vão de burros a perigosos", advertiu a CBS.[13] E o *The Atlantic* foi apenas um dos muitos a fazer a pergunta: "Os smartphones destruíram uma geração?".[14] Em 2024, o psicólogo social Jonathan Haidt publicou *A geração ansiosa*, em que argumenta que o acesso onipresente aos smartphones arrastou uma geração inteira de adolescentes e crianças a níveis sem precedentes de depressão, ansiedade e automutilação. Embora alguns acadêmicos que estudaram a questão tenham criticado o suposto exagero de Haidt, o livro foi um grande best-seller, e pais e escolas de todo o país se organizaram para manter os telefones fora das escolas, como o livro recomendava.[15]

Algumas das descrições mais graves e assustadoras dos efeitos da era da atenção vêm dos trabalhadores que a criaram. O documentário, *O dilema das redes*, sucesso da Netflix, conta com a participação de ex-figuras do Vale do Silício, como o denunciante e ex-funcionário do Google Tristan Harris, que alerta sobre a natureza insidiosa dos aplicativos que minam nossa atenção. Sean Parker, criador do Napster e um dos primeiros investidores do Facebook, descreve-se como um "objetor de consciência" quando se trata de redes sociais: "Só Deus sabe o que isso está fazendo com o cérebro de nossos filhos".[16] Ele não está sozinho. Um artigo da *New York Times Magazine* de 2018 rastreia o que o autor chama de "consenso sombrio sobre telas e crianças" entre os trabalhadores do Vale do Silício que ajudaram a projetar os mesmos produtos que agora proíbem os próprios filhos de usar. "Estou convencido", disse um ex-funcionário do Facebook ao *New York Times* em 2018, de que "o diabo vive em nossos celulares e está causando estragos em nossos filhos".[17]

Estou inclinado a concordar, mas também me vejo desconfiando um pouco do quanto a conversa sobre os males do celular soa como o clássico pânico moral. O sociólogo Stanley Cohen cunhou o termo "pânico moral" em seu livro *Folk Devils and Moral Panics* [Demônios populares e pânicos morais], de 1972, um estudo sobre a histeria presente em diferentes culturas jovens, especialmente os *mods* e os roqueiros no Reino Unido na década de 1960. "As sociedades parecem estar sujeitas, de vez em quando, a períodos de pânico moral", escreve Cohen. Algum grupo ou alguma tendência cultural "surge como uma ameaça aos valores e interesses da sociedade; sua natureza é apresentada de forma estilizada e estereotipada pela mídia de massa; as barricadas morais são ocupadas por editores, bispos, políticos e outras pessoas de pensamento correto; especialistas socialmente credenciados pronunciam seus diagnósticos e suas soluções".[18]

Também podemos ver esse padrão familiar quando o alvo é uma nova tecnologia em vez de uma tendência ou um grupo cultural: entusiasmo e admiração rapidamente se transformam em pavor e pânico. A tecnologia de impressão barata do final do século XIX, que deu origem aos livros de bolso e aos romances baratos, fez com que um crítico condenasse os editores do gênero por "envenenar a sociedade [...] com suas histórias obscenas e seu exemplo impuro [...] uma úlcera moral, uma mancha de peste, um leproso, que deveria ser tratado como os leprosos de antigamente, que eram banidos da sociedade e ordenados a gritar 'impuro', como um aviso para salvar os outros da peste".[19] Em 1929, quando o rádio se disseminou nos Estados Unidos, o *New York Times* perguntou: "Os ruídos do rádio causam doenças?", e informou aos leitores que havia "um consenso geral entre médicos e cientistas de que o advento do rádio produziu muitas doenças, especialmente causadas por problemas nervosos. O sistema humano requer repouso e não pode ser mantido em um ritmo de jazz para sempre".[20]

O brilhante ilustrador Randall Munroe, criador do quadrinho *xkcd*, capta muito disso em uma linha do tempo chamada "The Pace of Modern Life" [O ritmo da vida moderna], em que narra a ansiedade dos críticos contemporâneos com o desenvolvimento da modernidade industrial, em especial a velocidade da comunicação e a proliferação de informações facilmente acessíveis e seu impacto em nossa mente. Ele começa com a *Sunday Magazine* em 1871 lamentando o fato de que a "arte de escrever cartas está morrendo rapidamente. [...] Disparamos uma série de notas rápidas e curtas, em vez de nos sentarmos para ter uma boa conversa em uma folha de papel de verdade".[21] Em seguida, ele cita um político de 1894 que lamenta a diminuição do tempo de atenção: em vez de ler, as pessoas se contentavam com um "resumo do resumo" e estavam "mergulhando em [...] muitos assuntos e reunindo informações de forma [...] superficial", perdendo assim "o hábito de se dedicar a grandes obras". E a minha favorita, uma nota de 1907 no *Journal of Education* que critica a "reunião familiar moderna, silenciosa ao redor da lareira, cada indivíduo com a cabeça enterrada em sua revista favorita".[22]

Tudo isso agora parece divertidamente exagerado, mas há duas maneiras de pensar sobre esses avisos consistentes e essas lamentações do que a modernidade nos tirou. Uma é ver tudo isso como algo pitoresco: sempre haverá pessoas que se assustarão com os efeitos de qualquer nova tecnologia ou mídia e, com o tempo, elas descobrirão que está tudo bem, que o surgimento de, digamos, revistas, entre todas as coisas, não apodrece o cérebro das crianças nem destrói a estrutura da vida familiar.

Mas não acho que isso esteja certo. Pelo contrário, acredito que essas queixas e preocupações sobre a aceleração da tecnologia e da mídia estão corretas em termos gerais. Quando a escrita era algo novo, ela realmente representava uma ameaça a todas as formas de pensamento e comunicação antigas e valorizadas. O mesmo aconteceu com a imprensa e a alfabetização em massa, e depois com o rádio e a televisão. E é quando uma tecnologia é mais nova, quando está mais quente, que ela queima com mais intensidade.

A própria experiência do que chamamos de modernidade é a experiência de um mundo cujo ritmo de vida, escopo de informações e fontes de estímulo que demandam nossa atenção estão sempre aumentando. Em cada ponto dessa curva, a subida induz à vertigem. Quando Henry David Thoreau fugiu para Walden Pond no verão de 1845, foi para se proteger contra essa exata experiência, a onipresença invasiva da modernidade e a maneira como ela pode obscurecer as faculdades de alguém. Sobre nossas supostas melhorias modernas, ele escreve: "Há uma ilusão nelas; nem sempre há um avanço positivo [...]. Nossas invenções costumam ser brinquedos bonitos que nos distraem das coisas sérias".[23]

Para enxergar o que significa ser humano nesta era específica, é necessário, a cada momento, perguntar o que é novo e o que não é, o que está sendo impulsionado por alguma tecnologia ou inovação nova e o que é inerente à própria sociedade humana. Por exemplo, não é um fenômeno novo que massas de pessoas acreditem em coisas que não são verdadeiras. As pessoas não precisavam da "desinformação" do Facebook para queimar bruxas na fogueira e realizar pogroms, mas também não há dúvida de que a comunicação global instantânea e sem atrito atue como um acelerador. Também não é novidade nosso desejo de ocupar a mente quando estamos ociosos. Observe as fotos de bondes do início do século XX e verá vagões lotados de homens de terno e chapéu, todos com o nariz enfiado em jornais, assim como os passageiros modernos com seus celulares. Mas também não há dúvida de que a relação que temos com nossos telefones é fundamentalmente diferente da relação que aqueles passageiros de bonde tinham com seus jornais.

Em seu livro sobre a economia da atenção, *Foco roubado*, o escritor Johann Hari discute um pouco sobre isso com Nir Eyal (autor de *Hooked* (engajado): *Como construir produtos e serviços formadores de hábitos*). Eyal argumenta que os surtos em relação às mídias sociais são a versão atual do pânico moral de meados do século XX em relação às histórias em quadrinhos, que se tornaram tão polêmicas que houve uma série de audiências no Senado americano sobre o que elas estavam fazendo com a juventude. Todas as graves advertências sobre celulares e mídias sociais são, segundo ele, "literalmente copiadas do debate da década de 1950 sobre as revistas em quadrinhos", quando as pessoas "foram ao Senado e disseram aos senadores que as revistas em quadrinhos estavam transformando as crianças em [zumbis] viciados e sequestrados — é a mesmíssima coisa. [...] Hoje, achamos que os quadrinhos são inofensivos".[24]

No final, descobriu-se que os gibis não valiam a preocupação, e é por isso que o pânico parece bobo em retrospecto. Mas essa é outra questão fundamental, não é mesmo? Junto com a questão do que é ou não novo, há também a questão mais profunda do que é ou não prejudicial. É fácil confundir as duas coisas. Quando o uso do tabaco explodiu pela primeira vez na Europa, houve quem tocasse o alarme. Já em 1604, o rei James, da Inglaterra, condenou o novo hábito como "desagradável para os olhos, odioso para o nariz, nocivo para o cérebro, perigoso para os pulmões e, em sua fumaça negra e fedorenta, semelhante à horrível fumaça estigiana do poço que não tem fundo".[25] Por mais histérico e prudente que isso tenha soado na época, estava cem por cento correto. Recentemente, quando assisti ao incrível documentário de Peter Jackson sobre as sessões de *Let It Be* dos Beatles, o grande número de cigarros fumados em cada gravação foi perturbador e inquietante. Em 1969, quando os Beatles estavam gravando o que viria a ser seu último álbum, já havia pesquisas substanciais demonstrando que os cigarros eram perigosos.[26] Levaria mais trinta anos até que a cultura, a lei e a regulamentação se voltassem decisivamente contra o fumo e a prática começasse a desaparecer da maioria dos espaços públicos.[27]

Às vezes nos perguntamos se, daqui a cinquenta anos, as pessoas olharão para as filmagens de nossa época, todos com os olhos grudados no celular, da mesma forma que eu olho para Ringo Starr fumando um cigarro atrás do outro. Pare com isso! Vai matar você! Inclusive, o cirurgião geral dos Estados Unidos pediu que as redes sociais viessem com um rótulo de advertência obrigatório sobre os perigos para a saúde mental, como os que existem nos maços de cigarro. Em resposta, pesquisadores que estudam a saúde mental dos adolescentes reagiram dizendo que os estudos simplesmente não justificam uma medida tão drástica.[28] O debate sobre nossa vida digital, pelo menos da forma como foi refletido no discurso, basicamente se resume a isto: o desenvolvimento de um mundo de mídia social global, onipresente e cronicamente conectado é mais parecido com histórias em quadrinho ou cigarros?

O que quero argumentar aqui é que a escala de transformação que estamos vivenciando é muito mais vasta e mais íntima do que até mesmo os críticos mais apavorados acreditam ser. Em outras palavras: o problema com a principal corrente das críticas atuais à economia da atenção e ao flagelo da mídia social é que (com algumas exceções notáveis) elas não vão longe o suficiente. A retórica da condenação moral subestima o nível de transformação que estamos vivenciando. Por mais tentador que seja dizer que o problema são os celulares, eles são tanto sintoma quanto causa, o resultado natural de um conjunto de forças que transformam a textura de nossas vidas. A economia da atenção não é uma droga nova e ruim que está sendo enfiada goela abaixo da população, um tóxico viciante com efeitos negativos maciços ou até mesmo uma nova forma de mídia perturbadora com amplas implicações sociais. É algo mais profundo e totalmente diferente. Meu argumento é que a característica que define esta era é: o recurso mais importante — nossa atenção — é *também* o que nos torna humanos. Ao contrário da terra, do carvão ou do capital, que existem fora de nós, o principal recurso desta era está incorporado em nossa psique. Para extraí-lo, é necessário entrar em nossa mente.

Todos nós compreendemos de forma intuitiva o valor da atenção, pelo menos internamente, porque aquilo em que prestamos atenção constitui nossa vida interior. Quando ela é tirada de nós, sentimos a perda. Mas a atenção também é muitíssimo valiosa no exterior, no mundo. Ela é a base de quase tudo o que fazemos, desde os relacionamentos que construímos até nossa maneira de trabalhar, consumir e ser cidadão.

Para ilustrar, vamos fazer um pequeno experimento mental. Digamos que amanhã você decida se candidatar a um cargo local. Depois de pesquisar no Google para saber que documentação precisa apresentar, quantas assinaturas são necessárias e quais são os prazos, você terá que descobrir duas coisas principais: como arrecadar dinheiro e como fazer com que os eleitores saibam quem você é. Provavelmente, você começará com sua rede social para ambas as tarefas: vizinhos, amigos e parentes. Você pode organizar eventos, ficar em uma esquina, ir a feiras de agricultores locais, ligas de boliche ou plataformas de metrô para se apresentar. Precisará de uma equipe, uma mensagem, cartazes de campanha, posicionar-se sobre questões importantes e assim por diante. Mas, em todos os casos, o que você precisa conquistar é a atenção das pessoas. Ela é necessária em tudo em uma campanha bem-sucedida.

Ou digamos que você queira abrir uma empresa. Durante a pandemia, desenvolveu uma receita especial de cookie de chocolate com uma pitada de pimenta, e todos que experimentam adoram. Você terá uma série de desafios logísticos que o manterão muito ocupado — como abrir uma empresa, adquirir o equipamento certo, talvez fazer um empréstimo. Mas, no final das contas, acabará no mesmo lugar que uma campanha política: como fazer com que as pessoas saibam que você tem cookies para vender? Como atrair a atenção delas? Responder a essa pergunta é a base de um leque de empreendimentos humanos modernos — desde conseguir um emprego até encontrar um companheiro.

A atenção é um tipo de recurso: ela tem valor e, se você conseguir agarrá-la, poderá aproveitar esse valor. Isso tem sido verdade há muito tempo. Líderes carismáticos e demagogos, *showmen*, pregadores, grandes vendedores, marqueteiros, publicitários, homens e mulheres santos que reuniam discípulos: todos usaram o poder da atenção para acumular riqueza e poder. O que mudou foi a importância relativa da atenção. Aqueles que a extraem com sucesso comandam fortunas, vencem eleições e derrubam regimes. A batalha para controlar aquilo em que prestamos atenção em determinado momento estrutura tudo, desde nossa vida interior (quem e o que ouvimos, como e quando estamos presentes para aqueles que amamos) até nossa vida pública coletiva (quais assuntos urgentes de interesse social são debatidos e legislados, quais são negligenciados; quais mortes são lamentadas em voz alta, quais são silenciosamente esquecidas). Todos os aspectos da vida, nas mais amplas categorias da organização humana, estão sendo reorientados para a busca da atenção.

Como as coisas chegaram a esse ponto? No final do século XX, muitas nações ricas começaram a migrar de uma economia industrial e manufatureira para uma economia digital. Em 1961, seis das dez maiores empresas dos Estados Unidos em termos de ativos eram de petróleo.[29] Os ativos que essas empresas controlavam — combustíveis fósseis — eram o recurso mais valioso da ordem global do pós-guerra. Ao lado das empresas de combustíveis fósseis, estavam companhias automobilísticas como a Ford Motor e gigantes industriais como a DuPont.

Hoje, a lista da *Forbes* das maiores empresas dos Estados Unidos é dominada por bancos e empresas de tecnologia: Microsoft; Apple; Alphabet, a controladora do Google; Meta; Amazon.[30] O lócus da atividade econômica passou das empresas que manipulam átomos para as que manipulam bits. Em geral, tendemos a pensar no surgimento dessa nova forma de produção econômica como dependente de informações e dados. "Dados são o novo petróleo" tornou-se uma espécie de mantra da época; quem controla grandes estoques de informações são os poderosos de nosso tempo.

Essa visão não está completamente errada; a informação *é* vital. Mas ela deturpa de forma crucial o que é tão distinto e tão alienante na era em que entramos. A informação é o oposto de um recurso escasso: ela está em toda parte e sempre há mais. Ela é geradora. É passível de cópia. Várias entidades podem ter a mesma informação. Pense por um momento em seus dados pessoais, informações sobre quem você é e do que gosta. Talvez meia dúzia de empresas tenham esses dados, ou cem, ou mil, e embora isso possa ter algum efeito em termos da publicidade que você recebe, não dá para saber de verdade e, funcionalmente, isso não importa. Mas se alguém tem sua atenção, você sabe. Ela não pode estar em vários lugares ao mesmo tempo, como acontece com as informações.

Se eu colocar uma mesa de piquenique em meu quintal e meu vizinho roubar minha ideia e colocar uma mesa de piquenique no quintal dele, isso não mudará muito minha experiência. Mas se meu vizinho *roubar minha mesa de piquenique*, bem, aí ele piorou muito minha vida. O brilhante acadêmico jurídico Lawrence Lessig usa esse exemplo para ilustrar a diferença entre propriedade intelectual e propriedade física, mas também é uma boa maneira de pensar na diferença entre informação e atenção.[31] A informação é a ideia da mesa de piquenique; a atenção é a mesa de piquenique de fato.

Discutirei muito mais sobre a relação entre informação e atenção ao longo deste livro, mas, para nossos propósitos aqui no início, o axioma que quero enfatizar é: a informação é infinita, já a atenção é limitada. E, como o valor deriva da escassez, é por isso que a atenção é tão valiosa.

Portanto, se voltarmos às maiores corporações de nosso tempo, elas são dominadas não por empresas de informação, mas por empresas de finanças e *atenção*. A Apple é a empresa mais responsável por inaugurar a era da atenção com o lançamento do iPhone em 2007. A Microsoft opera o sistema operacional ao qual centenas de milhões de pessoas dedicam sua atenção durante todo o dia, juntamente com outro ímã de atenção, o console de jogos Xbox. A Alphabet administra o YouTube, bem como a maior rede de publicidade da internet, que lucra com nossa atenção. A Meta e a empresa chinesa de mídia social Tencent (criadora do WeChat, a maior rede social da China) também convertem nossos olhos em dinheiro.

A Amazon está igualmente na lista das maiores empresas e é a maior varejista on-line do mundo fora da China, mas até chamar a Amazon de "varejista" deturpa a fonte de seu poder de mercado. Ela é uma empresa de atenção e logística, e os produtos que vende são uma ideia subsequente. Dá para perceber isso sempre que procuramos um produto na Amazon e nos deparamos com dezenas de versões quase idênticas, todas produzidas por empresas das quais nunca ouvimos falar, em lugares desconhecidos para nós, competindo principalmente pelo espaço de atenção no topo dos resultados da pesquisa, espaço de atenção que é de propriedade da Amazon. Em muitos casos, a empresa viu quais produtos dominam esse espaço de atenção e começou a produzi-los ela mesma, eliminando o intermediário.

A Amazon é o exemplo mais extremo de como, na era da atenção, até mesmo a venda de produtos aos consumidores tem mais a ver com obter a atenção deles do que com produzir o produto em si. O modelo básico de publicidade da era industrial era que uma empresa desenvolvia um produto ou um serviço e, em seguida, procurava anunciá-lo e comercializá-lo, para captar a atenção das pessoas como um meio de apresentá-las aos produtos da empresa. Mas há outro modelo, também presente desde os primórdios da era industrial, que é o modelo do óleo de cobra e dos suplementos. No modelo do óleo de cobra, a atenção e o marketing são a parte mais importante da empresa — capturando a imaginação dos clientes — e o produto é apenas um complemento, muitas vezes, inclusive, totalmente fraudulento.

À medida que a renda global aumenta e a variedade de opções para o consumidor se expande, a competição pela atenção se torna cada vez mais feroz. Estamos vendo a ênfase relativa entre esses dois modelos mudar rapidamente. Em muitos casos, a capacidade de atrair a atenção do consumidor é mais importante do que o próprio produto ou serviço oferecido.

No início dessa era da globalização, da expansão do capital global pós-Guerra Fria e da rápida redução das barreiras comerciais, Naomi Klein publicou seu clássico instantâneo, *Sem logo*. Nele, argumentou que na nova versão do capitalismo, que terceirizava cada vez mais a produção para a China e o Sul global, a relação entre produto e marca havia se tornado cada vez mais tênue. A marca passou a ser a característica dominante do produto: não o tênis em si, mas a marca costurada nele. "Uma vez que muitos dos fabricantes de hoje não mais fazem os produtos e os distribuem", escreve ela, "mas em vez disso compram produtos e lhes dão sua marca, essas empresas estão continuamente procurando novas formas criativas de construir e fortalecer sua imagem. [...] O que essas empresas produziam sobretudo não eram coisas [...] mas *imagens* de suas marcas. Seu verdadeiro trabalho não estava na fabricação, mas no marketing".[32]

Isso é tão onipresente no capitalismo contemporâneo que nem percebemos. E, na era da atenção, foi levado ao resultado esperado. Temos nossos hábitos, que são notavelmente duráveis — o detergente de que gostamos, o papel higiênico, a ração para cães, a pasta de dente e assim por diante, até a marca de carro que costumamos comprar. E dizemos a nós mesmos, na medida em que dizemos qualquer coisa a nós mesmos, que essa lealdade é ao produto. De vez em quando, contudo, alguma catástrofe ou insatisfação nos lembra do quanto são indiferenciados os "produtos" reais por trás das marcas.

Em 2007, uma empresa canadense de alimentos para animais de estimação chamada Menu Foods fez um recall depois de constatarem que alguns de seus produtos tinham sido contaminados por uma substância química chamada melamina; a ração estava causando doenças e até mesmo a morte de cães e gatos que a consumiam.[33] Isso já era ruim o suficiente. Pior ainda foi o fato de a Menu Foods ter produzido alimentos para animais de estimação em sua fábrica chinesa contaminada para praticamente todas as marcas de ração dos Estados Unidos. Quase todas as grandes marcas conhecidas de conglomerados de alimentos, da Colgate-Palmolive à Procter & Gamble, estavam comprando da Menu Foods, sem mencionar quase todas as rações de marcas "genéricas" disponíveis em lojas do ramo.[34]

Em outras palavras, qualquer que fosse a ração para animais de estimação que você estivesse comprando, estava recebendo um produto muito semelhante. "No total, o recall da Menu Foods abrangeu produtos que foram vendidos no varejo com 150 nomes diferentes", escreve Barry Lynn em seu livro sobre o capitalismo monopolista moderno. "Talvez ainda mais perturbador, especialmente para os donos de animais que estavam gastando seu dinheiro em um produto *premium*, foi o fato de o recall ter revelado que marcas caras e sofisticadas saíam do mesmo lugar que as mais baratas."[35]

O que é uma marca? No nível mais básico e perceptivo, é simplesmente um conjunto de símbolos — identificadores físicos como o *swoosh* da Nike ou as três listras da Adidas — que o consumidor *percebe*. Ela chama sua atenção. Só isso. Uma marca é seu próprio tipo de chamado. Se você ouvir essa sirene em meio ao ruído de fundo, se vir suas luzes piscando no corredor do supermercado, ela cumpriu seu papel.

Embora não tenha colocado as coisas nesses termos, o que Klein identificou foi o processo pelo qual a economia da atenção consome a economia real. A maior parte do valor da empresa, por exemplo, da Nike, está em atrair atenção — seu *swoosh* instantaneamente reconhecível — e *não* no know-how técnico ou nos fatores de produção (cadeias de suprimentos, fábricas, acesso à mão de obra) que as indústrias de uma época anterior considerariam sua fonte central de valor.

Não é apenas a vida comercial que é impulsionada pela extração de atenção. Cada vez mais, a vida social, a vida pública e a vida política também são dominadas por ela. Nos séculos XIX e XX, o trabalho assalariado e a urbanização transformaram completamente a disputa pela atenção na política. À medida que a democracia se espalhou pela Europa em rápida industrialização, uma massa moderna tomou forma. A opinião pública era mais importante do que nunca, e "o que o público pensava" era determinado, em grande parte, por em quais questões as pessoas prestavam atenção e em quais não prestavam, quais candidatos eram reconhecidos e quais permaneciam ignorados.

Além disso, à medida que a sociedade se tornava muito mais complexa, o número de questões que se apresentavam para chamar a atenção do cidadão também explodiu. Em 1925, o crítico Walter Lippmann apontou que os deveres herdados pelos cidadãos no século XX eram esmagadores até mesmo para as pessoas mais educadas e informadas, como o próprio autor. "Sinto empatia [pelo cidadão]", escreveu Lippmann, "pois acredito que ele foi incumbido de uma tarefa impossível e que lhe é pedido que pratique um ideal inatingível. Eu mesmo acho isso, pois, embora os negócios públicos sejam meu principal interesse e eu dedique a maior parte do meu tempo a observá-los, não consigo encontrar tempo para fazer o que se espera de mim na teoria da democracia, ou seja, saber o que está acontecendo e ter uma opinião que valha a pena expressar sobre todas as questões que confrontam uma comunidade autônoma."[36]

No mesmo ano em que Lippmann publicou essas palavras em seu livro *The Phantom Public* [O público fantasma], a Europa assistiu à ascensão do carismático ditador fascista Benito Mussolini, que liberou os cidadãos italianos do trabalho oneroso que lhes havia sido incumbido, oferecendo-lhes um culto à personalidade. "Sob o [...] fascismo aparece pela primeira vez na Europa um tipo de homem que não quer dar razões ou ter razão, mas simplesmente se mostra decidido a impor suas opiniões", escreveu o intelectual espanhol José Ortega y Gasset em *A rebelião das massas*. "Aqui vejo a manifestação mais palpável da nova mentalidade das massas, devido ao fato de elas terem decidido governar a sociedade sem a capacidade de fazê-lo".[37]

A experiência de demagogos carismáticos e de uma guerra mundial genocida no século XX fez com que toda uma geração de intelectuais se perguntasse se a mídia e a democracia de massa eram realmente compatíveis. Embora não tenham conceituado isso nesses termos, eles estavam às voltas com a capacidade da mídia de massa — às vezes, mas nem sempre, nas mãos de tiranos — de monopolizar com sucesso a atenção e, portanto, o controle de uma nação: será que a presença da mídia de massa tinha extinguido a consciência individual que tornou possível a decência humana? "Não é exagero", escreveu o papa Pio XII em 1950, "dizer que o futuro da sociedade moderna e a estabilidade de sua vida interior dependem em grande parte da manutenção de um equilíbrio entre a força das técnicas de comunicação e a capacidade de reação do próprio indivíduo."[38]

A era da TV gerou alertas terríveis, de Marshall McLuhan a Neil Postman, de que o amplo efeito narcótico do novo dispositivo estava tornando o público mais burro, mais entorpecido e menos capaz de se autogovernar. "Os americanos não conversam mais entre si, eles se entretêm sozinhos", escreveu Postman. "Eles não trocam ideias; trocam imagens. Eles não argumentam com propostas; argumentam com aparência, celebridades e comerciais."[39]

Mas tudo isso foi um prólogo para a era da atenção. A atenção nunca foi tão procurada, tão contestada e tão importante como agora.

Ao contrário, por exemplo, do petróleo, um composto químico encontrado nas entranhas da terra, a atenção não pode ser separada de quem somos e do que significa estar vivo. Aliás, a atenção é a necessidade humana mais fundamental. O recém-nascido de nossa espécie é totalmente indefeso. Ele só pode sobreviver com atenção, ou seja, se algum outro ser humano cuidar dele. Essa atenção, por si só, não sustentará o bebê, mas é precondição para todos os cuidados. Se você negligenciar uma criança, ela pode morrer. Somos construídos e formados pela atenção; destruídos pela negligência.

Esse é o nosso destino humano compartilhado e inevitável. Agora, nossas estruturas neurológicas mais profundas, nossas heranças evolutivas humanas e nossos impulsos sociais estão em um habitat projetado para atacar, cultivar, distorcer ou destruir aquilo que nos torna humanos.

As vidas que protegemos e a forma como fazemos isso dependem, em última análise, das mortes nas quais prestamos atenção: se dez aviões caíssem amanhã, por exemplo, todas as companhias aéreas seriam paralisadas. Mas, nos anos da pandemia, passamos a tolerar um número equivalente de mortes em uma quarta-feira aleatória de inverno. Se a Al Qaeda enviasse esquadrões de ataque a casas de repouso para transmitir ao vivo o assassinato de idosos, nossa reação social seria bem mais acalorada do que nossa reação a mortes nessa escala causadas por um vírus invisível a portas fechadas e longe de telefones com câmera.

De fato, o maior desafio civilizacional que os seres humanos enfrentam ou já enfrentaram, o aquecimento do planeta devido à atividade humana, se provou tão difícil de resolver em grande parte porque não estamos prestando atenção. "Sempre foi um problema", me disse certa vez o lendário escritor e ativista climático Bill McKibben, "o fato de a coisa mais perigosa do planeta [CO_2] ser invisível, inodora, insípida e não fazer nada diretamente a nós."[40] Pelo menos não até que seja tarde demais.

Eu sei como a atenção do público pode ser volúvel. Há mais de uma década, apresento um programa de TV com uma hora de duração na MSNBC. Minha formação é em jornalismo impresso, mas, em minha função de âncora de TV, meu trabalho principal é conservar um nível básico de atenção dos telespectadores que mantenha o programa no ar. Essa é minha primeira obrigação profissional, antes de qualquer outro cálculo de nível superior.

É a partir dessa complicada posição, que parece prestes a desmoronar a qualquer momento, que você desenvolve uma percepção quase sensorial das vibrações de atenção do público, da mesma forma que um surfista aprende o timing de uma onda — quando ela se forma, quando ela quebra.

Para citar um exemplo bem recente, quando a Rússia invadiu a Ucrânia, fizemos uma cobertura de última hora e não tivemos intervalos comerciais.

Depois de alguns dias, começamos a dar os intervalos. Após várias semanas, começamos a fazer outras matérias misturadas com a guerra na Ucrânia, mas ainda estávamos abrindo com a matéria sobre a Ucrânia. Em seguida, cerca de um mês depois, começamos a dar destaque a outras reportagens. Quarenta e cinco dias após o início da invasão, fazíamos aqui e ali um programa que não tratava da guerra. Um ano mais tarde, passávamos semanas ou meses sem cobri-la. A atenção tinha se esgotado.

O que estou descrevendo não é específico da guerra na Ucrânia. Descreve o ciclo de vida natural de qualquer evento noticioso. Dependendo da importância do evento, esse ciclo pode ser bastante curto — pode ser interrompido por algumas horas e depois as coisas seguem em frente — ou durar meses.

O tamanho desses ciclos, quanto tempo duram, que tipo de evento se qualifica para iniciá-los é uma questão extremamente difícil que passarei um bom tempo explorando. Mas se aprendi uma coisa em minha última década no ar é que eles são fundamentalmente *impulsionados pela atenção das massas e reagem a elas*.

Pode parecer óbvio, mas na verdade é uma afirmação um tanto controversa. Muitas pessoas têm uma noção — que encontro com frequência, na verdade — de que as linhas do gráfico dos ciclos de notícias e a atenção das massas são essencialmente direcionadas de cima para baixo. A mídia corporativa decide no que as pessoas devem prestar atenção e então, usando seu conjunto de truques para nos prender, como os banners de NOTÍCIA DE ÚLTIMA HORA, direciona a atenção para essas histórias.

Embora esteja intimamente associada ao linguista e crítico social Noam Chomsky, essa não é apenas uma crítica de esquerda. Ou pelo menos não mais. Os americanos que não confiavam no governo ucraniano e na Otan, ou que apoiaram a invasão russa, viram uma grande e nefasta conspiração na súbita atenção dedicada à situação desesperadora da Ucrânia. Os apresentadores da Fox News chamaram os avisos dos Estados Unidos de uma iminente invasão russa de "ardil" e perguntaram se não era uma tentativa de "desviar a atenção de todos do que Hillary Clinton fez e do que sabemos ser uma completa farsa a respeito dessa investigação da Rússia".[41] Tucker Carlson disse ao seu público: "Na manhã em que a Rússia invadiu a Ucrânia, vocês talvez tenham falado sobre muitas coisas diferentes. Covid, crime, a fronteira sul. Agora não mais. Para grande alívio da Casa Branca, todos esses assuntos foram esquecidos, talvez para sempre".[42]

Posso dizer, por experiência própria, que a cobertura de notícias, principalmente de grandes empresas, envolve muito mais captar a atenção do público do que explicar a situação. Na maioria das vezes, aqueles que trabalham no setor de atenção são perseguidos pelo medo de que as pessoas parem de prestar atenção, de que nossos truques não funcionem, de que sejamos ignorados. Esse medo cria todos os tipos de efeitos e comportamentos negativos, entre os quais uma espécie de comportamento de manada. Mas a principal percepção, que vem de tentativa e erro, é que a atenção é difícil de direcionar, difícil de atrair e difícil de controlar. As pessoas cujos empregos dependem de capturá-la sabem disso muito bem.

Quando consegui meu próprio programa de TV, eu o imaginava como algo semelhante à experiência de ter um carro pela primeira vez. Podia dirigir para onde quisesse e, embora tivesse que obedecer à lei, bastava descobrir para onde ir e pisar no acelerador. Eu podia fazer o que achasse mais importante, quando quisesse e pelo tempo que quisesse.

Logo aprendi que não é assim que funciona.

Um programa de notícias é movido pela atenção. Ele não tem um motor de combustão interna que o faça funcionar. Sim, você pode cobrir o que quiser noite após noite, mas, se ninguém assistir, o programa será cancelado. Foi isso que quase aconteceu comigo.

Depois de muitas tentativas e erros, agora vejo a atenção do público como algo parecido com o vento que impulsiona um barco a vela. É um fenômeno real, independente do barco, e só é possível navegar se você o aproveitar. Você não vira o barco contra o vento, mas também não permite que o vento dite seu caminho. Você descobre aonde quer ir (no caso do meu programa, o que eu acho importante que as pessoas saibam), vê para que lado o vento está soprando e, em seguida, usando suas habilidades e as ferramentas do barco, dá um jeito de chegar ao seu destino usando a força do vento.

Essa experiência me dá certa perspectiva sobre como a atenção funciona, eu acho. Cada momento de minha vida profissional gira em torno de responder à pergunta sobre como capturamos a atenção. E acontece que a busca constante pela atenção dos outros não é mais apenas para profissionais como eu. Na verdade, ela foi democratizada e passou a incluir todos os adolescentes com um celular.

Vou argumentar que esse rearranjo das condições sociais e econômicas em torno da busca pela atenção é uma transformação tão profunda quanto o surgimento do capitalismo industrial e a criação do trabalho assalariado como a forma central de trabalho humano. A atenção agora existe como uma mercadoria, da mesma forma que o trabalho nos primeiros anos do capitalismo industrial. O que antes era considerado esforço humano foi convertido em uma mercadoria com um preço. As pessoas sempre "trabalharam" de uma forma ou de outra, mas esse trabalho passou a ser incorporado em um sistema complicado que o converteu em um bem. Essa transição de "trabalho" para "mão de obra" foi, para muitos, tão ruim quanto estranha. O trabalhador, observou Karl Marx nos *Manuscritos econômicos-filosóficos de 1844*, "não se sente satisfeito, mas infeliz, não desenvolve livremente sua energia física e mental, mas mortifica seu corpo e arruína sua mente. O trabalhador, portanto, só sente a si mesmo fora de seu trabalho, e em seu trabalho se sente fora de si mesmo".[43]

Essa foi uma ideia fundamental da teoria do trabalho e da alienação de Marx: que um sistema social havia sido erguido para extrair coercitivamente das pessoas algo que antes, em um sentido profundo, era delas. Essas palavras parecem ter sido escritas hoje. A sensação de deslocamento e de estar fora de si mesmo. A incapacidade que sentimos, mesmo em meio a escolhas e a uma liberdade supostamente ilimitadas — o que você quer assistir hoje à noite, querida? A característica do trabalhador preso em um sistema que ele não construiu e do qual não consegue se livrar.

A mudança para o capitalismo industrial exigiu o que Marx descreveu como a mercantilização do trabalho. O trabalho — o que fazemos com nosso corpo e nossa mente, o produto de nosso esforço e empenho — é algo bastante alienante para ser transformado em uma mercadoria. A transmutação do que sempre foi "trabalho" ou "coisas que os humanos faziam para fins específicos" em "trabalho" como uma categoria de atividade com um preço exigiu uma transformação completa da estrutura da sociedade e da experiência cotidiana da vida humana.

De fato, para extrair trabalho de uma pessoa, é preciso compensá-la por meio de salários, coagi-la a fazê-lo ou usar violência — como o chicote do capataz — para forçá-la a trabalhar. Todos esses métodos já foram usados. Mas a extração de nossa atenção acontece de uma maneira diferente. As pessoas podem ser forçadas a trabalhar de todas as maneiras cruéis e opressivas, mas não por meio da manipulação de suas faculdades pré-conscientes. Se alguém aponta uma arma para a sua cabeça e lhe diz para cavar uma vala, você sabe que está sendo coagido. Se alguém disparar uma arma para o alto, sua atenção se voltará na hora para o som, mesmo antes de entender o que está acontecendo. A atenção pode ser extraída de nós em um nível puramente sensorial, antes mesmo que nossa vontade consciente possa ser levada em consideração. Na verdade, é assim que uma sirene funciona.

Centralizar a atenção como um recurso e entender tanto sua primazia existencial quanto sua crescente dominação social, política e econômica é a chave para compreender muitos aspectos díspares da vida no século XXI. A atenção é anterior a outros aspectos da fala e da comunicação que associamos ao poder — persuasão, argumentação, informação. Antes de persuadir, é preciso captar a atenção: "Amigos, romanos, compatriotas: emprestai-me os vossos ouvidos!".[44] Antes de informar, insultar, seduzir ou qualquer outra coisa, é preciso ter certeza de que sua voz não acabará na estática de fundo que é 99,9% do discurso dirigido a nós. O discurso público é agora uma guerra de todos contra todos por atenção. O comércio é uma guerra por atenção. A vida social é uma guerra por atenção. A criação dos filhos é uma guerra por atenção. E todos nós estamos cansados da batalha.

Este livro é uma tentativa de encontrar a paz.

2

O caça-níquel e o Tio Sam

A atenção existe para resolver um problema, e o problema é a informação. A quantidade bruta de informações que um ser humano recebe a cada momento é impressionante. Você pode se sintonizar com cada folha de cada árvore por que passa, com a batida de seu próprio coração, com a sensação de cada dedo em uma superfície e com o som de sua respiração nas narinas. Se todos os estímulos que recebêssemos a cada momento tivessem a mesma importância, não conseguiríamos funcionar.

Em outras épocas, precisávamos de certas informações para sobreviver: a localização dos alimentos, a cor de uma fruta para determinar se estava boa para comer, o barulho de um riacho que nos levava à água limpa. Mas, tanto nessas épocas quanto agora, as informações vitais sempre correm o risco de serem obscurecidas por outras que flutuam em nossa esfera perceptiva. Se não conseguirmos ignorar o farfalhar das folhas para nos concentrarmos no som do riacho, não encontraremos água. O economista Herbert Simon, cujo ensaio de 1971 sobre a economia da atenção é uma das meditações mais perspicazes já publicadas sobre o assunto, observou muito antes da era das constantes notificações dos smartphones que uma "riqueza de informações significa uma escassez de outra coisa: uma escassez do que quer que seja que a informação consome. O que a informação consome é bastante óbvio: ela consome a atenção de seus destinatários".[1] A informação é abundante; a atenção é escassa. Teoricamente, a informação é infinita, enquanto a atenção é finita. É por isso que a informação é barata e a atenção, cara.

A triagem de informações — agrupá-las em formas processáveis coerentes, suprimindo a maior parte em determinado momento — é tão elementar para nossa experiência do mundo que é quase impossível imaginar ou descrever a experiência fenomenológica de sua ausência. Um psicólogo com transtorno de déficit de atenção agudo descreve o mundo sem barreiras mentais: "No almoço, uma conversa próxima ameaça sua capacidade de ouvir a pessoa do outro lado da mesa, por mais interessante que seja; no silêncio de uma biblioteca, o barulho de alguém arrumando a cadeira pode interromper uma linha de raciocínio. Informações desorganizadas e indesejadas chegam sem parar".[2]

"Todo mundo sabe o que é atenção", proclamou William James em seus *Principles of Psychology*, em 1890.[3] Em certo nível, essa afirmação serve tanto para aquela época quanto para agora. A atenção é tão comum em nossa experiência que dificilmente precisamos gastar muito tempo explicando o que ela é. Se você diz a alguém para prestar atenção, a pessoa entende o que você quer dizer. Se ela fizer uma pergunta e você não responder e disser: "Desculpe, eu estava distraído", ela também sabe o que você quer dizer. No entanto, James achou útil apresentar sua própria definição, uma que provavelmente não foi superada desde então: atenção é "a tomada de posse pela mente, de forma clara e vívida, de um entre o que parecem ser vários objetos ou linhas de raciocínio simultaneamente possíveis. A focalização e a concentração da consciência são parte de sua essência. Isso implica o afastamento de algumas coisas a fim de lidar de forma efetiva com outras".[4]

Mas nossa própria familiaridade com a atenção pode mascarar sua enorme complexidade. Quando começamos a tentar defini-la, ela muda de forma. Já em 1886, quando William James estava trabalhando no que viria a ser seu livro *Principles of Psychology*, um colega filósofo chamado F. H. Bradley publicou um ensaio chamado "Is There Any Special Activity of Attention?" [Existe alguma atividade especial de atenção?], questionando se a atenção era um conceito minimamente coerente.[5] Há alguns anos, um grupo de cientistas de áreas relacionadas à cognição foi coautor de um artigo intitulado "No One Knows What Attention Is" [Ninguém sabe o que é atenção], no qual argumentavam, usando descobertas empíricas contemporâneas e pesquisas de ponta sobre atenção visual, que o conceito em si era ao mesmo tempo incoerente e teoricamente inútil: "Um dos termos mais enganosos e mal utilizados nas ciências cognitivas".[6]

Eu não iria tão longe, mas é inegável que, quanto mais pensamos no que é exatamente a atenção, mais complexa ela parece. Para nossos propósitos, vamos nos ater a um exemplo concreto extraído da literatura sobre atenção. Imagine-se em um coquetel, junto a dezenas de outras pessoas. Depois de tomar alguns drinques, você começa a conversar com um pequeno grupo de pessoas que se enquadram na categoria "nem amigos, nem estranhos". Conversar com conhecidos desse nível de proximidade social é sempre um tanto trabalhoso, por isso você está bastante concentrado, inclinando-se um pouco para se afastar do barulho ao seu redor e certificando-se de que consegue ouvir claramente o que os outros estão dizendo.

Nesse momento, você está prestando atenção exatamente da maneira intuitiva descrita por James. Os psicólogos muitas vezes se referem a esse tipo de atenção ativa como algo semelhante a um holofote de palco que podemos girar, iluminando esta ou aquela pessoa. Ou talvez, nesse contexto, seja mais parecido com um microfone que um repórter de notícias quentes mete no rosto das testemunhas de uma cena, direcionando o foco do espectador para um orador e não para outro.

Nessa situação, o que fica evidente é o elemento central identificado por James: um senso de escolha de soma zero. Concentramos nossa atenção na conversa à nossa frente e não, por exemplo, em qual garçom pode estar se aproximando com uma bandeja de rolinhos-primavera. Você pode participar da conversa ou pode se afastar um pouco e procurar os rolinhos que estão a caminho. Você está engajado em uma "retirada de algumas coisas para poder lidar efetivamente com outras".[7]

Essa é a forma de atenção que James descreve nessa famosa passagem, e é o primeiro dos três aspectos centrais da atenção. Esse primeiro aspecto da atenção é o que os psicólogos chamam de *atenção voluntária*. A atenção voluntária é o que acontece quando você se senta para ler um romance, fazer uma prova ou ter uma conversa profunda com seu parceiro após o expediente. Você se concentra, ouve, direciona seu pensamento para algo ou alguém, como uma lanterna. Em nosso exemplo do coquetel, você está envolvido em atenção voluntária quando se inclina para ouvir o que seu interlocutor está dizendo.

Essa forma de atenção funciona por meio da negação, em oposição à amplificação. O que estamos realmente fazendo em nosso cérebro é *suprimindo* tudo o que não seja aquilo em que estamos concentrados. Essa é a "retirada" que James descreve, e é um processo necessário que efetiva a atenção voluntária.

É também um tipo de superpoder específico. Nossa capacidade de bloquear estímulos não relevantes enquanto concentramos nossa atenção é tão poderosa que, em todos os tipos de situações experimentais diferentes, as pessoas literalmente deixam de ver ou ouvir estímulos extremamente bizarros e, muitas vezes, completamente cômicos, bem na frente delas. O mais famoso deles é o teste do gorila invisível.[8] Os participantes do experimento assistem a um vídeo de três pessoas com camisetas brancas e três pessoas com camisetas pretas, todas circulando e passando uma bola de basquete para a frente e para trás. As camisetas brancas passam de um lado para outro enquanto circulam entre as camisetas pretas, que também estão passando uma bola de basquete entre si. É uma cena caótica. Os participantes do experimento são instruídos a prestar muita atenção nas pessoas de camiseta branca e contar quantas vezes elas passam a bola. Para fazer isso, é preciso se concentrar apenas nos participantes de camiseta branca e ignorar a atividade dos participantes de camiseta preta.

Depois de trinta segundos observando-os passar a bola para a frente e para trás, cerca de metade dos participantes consegue dizer corretamente o número de vezes que a bola é passada. Mas o que eles não se lembram — porque não viram — é do fato de que, no meio do exercício, uma pessoa vestida com uma fantasia completa de gorila foi até o meio do grupo, bateu no peito, fez flexões e foi embora. A principal descoberta, repetida várias vezes, é que cargas perceptivas mais altas nos tornam mais suscetíveis a uma espécie de visão de túnel.[9] O motivo pelo qual os participantes do experimento não veem o gorila é a dificuldade da tarefa atribuída a eles e a quantidade de estímulo visual a ser processado. Os cientistas chamam isso de cegueira por desatenção.[10]

Portanto, essa é a atenção voluntária, uma capacidade quase sobrenatural de suprimir os estímulos ao nosso redor e de nos concentrarmos. Mas agora vamos voltar ao nosso exemplo do coquetel. Você está usando sua atenção voluntária para ouvir a mulher à sua frente, que descreve como há muito tempo era cética em relação aos quiropraxistas, mas recentemente começou a se consultar com um e, de repente, se viu livre da dor crônica nas costas. De repente, você ouve uma bandeja caindo no chão e dezenas de copos se quebrando. Você e todos na sala imediatamente viram a cabeça em direção ao barulho e veem um garçom de rosto vermelho se abaixando para pegar a bandeja que acabou de deixar cair.

Assim como o chamado da sereia e a sirene, esse é um exemplo do segundo dos três aspectos da atenção, que os psicólogos chamam atenção *in*voluntária. Assim como a atenção voluntária, a dinâmica básica aqui é tão familiar e intuitiva que, a princípio, pode parecer que não merece muita atenção. Vivenciamos isso o tempo todo: um ruído alto, uma luz brilhante ou outro sinal perceptivo chama a nossa atenção e perdemos o fio da meada.

Mas também se trata de um pequeno milagre. Porque, lembre-se, a atenção voluntária funciona por meio da supressão de todos os estímulos irrelevantes para aquilo em que estamos concentrados. É a capacidade de suprimir estímulos não relevantes que faz com que possamos contar efetivamente quantas vezes a bola foi passada no experimento de basquete e com que não consigamos nem mesmo ver o cara com a roupa de gorila.

No entanto, o profundo paradoxo no cerne da atenção é que, mesmo quando criamos esse túnel de pensamento, nossa mente também está, de forma simultânea, processando itens fora do nosso foco. E isso pode desviar nossa atenção consciente do objeto de nosso foco intencional para algum outro estímulo, como o barulho de uma bandeja caindo e o estilhaçar de taças.

A necessidade disso é óbvia. Não podemos nos permitir ficar tão concentrados a ponto de não percebermos o perigo — tão absortos na história de caça do homem das cavernas que não percebemos o rugido de um leão bem perto de nós. Precisamos ter a capacidade de suprimir quase todos os estímulos que chegam ao nosso cérebro para funcionar, mas também monitorar esses mesmos estímulos para garantir que nenhum deles seja tão vital a ponto de exigir nossa atenção. Nosso cérebro precisa calibrar o foco de forma que se mantenha estável, mas possa ao mesmo tempo ser interrompido em um instante.

O modo como nosso cérebro realiza esse truque é algo que as pessoas que trabalham nos campos da ciência cognitiva e da psicologia passaram grande parte de seu tempo tentando entender e, para ser sincero, nossa compreensão de como tudo isso funciona continua cheia de lacunas. Décadas de importantes descobertas experimentais esclarecem as maneiras como o foco e a distração funcionam, sob quais condições conseguimos bloquear as distrações e quais percepções nossos sistemas auditivo e visual podem processar e reconhecer rapidamente como relevantes para tarefas específicas. No entanto, a maneira como tudo isso se conjuga continua sendo fonte de debate, com diversos modelos opostos fazendo um trabalho melhor ou pior na previsão de vários resultados experimentais.

O que importa para nossos objetivos aqui é a distinção entre esses dois aspectos da atenção: voluntária e involuntária. No primeiro modo, estamos no controle; nossa mente consciente está escolhendo em que se concentrar e nosso cérebro usa sua capacidade de suprimir estímulos irrelevantes. No segundo modo, nossa mente consciente não está mais no controle: a atenção é direcionada contra nossa vontade ou nosso desejo. Não podemos nos obrigar a *não* ouvir de repente uma bandeja repleta de taças de champanhe caindo, por mais que estejamos ouvindo atentamente uma mulher contar sua experiência com o quiropraxista.

Portanto, esses são dois dos três aspectos da atenção que quero discutir — atenção voluntária e atenção involuntária. Para explorar o terceiro, vamos voltar ao nosso coquetel. Depois que todos viram a cabeça para o garçom envergonhado pegando a bandeja, alguém grita: "Opa!", para quebrar a tensão, e as pessoas começam a aplaudir e rir. A festa recomeça e você está novamente concentrado na conversa à sua frente, mas dessa vez outra mulher está falando, sobre suas desesperadas e vãs tentativas de limitar a exposição da filha de doze anos às redes sociais.

Mais uma vez, seu cérebro está suprimindo uma quantidade teoricamente infinita de estímulos. Mas aí você ouve, quase sem querer e de repente, como um pequeno foguete, seu nome surgir em *outra* conversa. Sua atenção é desviada para essa conversa e você ouve o finalzinho dela. "Então, eu não sei qual é a dele", diz o homem que, você acha, acabou de dizer seu nome.

Agora seu interesse foi despertado e seu foco mudou. Talvez você fique ouvindo por tempo suficiente para que a defensora da quiropraxia lhe faça uma pergunta e, mais uma vez, algum tipo de processamento em segundo plano da situação, fora da sua área de foco, chame a sua atenção, como se o requisitasse. Você retorna à conversa, pede desculpas e diz que não ouviu o que ela falou. Ou talvez você tente blefar e depois mudar de assunto.

Suspeito que quase todo mundo já tenha vivido algo assim. Se você não viveu e é cético, na verdade há um nome para isso, bem estabelecido na literatura experimental que remonta a meados do século XX: o efeito coquetel.[11]

Agora, você talvez diga que esse é um exemplo do segundo aspecto da atenção, a atenção involuntária e, em certo nível, tem razão. Assim como a bandeja caindo alguns momentos antes, o que aconteceu aqui foi que algo fora do seu foco chamou a sua atenção sem que você quisesse. Mas ouvir seu próprio nome em outra conversa é muito mais complexo e surpreendente como façanha de percepção, tanto que acho que pertença a uma categoria à parte.

Porque pense bem: como seu cérebro sabia que seu nome estava sendo invocado se ele não estava acompanhando a conversa? O reconhecimento de fala exige um alto nível de processamento cognitivo: os sons entram no ouvido, são avaliados e transformados em palavras, e as palavras são agrupadas em frases das quais o significado pode ser extraído.

No caso da bandeja caída, é possível imaginar um modelo de atenção no qual o cérebro define uma espécie de limite de decibéis para todos os estímulos auditivos que ele suprimirá e, se algo exceder esse volume — um barulho alto de batida —, o cérebro se vira para esse som.

Mas algo muito mais complicado e sutil está em ação quando ouvimos nosso próprio nome em uma conversa paralela. Esse momento de reconhecimento implica necessariamente que, mesmo quando você estava concentrado em uma conversa e ignorando as outras, algum componente do seu cérebro estava, como uma sentinela, espionando todas as outras conversas ao seu alcance, transcrevendo e processando as palavras nessas trocas, à procura de algumas palavras-chave — em especial o seu nome.

Isso é muito doido! Pense na capacidade de processamento necessária para fazer isso. Seu cérebro consciente está dando duro para conversar, enquanto, em segundo plano, seu FBI mental grampeia todas as outras conversas com uma lista de palavras-chave que farão soar algum tipo de alarme interno. Tudo isso está acontecendo em tempo real, em centésimos ou milésimos de segundos.

Parece mágica. No entanto, alguma versão desse efeito aparece repetidamente em vários estudos experimentais ao longo dos anos.[12] Os princípios básicos do experimento são os seguintes: os participantes colocam fones com diferentes faixas de áudio em cada ouvido. São instruídos a prestar atenção em um ouvido e fazer algo simples, como repetir o que estão ouvindo naquele ouvido, em geral algum tipo de texto em prosa. Enquanto isso, algum conjunto de palavras está sendo canalizado para o ouvido *negligenciado* e, quando tudo termina, os participantes são questionados acerca do que ouviram do outro lado. Um estudo seminal de 1959 constatou que "mesmo que a mensagem rejeitada consista em uma lista curta ou em palavras simples repetidas muitas vezes, um teste de reconhecimento não revela nenhum traço da lista".[13] O mesmo ocorreu com os números. A conclusão foi que o cérebro humano tinha um incrível poder de supressão para lidar com os níveis esmagadores de estímulos aos quais era exposto.

Mas, nesse mesmo estudo, o psicólogo Neville Moray procurou testar quais estímulos específicos poderiam romper as poderosas habilidades de supressão do nosso foco. "O único estímulo encontrado até agora que rompe essa barreira", revelou o pesquisador, "é o próprio nome do sujeito".[14] Moray chamou essa descoberta surpreendente de "paradoxo da identificação". "Embora aparentemente o conteúdo verbal da mensagem rejeitada" — ou seja, a mensagem no ouvido que os sujeitos são instruídos a ignorar — "esteja abaixo do nível da percepção consciente, ainda assim o sujeito consegue ouvir seu próprio nome."[15]

Essa descoberta forçou Moray a repensar o funcionamento da atenção. Ele conjecturou que devia haver algum nível de processamento da fala que estava sendo suprimido, procurando "certos padrões, aqueles que são 'importantes' para o sujeito" — como o próprio nome — e transmitindo-os mais adiante na cadeia de processamento, mesmo quando o cérebro estava suprimindo as palavras que chegavam ao ouvido.[16]

Isso foi em 1959, e o tamanho da amostra de Moray era de apenas doze indivíduos. Desde então, o efeito tem sido reproduzido de forma confiável;

quase nada mais parece ter o mesmo efeito que o próprio nome.[17] Moray cogitou que palavras "importantes" para o sujeito poderiam ter o mesmo efeito, e os pesquisadores descobriram que, por exemplo, o nome do cônjuge produz um tipo semelhante de atividade cerebral.[18] Os pesquisadores também testaram se o efeito é produzido por mera familiaridade, como os nomes de pessoas famosas. Mas esses não conseguem desencadear atividade comparável no cérebro.[19]

Por que ouvir nosso nome atinge as profundezas de nosso processamento e nos atrai para a conversa em que ele é mencionado? Como isso se dá no nível mais profundo de nossa própria cognição, no encanamento de nossa percepção do mundo em tempo real?

Aqui chegamos ao terceiro e último aspecto da atenção, que é a *atenção social*. Embora a atenção voluntária e a involuntária tenham sido amplamente teorizadas na literatura psicológica, a atenção social como categoria requer uma espécie de lente filosófica. Ser o objeto do foco de outra pessoa está ausente da definição direta de James. Talvez não seja surpreendente, dada sua visão geral de mundo, que Sigmund Freud, por outro lado, tenha colocado esse aspecto social da atenção no centro de sua compreensão da psique. No relato de Freud sobre o desenvolvimento psicossexual humano, é a atenção da mãe (e, em menor grau, do pai) que forma nossa psique e, inevitavelmente, nossas compulsões e neuroses. As particularidades dessas teorias — incluindo os complexos de Édipo e Electra — são menos importantes do que a ideia central: "a longa duração no homem de seu desamparo e sua dependência na infância".[20] Em sua excelente reunião de ensaios sobre atenção, o estimado psicanalista britânico Adam Phillips escreve que a atenção é, de fato, o principal motor da socialização humana. "Buscamos atenção sem entender muito bem o que é a atenção que buscamos e o que precisamos atender em nós mesmos. É a partir dessa complexidade que as pessoas se reúnem, para descobrir o que é possível (a sociabilidade depende da busca de atenção."[21]

Essas observações, é claro, são verdadeiras para muitas espécies e todos os mamíferos, mas acho que não é de amplo conhecimento que os bebês humanos são consideravelmente *mais* indefesos do que muitos outros bebês. Quase todos os mamíferos, de potros a leitões, começam, por exemplo, a andar muito mais cedo do que os bebês humanos. Se você já observou leitões ou filhotes tentando mamar, reparou que as mães não dão de mamar à sua ninhada com o mesmo carinho que uma mãe humana acomoda seu filho no peito.

Isso é subproduto de dois desenvolvimentos evolutivos extremamente importantes que distinguem nossa espécie: o cérebro grande e o andar ereto. Para andar ereto, os quadris e o canal de parto das mulheres tiveram que se estreitar, enquanto o cérebro do feto ficava cada vez maior. Essa combinação significou que, como Yuval Noah Harari escreve em *Sapiens*: "A morte durante o parto se tornou uma grande preocupação para as fêmeas humanas. As mulheres que davam à luz mais cedo quando o cérebro e a cabeça do bebê ainda eram relativamente pequenos e maleáveis se saíam melhor e sobreviviam para ter mais filhos. Em consequência, a seleção natural favoreceu nascimentos precoces".[22]

Dar à luz criaturinhas totalmente indefesas teve enormes consequências para nossa espécie. Mais uma vez, como observa Harari:

> Um potro pode trotar logo após o nascimento; um gatinho deixa a mãe para buscar alimento por conta própria com poucas semanas de vida. Os bebês humanos são indefesos e durante muitos anos dependem dos mais velhos para seu sustento, proteção e educação. Esse fato contribuiu enormemente para as extraordinárias habilidades sociais da humanidade e, ao mesmo tempo, para seus peculiares problemas sociais. Mães solitárias dificilmente conseguiam obter comida suficiente para sua prole e para si mesmas tendo crianças necessitadas sob seus cuidados. Criar filhos requeria ajuda constante de outros membros da família e de vizinhos. É necessária uma tribo para criar um ser humano.[23]

O que precisamos para sobreviver é mais do que mera atenção: precisamos de *cuidados*. Mas a atenção é uma condição prévia necessária para o cuidado. Dessa forma, somos criaturas cuja própria sobrevivência depende da atenção. Podemos morrer se formos negligenciados. Como parte dessa herança inescapável, sempre investiremos em outras pessoas que prestam atenção em nós. Somos criaturas que prestam atenção no nosso ambiente, sim, mas também nas outras pessoas. Por sua vez, buscamos a atenção delas em nós. Há uma razão pela qual nosso nome, e não outra palavra, atrai nossa atenção de imediato: queremos saber quem está falando sobre nós. Quem está prestando atenção *em* nós. E essa necessidade social sempre será um aspecto central das complexas fricções em ação na forma como nossa própria atenção é focada. De fato, é essa faceta da atenção que os comerciantes de atenção da época exploraram com mais eficácia.

Portanto, vamos revisar o que já foi estabelecido: há três aspectos principais da atenção, que vimos no exemplo do coquetel. Primeiro, há a atenção voluntária: a escolha intencional do foco, o holofote da mente apontado para algo, iluminando-o enquanto mantém tudo o que está fora de seu feixe em relativa escuridão. Em seguida, há a atenção involuntária, que opera em paralelo à atenção consciente, monitorando nosso ambiente em busca de ameaças e interrupções, aproximando-nos e afastando-nos do foco consciente e, às vezes, expandindo-se e capturando nossa mente por completo. E, por fim, há a atenção social, o fato de que podemos ser objeto da atenção alheia e essa experiência é fundamental para ter laços humanos. Também prestamos atenção nos outros, e essas formas de atenção social, a troca de atenção com outros seres humanos, são os laços covalentes da socialização humana. Pensamos em outras pessoas e outras pessoas pensam em nós, e toda uma vida gira em torno disso.

Com esses aspectos básicos da atenção estabelecidos, podemos fazer uma pergunta que assombra milhões de praticantes do negócio da atenção, desde professores da primeira série até produtores de cinema, políticos e apresentadores de noticiários como eu: como captar a atenção das pessoas?

Sendo alguém que passa grande parte da vida profissional tentando responder a essa pergunta, é útil dividi-la em duas partes. Primeiro, é necessário chamar a atenção: você precisa que as pessoas sintonizem seu programa, ou parem de mudar de canal quando o virem na tela, ou cliquem no link quando um clipe passar por seus feeds. E uma vez que você tenha a atenção delas, precisa mantê-la.

Qualquer um que trabalhe no ramo da atenção já estrutura seu trabalho em torno dessa distinção. Um tabloide tem uma imagem grande e chamativa com uma fonte em letras garrafais para chamar a atenção na esperança de fazer com que o leitor compre o jornal. As reportagens têm manchetes, que existem para chamar a atenção. O lide tenta atrair ainda mais o leitor e, em seguida, o trabalho da reportagem é manter essa atenção. Os programas de TV têm escaladas, e todo caixeiro-viajante e conquistador de boate tem uma frase de abertura.

Todas as noites, às oito horas, meu programa de notícias começa com uma abertura de trinta segundos, que serve como uma espécie de trailer para o restante do programa. Todos os meios mais confiáveis de chamar a atenção estão presentes: eu projeto minha voz, como se estivesse entrando em uma sala gritando; os gráficos estão em movimento, brilhantes e coloridos, ocupando toda a tela. Passamos rapidamente de um assunto para outro, mantendo as coisas em movimento, garantindo que haja um fluxo constante de estímulos para o espectador.

E assim como todos no setor de atenção entendem a necessidade de primeiro prender e depois manter a atenção, hoje temos uma quantidade sem precedentes de dados sobre quando as pessoas param de prestar atenção — quando param de assistir, de ler ou de se envolver. Quase todos esses dados confirmam a distinção básica entre prender a atenção e mantê-la. Nos noticiários, os momentos de maior audiência do programa geralmente são os de abertura, conhecidos como bloco A. Quase todos os programas registram alguma queda ao longo de sua duração.

Essa dinâmica é ainda mais acentuada para conteúdo escrito, como sites de notícias, que monitoram quantas pessoas clicam em uma matéria e quantos minutos passam lendo-a. Em 2014, o então CEO da Chartbeat, que mede o tráfego da web, disse que 55% das pessoas que acessam uma página passam menos de quinze segundos nela.[24] Quando falamos de "*clickbait*", estamos falando apenas desse fenômeno simples em escala. E quando associamos o *clickbait* — como os jornais populares diários com suas capas grosseiras e chamativas — a informações baratas e de baixa qualidade, é porque intuímos que o que eles estão buscando é o ganho mais fácil, as partes mais acessíveis da nossa atenção. Eles estão operando naquela parte instável do nosso cérebro que busca novos estímulos: ameaças, comida, sexo.

Disso decorre algo essencial, que revela uma verdade fundamental sobre toda a experiência da era da atenção: *é mais fácil prender a atenção do que mantê-la*. Isso pode parecer uma verdade quase trivial à primeira vista, mas tem implicações profundas e de longo alcance. Essa simples verdade estrutura uma grande parte do nosso consumo de mídia e explica por que nossa experiência com a mídia social se tornou tão acachapante e incoerente.

A distinção entre prender e manter a atenção mapeia os dois primeiros aspectos da atenção — atenção involuntária e atenção voluntária. O tipo de atenção que uma manchete chocante ou sexualmente sugestiva de um tabloide atrai é aquela parte profunda da psique que nos afasta da conversa para ouvir o barulho da bandeja caindo ou o chamado da sereia. É a parte de nosso circuito de atenção que trabalha em segundo plano para processar informações *novas* — novas ameaças ou oportunidades, mudanças no cenário perceptual.

Mas, na medida em que o novo estímulo perceptual perdura, ele diminui de intensidade conforme nossa atenção se adapta, da mesma forma que nossas pupilas se contraem para se ajustar à luz forte. Voltamos para uma postura de livre-arbítrio — isso é algo em que queremos prestar atenção conscientemente ou não? Esse é o desafio da atenção voluntária, e é bem mais difícil. É fácil fazer com que alguém leia a manchete; o difícil é fazer com que essa pessoa leia a matéria.

Voltando ao nosso exemplo do coquetel, digamos que lhe disseram que você poderia usar qualquer meio para obter a atenção total de todos na sala. Um caminho óbvio, que eu acho que seria um tiro certeiro, seria pegar uma arma de fogo, disparar alguns tiros para o alto e gritar: "Muito bem, prestem atenção, todos!".

É claro que você não precisaria fazer nada tão violento e extremo para chamar a atenção de todos. Há uma série de coisas que poderia fazer — começar a gritar a plenos pulmões, quebrar o copo que você está segurando, tirar todas as suas roupas. A questão é que não importa quem você é, o que faz para viver, quais são seus conhecimentos e talentos, você pode realizar essa tarefa. Isso porque chamar a atenção de uma sala cheia de gente é fácil, desde que você tenha permissão para usar qualquer método à sua disposição.

Mas agora vamos imaginar que você tenha conseguido. A sala inteira está olhando enquanto você ergue sua arma ou fica nu diante de todos. E agora? Digamos que sua próxima missão seja *prender* a atenção do público, mantê-lo fascinado pelas próximas duas horas. Qual é a sua jogada? Não é uma tarefa tão trivial! Nem mesmo a arma ajudaria muito. Você pode voltar a atirar para o alto para fazer com que todos se concentrem, mas isso não é um roteiro para manter a atenção de uma sala cheia de pessoas por duas horas. Não é possível forçar a atenção por um período prolongado, mesmo com uma arma em punho. E isso não é apenas uma hipótese. Mesmo em situações de terror máximo de luta ou fuga, como podem atestar os reféns em um avião ou os soldados em uma trincheira, é fácil desviar a atenção. Charles Kapar, um funcionário da agência governamental USAID que sobreviveu ao sequestro de um avião no Kuwait em 1984, contou a um repórter logo após o incidente que, mesmo com sua vida em risco, ele se desligou, tomado pelo tédio. "Aquele sujeito [o sequestrador] estava destruindo tudo e nós estávamos sentados ali. Quase caí no sono de tão entediado que estava."[25]

De fato, uma das experiências mais comuns e universais da guerra é o tédio. Quase todos os textos sobre a guerra escritos em primeira pessoa relatam isto: longos períodos sem que nada aconteça, pontuados por cada célula do corpo sintonizada com a ameaça violenta do inimigo diante de você assim que ele abre fogo ou ataca. "Você podia estar sentado no topo de um morro", escreve Tim O'Brien em *The Things They Carried* [As coisas que eles levavam], "e o dia estava calmo, quente e totalmente desocupado, e você sentia o tédio pingando dentro de si como uma torneira com vazamento, só que não era água, era uma espécie de ácido, e a cada gota você sentia a substância corroendo órgãos importantes. Você tentava relaxar. Abria os punhos e deixava seus pensamentos livres. Bem, você pensava, isso não é tão ruim. E então você ouvia tiros atrás de você e seus testículos subiam para a garganta e você estava guinchando como um porco."[26]

Portanto, mesmo com a ferramenta definitiva de coerção — a ameaça de violência ou morte —, não é possível simplesmente chamar a atenção das pessoas por muito tempo. Se você tomar uma sala como refém e quiser que as pessoas ouçam seu monólogo de duas horas sobre sua causa política ou a história de seu pior desgosto, vai continuar querendo, a menos que seja um orador talentosíssimo. O mais provável é que as mentes se distraiam e a atenção diminua. Embora seja fácil captar a atenção inicial em uma sala, mantê-la é quase impossível. Até profissionais da atenção como eu considerariam uma diretriz para "prender a atenção dessa multidão por duas horas sem qualquer preparação" um pesadelo.

E agora chegamos à misteriosa alquimia da atenção voluntária. Como manter a atenção de alguém depois de tê-la capturado? Essa pergunta não tem uma resposta definitiva e abrangente, embora séculos de pensadores tenham oferecido seus pontos de vista e, atualmente, trilhões de dólares sejam gastos tentando respondê-la. Todos os professores, comandantes militares, vendedores, anunciantes, todas as campanhas políticas, empresas de mídia e tecnologia se debatem com essa questão. As pessoas que têm o dom de respondê-la fazem fortunas. Isso ocorre porque não há uma resposta única nem meios confiáveis de produzi-la: quanto mais você se agarra a uma solução, mais ela escapa.

Quero tentar apresentar uma estrutura para responder a essa pergunta extremamente difícil. Mas, para isso, é necessário fazer um pequeno desvio para uma outra área de nossa vida que tem uma dinâmica semelhante à da atenção. Trata-se de outra área na qual travamos uma batalha quase constante com nossa herança evolutiva: a alimentação.

A experiência hormonal da fome, em seu nível mais básico, é uma necessidade evolutiva, a maneira como nosso corpo nos informa que precisamos de mais calorias.[27] É uma informação muito básica, um sinal. Antes de ser qualquer outra coisa — um objeto de desejo, um meio de expressar amor, a celebração de uma cultura ou uma herança —, a comida é uma necessidade biológica. Precisamos comer para viver. Não temos escolha.[28]

A fome está diretamente relacionada à atenção. Quando estamos com fome, a necessidade de alimento começa a reter nossa atenção. Aqueles que experimentam as primeiras sensações de fome relatam de forma quase abrangente que sua vida interior passa a ser dominada por pensamentos sobre comida. Aron Ralston, o alpinista que passou seis dias com o braço preso sob uma rocha em um cânion remoto, escreveu em suas memórias que, embora seus pensamentos passassem por sua mortalidade e pela preocupação com seus negócios, "na verdade, o que está em minha mente é comida e bebida. Néctares gelados e suculentos, frutas, sobremesas, tudo o que é úmido e gostoso".[29] Um grevista do Comitê de Estudantes Não Violentos (SNCC, na sigla em inglês) que lutava contra a fome durante os protestos pelos direitos civis na década de 1960 lembrou que ele e seus colegas ativistas "fantasiávamos sem parar a refeição que faríamos e inventávamos infinitos pratos e acompanhamentos deliciosos".[30]

Tanto a atenção quanto a fome funcionam para nos manter vivos. Nosso corpo precisa nos obrigar a comer e faz isso por meio da sensação de fome. Ele também precisa nos compelir a evitar uma ameaça iminente, e isso é feito voltando nossa atenção para a fonte do possível perigo ou para a alimentação, o abrigo e outras fontes de segurança. Às vezes, quando o cheiro de algo delicioso passa por nossas narinas, os dois processos trabalham juntos, e nossa atenção é dominada pela sedução do alimento.

Nossa biologia evolutiva cria alguns aspectos fundamentais e universais para o apetite humano. O açúcar contém cerca de quatro calorias por grama, o que significa que ele é para a nutrição o que a gasolina é para os automóveis — o método de fornecimento de energia mais eficiente que existe. Não é de surpreender que os seres humanos, assim como outros animais, tenham uma queda por doces. O caso de amor começa cedo, como observa o jornalista gastronômico Michael Moss: "Quando recebem açúcar, os bebês sorriem e também sentem menos dor. É por isso que os médicos dão aos bebês algo doce quando lhes furam o calcanhar para tirar uma amostra de sangue".[31] O açúcar, diz Moss, nos proporciona aquela "profunda satisfação biológica de fazer algo vital para nossa sobrevivência".

A gordura também é bastante densa em termos de energia e, como observa Michael Pollan, "a seleção natural nos predispôs ao sabor do açúcar e da gordura (sua textura e seu sabor) porque os açúcares e as gorduras oferecem mais energia (que é o que uma caloria é) por mordida".[32] Quando o Deus do Antigo Testamento invoca uma terra de abundância, a terra prometida para seu povo prometido, ele lhes diz que será "uma terra boa e larga, uma terra que mana leite [gordura] e mel [açúcar]".[33]

Nossa predileção biológica por gordura e açúcar foi explorada pelos enormes conglomerados globais de alimentos que dominam a atual produção industrial de alimentos. Os livros de Moss, *Sal, açúcar, gordura* e *Hooked* [Viciados], narram a engenharia implacável que os gigantes do setor alimentício usam para estimular uma espécie de resposta viciante, sobrecarregando partes de nosso corpo com doses cavalares de substâncias que, nas centenas de milhares de anos do desenvolvimento humano primitivo, eram na verdade bastante raras. "Temos intimidade com o sabor doce desde que nascemos", escreve Moss, "e mesmo assim nossos ancestrais não tinham nada tão emocionante quanto a coca-cola."[34]

Mas o componente evolutivo e biofísico da fome é o começo da história, não o fim dela. E é aqui que a conexão com a atenção é mais esclarecedora. Sim, a coca-cola é vendida e apreciada em todo o mundo. Os impérios alimentícios descobriram a combinação irresistível de açúcar, sal e gordura para movimentar trilhões de dólares entre continentes, culturas e culinárias. Mas a comida é muito mais do que um simples algoritmo químico no qual engenheiros de alimentos com bons recursos hackeiam a fiação do nosso cérebro para oferecer sabores diferentes na combinação certa. Comida é vida, o vetor da socialização, da cultura, do afeto e do vínculo com um grupo. É uma memória sensorial íntima. É uma expressão de tradição, história e identidade. E devido à complexidade de nossos apetites, a variedade de coisas que os seres humanos em todo o mundo acham deliciosas é impressionante.

Faça a pergunta "O que os humanos gostam de comer?" e você terá duas respostas. A primeira resposta, que vem de nossa biologia mais fundamental e foi tão desastrosamente explorada, é: sal, gordura, açúcar e carboidratos simples. Em qualquer lugar do mundo, gostamos de batatinhas, ketchup e coca-cola. Mas a outra resposta é... tudo! Ou quase tudo que é comestível e não venenoso. Tem gosto para tudo, e os gostos humanos são quase ilimitados em sua variedade — comemos e gostamos de cérebro de vaca a favas, de ovas de peixe ao néctar fermentado do agave do deserto e carne de baleia meio apodrecida. Um dos temas comuns nos diários e relatos de viagem dos primeiros exploradores europeus é o encontro com alimentos estranhos, mas surpreendentemente deliciosos. O missionário flamengo do século XIII Guilherme de Rubruck contou que, durante seu tempo entre os tártaros (que se estendiam pelo leste da Europa e oeste da Ásia), ofereceram-lhe *koumiss*, leite de cavalo fermentado, para beber, "e ao saboreá-lo, comecei a suar de horror e surpresa, pois nunca havia bebido. No entanto, pareceu-me muito saboroso, como de fato é".[35] Acontece que há mais iguarias no mundo do que se pode imaginar.

E o mesmo acontece com a atenção. Faça a pergunta "Em que os humanos prestam atenção?" e você também terá duas respostas. Uma resposta, semelhante ao nosso desejo por açúcar, surge do circuito biológico mais profundo da atenção: os processos involuntários e compulsórios que estão enraizados em nossa herança evolutiva. Até mesmo uma lesma-do-mar, que tem um dos sistemas nervosos mais primitivos da Terra e nenhuma consciência, reagirá à presença repentina de uma ameaça.[36]

Esse sistema de atenção compulsória e pré-consciente fornece o menor denominador comum para aqueles que buscam extrair nossa atenção. É o equivalente atencional do fast food, e é possível encontrá-lo em qualquer lugar, desde um cassino até a Times Square e o seu iPhone. As maiores corporações do mundo, as mentes mais brilhantes e as entidades mais poderosas gastam fortunas para nos obrigar a ver e ouvir o que querem que vejamos e ouçamos. Junk food não é apenas o que colocamos em nossos corpos; é cada vez mais aquilo com que alimentamos nossa mente. Acabamos comendo até que nossa alma fique estufada e enjoada.

Mas, assim como com a comida, há uma segunda resposta para a pergunta sobre em que os seres humanos prestam atenção. Mais uma vez, a resposta é: praticamente tudo! Ou, pelo menos, uma variedade chocante, bela e sublime de atividades e entretenimento: teatro kabuki, seriados, novelas, cultos cristãos evangélicos de oito horas, o ciclo do *Anel* de Wagner, vídeos de quinze segundos do Snapchat, *Guerra e paz*, solos de cítara de uma hora.

No momento em que escrevo este texto, Joe Rogan é o apresentador de podcast mais bem-sucedido e polêmico da língua inglesa. Seus episódios costumam ter milhões de ouvintes, e seus programas geralmente duram mais de duas horas e abordam assuntos tão esotéricos quanto a origem do universo. Rogan não é para mim, mas eu mesmo já assisti a inúmeros vídeos de pessoas limpando tapetes que pacientemente, minuciosamente e com muito amor despejam xampu em tapetes velhos e sujos até que fiquem limpinhos e coloridos. Esses vídeos em geral não têm narração, apenas o som satisfatório da água correndo e das buchas, e longas e encantadoras tomadas da água escura levando embora anos de sujeira que escorrem do tapete para o ralo. Esses vídeos me deixam totalmente hipnotizado. Também assisti a horas de reparos meticulosos em campainhas antigas e prensas de livros cobertas de ferrugem, o que envolve raspagem e polimento, raspagem e polimento até que fiquem brilhantes. E não sou só eu. Um vídeo de restauração da campainha de uma porta teve 4,4 milhões de visualizações em seus primeiros três meses. Há um vídeo com uma furadeira antiga que foi visto 36 milhões de vezes.

Há também um gênero inteiro, extremamente popular no YouTube, de vídeos de *unboxing*. Nesses vídeos, alguém apresenta um brinquedo ou outro produto em sua embalagem e começa a retirá-lo enquanto o mostra para a câmera e faz alguns comentários. O rei indiscutível desse gênero é um garoto de dez anos do Havaí chamado Ryan Kaji. Para mim, é impossível assistir aos vídeos, são enervantes de uma forma que não consigo identificar. Mas o canal de Ryan foi o mais lucrativo de todo o YouTube em 2018 e 2019.[37] Um vídeo que mostra um jovem Ryan se divertindo em um toboágua no quintal em uma espécie de caça ao tesouro, procurando grandes ovos de plástico com brinquedos dentro, teve 2 *bilhões de* visualizações.[38] A *New York Times Magazine* informou em 2022 que a família de Ryan ganha pelo menos 25 milhões de dólares por ano com publicidade e acordos de conteúdo patrocinado.[39]

Portanto, de Guerra e Paz a grandes ovos de plástico cheios de bonecos, não há uma resposta direta para a pergunta simples e muito delicada (para não mencionar extremamente lucrativa): em que as pessoas prestam atenção? Assim como a culinária, ela é o produto de um milhão de variáveis — história, cultura, instituições sociais. A variedade ilimitada dos gostos da mente humana é linda, assim como nossa capacidade de prestar muita atenção em coisas que outras pessoas podem achar superentediantes. Ainda existem infinitas possibilidades, e o que faz com que um indivíduo, em determinado momento, preste atenção em algo em particular é desconhecido. Existe em um domínio além das capacidades de previsão. É arte, não ciência.

Se você quiser atrair o máximo de atenção possível em escala, precisará tentar constantemente resolver esse problema que, em última análise, não tem solução. Às vezes, você terá sucesso e produzirá um filme ou um programa de TV de sucesso. Com mais frequência, fracassará, mesmo quando tentar seguir à risca os contornos básicos da atenção que são de conhecimento comum entre nós que trabalhamos no ramo da atenção. Por que o seriado policial de uma emissora foi bem-sucedido e o de outra não deu audiência? Ninguém sabe! Os seres humanos são imprevisíveis, e os apetites humanos, literais e figurativos, são vastos e estranhos.

Mas e se você pudesse evitar esse quebra-cabeça por completo? Considerando que é muito mais fácil prender a atenção do que mantê-la, quem maximizasse os meios de atrair a atenção de forma repetida, sem precisar prendê-la, ganharia baldes de dinheiro.

Isso faz parte da abordagem adotada pelo meu próprio meio, o noticiário. Olhe para um noticiário e você perceberá imediatamente que ele está repleto de estímulos visuais. As interrupções são constantes. Os textos em "crawl" na parte mais baixa da tela exibe manchetes, e outra faixa de texto no que chamamos de terço inferior pode identificar o convidado ou dar uma recapitulação em estilo de manchete da história que está sendo discutida. Esse texto troca o tempo todo. A parte principal da tela raramente fica fixa. Geralmente, mudamos os recursos visuais a cada poucos segundos: âncora na câmera, âncora na câmera com um gráfico sobre o ombro, tela inteira de uma imagem, som rolando e assim por diante.

Na verdade, o crawl na parte inferior da tela, introduzido na CNN e na ESPN como meio de mostrar os resultados esportivos, foi usado pela primeira vez para exibir uma manchete de notícias na parte inferior da tela em 11 de setembro de 2001, na Fox News, o momento na história recente em que os acontecimentos mais chamaram a nossa atenção animal e primitiva.[40] Logo a MSNBC e a CNN seguiram o exemplo. É perfeitamente adequado, claro, que naquele momento de pico de medo e terror essa abordagem de manutenção da atenção fosse mais eficaz. Estávamos todos preparados para ouvir e ver ameaças, em alerta máximo. Também é apropriado que as notícias em crawl tenham perdurado por muito tempo depois de aquela ameaça específica, muito real e muito aterrorizante, ter se dissipado. Os noticiários, em sua forma mais básica, funcionam como uma espécie de sirene televisionada: ESTÁ ACONTECENDO ALGO QUE VOCÊ PRECISA SABER.

Em algum momento do meu tempo como âncora, a faixa em crawl, que havíamos parado de usar no horário nobre antes do início do meu programa, foi reintroduzida. Os índices de audiência estavam em baixa, ou seja, a atenção agregada havia diminuído. Os executivos estavam tentando fazer com que as pessoas voltassem a assistir. O crawl voltou a ser usado.

Isso significava que, na tela, tínhamos criado uma competição entre dois modos alternativos de manter a atenção: o método de interrupção em série representado pelo crawl na parte inferior e o método de manter a atenção por meio da narrativa que eu estava tentando transmitir nos dois terços superiores da tela. Foi um pouco estranho me ver competindo com minha própria tela para vencer a batalha.

Isso é algo endêmico ao meio, claro. O noticiário existe em um mercado de atenção intensamente competitivo e precisa se esforçar para chamar a atenção dos telespectadores, principalmente daqueles que por acaso estejam zapeando. Para mim, o ideal seria me livrar de todas as firulas e tirar todo o cenário para que pudéssemos nos concentrar em minha própria capacidade (digamos assim) de comandar a atenção voluntária por meio de retórica e narrativa. Na verdade, lembro-me perfeitamente de uma vez ter dito a um executivo que meu visual ideal para o programa de TV que eu apresentava era o cenário totalmente despojado do antigo programa de Charlie Rose: sem gráficos, fundo preto e mesa de madeira. Vi um nítido olhar de pânico nele. Ainda assim, quaisquer que sejam as tentativas do noticiário de chamar a atenção de forma iterativa, em vez de prendê-la, não depende exclusivamente desse método. Eu ainda faço monólogos em que conto uma história, mesmo que os gráficos estejam ao meu lado.

Mas as formas mais bem-sucedidas de capturar a atenção de nossa época contornam quase que totalmente o problema de prender a atenção voluntária, optando, em vez disso, por uma forma cada vez mais eficaz de prender nossa atenção uma vez atrás da outra. Chamo isso de modelo de caça-níqueis porque sua abordagem vem de uma das primeiras e mais bem-sucedidas máquinas de atenção da história. Ele passou a dominar toda a economia de atenção do mundo, da mesma forma que os refrigerantes e o fast food colonizaram a culinária mundial.

As máquinas caça-níqueis surgiram como uma versão simplificada das máquinas de pôquer mecânicas encontradas em bares. Em 1950, elas já eram comuns e alvo de uma forte reação da turma antivício, que criticava sua capacidade sedutora de fazer com que os homens esvaziassem seus bolsos.[41] "Não foi inventada nenhuma outra máquina com lucros tão fabulosos e um investimento tão pequeno", observou um sociólogo naquele ano, "e com tão pouco esforço."[42]

A Lei do Transporte de Dispositivos de Apostas, de 1951, proibiu os caça-níqueis em muitos estados onde eles operavam em uma espécie de zona cinzenta legal e, na década de 1960, eles eram legais apenas em Nevada.[43] Mas os engenheiros dos cassinos em Las Vegas se puseram a trabalhar. Refinaram a simples máquina caça-níquel e depois a expandiram para um universo inteiro de jogos eletrônicos de potência incomparável. Esses jogos se tornaram muito mais lucrativos do que qualquer outra coisa em um cassino, ocupando mais e mais espaço a cada ano que passava. "Neste momento", disse o sociólogo Bo Bernhard a uma plateia em uma conferência sobre jogos em 2000, "em algum lugar de um cassino, uma mesa de blackjack está sendo serrada para dar lugar a caça-níqueis."[44]

Os caça-níqueis prendem nossa atenção ao capturá-la por apenas um instante, enquanto esperamos o rolo parar, e depois repetem esse mesmo processo breve, mas intenso, várias vezes. O modelo é simples: cada jogada dura apenas alguns segundos. Luzes brilhantes e estímulos novos atraem nossa atenção. Um momento de suspense é seguido de uma resolução. Um minúsculo mistério é revelado, de forma talvez satisfatória, talvez insatisfatória, mas pronto para ser repetido.

Em *Addiction by Design* [Vício intencional], a antropóloga cultural Natasha Dow Schüll descreve a relação dos viciados em caça-níqueis com as máquinas. Ao contrário do que se poderia supor, não é necessariamente o jogo — a possibilidade de ganhar dinheiro — que os mantém ali. É, na verdade, o transe de atenção único que a jogabilidade da máquina induz. Mollie, uma das jogadoras entrevistadas, diz que, no início, queria ganhar, mas logo percebeu que era impossível vencer a casa. "Hoje", diz ela, "quando ganho — e ganho, de vez em quando —, simplesmente coloco o dinheiro de volta nas máquinas. O que as pessoas não entendem é que *não estou jogando para ganhar*." O motivo pelo qual Mollie joga é "continuar jogando — ficar naquele fluxo da máquina em que nada mais importa".

Mollie descreve o fluxo das máquinas da seguinte forma: "É como estar no olho de um furacão". Então continua: "Você enxerga claramente a máquina à sua frente, mas o mundo inteiro está girando ao seu redor e você não consegue ouvir nada. Você não está realmente lá — está com a máquina e só com ela".[45]

Os designers desses jogos se preocupam com qualquer coisa que possa tirar o jogador desse fluxo. Seu trabalho é manter o jogador na máquina pelo maior tempo possível, dominar e monopolizar sua atenção e afastar todas as tentativas da concorrência de atraí-lo.[46]

Esse é o modelo central da maioria dos games, um dos maiores atrativos de atenção, em termos de horas globais agregadas, da atualidade. Todo o gênero de games de tiro em primeira pessoa, de *Call of Duty* a *Counter-Strike: Global Offensive*, usa o modelo de caça-níqueis: a captura repetida de atenção. É claro que esses jogos têm personagens, arcos e, às vezes, uma estrutura narrativa bastante sofisticada. Mas o principal truque de atenção é criar um universo no qual o jogador está em constante perigo, cercado por uma nova ameaça a cada momento. Os jogadores podem jogar por horas a fio, tanto que têm um comentário recorrente, um tanto irônico, sobre fazer xixi numa garrafa para não sair do jogo. (Em geral, é uma piada.)

A experiência deles parece quase idêntica à dos jogadores de caça-níqueis que Schüll encontrou. "*Call of Duty* prendeu minha atenção mês após mês este ano, de uma forma que nenhum outro jogo prendeu", relatou um jogador em 2020.[47] "E não sou só eu, todos os meus amigos estão jogando *Call of Duty* este ano. [...] A aleatoriedade é apenas parte da equação. Sim, é divertido entrar e pensar que sim, este pode ser *o* jogo. Posso ter sorte com as caixas de recompensa, com o posicionamento dos círculos. Talvez dessa vez seja a hora. [...] Estou desamparado." As caixas de recompensa, para quem não sabe, são basicamente caça-níqueis *dentro do jogo* que distribuem brindes aleatoriamente.

Essa categoria de jogos ocupou um número impressionante de horas de atenção humana. Em 2013, o *Washington Post* relatou: "A humanidade já passou mais tempo jogando *Call of Duty* do que na Terra". Veja: "Todos os anos, os jogadores de *Call of Duty* registram coletivamente cerca de 475 mil anos de jogo. Somando tudo isso, ao longo de seus seis anos de história, as simulações de combate da Activision nos custaram 2,85 milhões de anos humanos — mais de catorze vezes o tempo de existência da humanidade".[48] E isso foi há uma década!

O modelo de caça-níqueis é agora o modelo ascendente, possivelmente o dominante, da era da atenção. O Facebook, o X (antigo Twitter), o Instagram e o TikTok se baseiam nessa abordagem. Acredito que não seja por acaso que a principal estrutura perceptiva das plataformas de rede social mais populares, "o feed", se mova como uma máquina caça-níqueis — rolando verticalmente, sem parar. Esses aplicativos retêm nossa atenção por meio de uma forma estruturada de estímulo constante, interrupção contínua, sem nunca ter que fazer muito para prender nossa atenção. Pequenos caça-níqueis que levamos no bolso, ao alcance das mãos. Eles conseguem prender nossa atenção por longos períodos apenas por capturá-la repetidamente.

Se a função "tempo de tela" estiver ativada no seu iPhone, você receberá uma mensagem semanal sobre a sua média diária de uso de tela e, toda vez que ela aparece, pelo menos para mim, é muito chocante, até mesmo terrível. Sinto a vergonha tomar conta de mim. "Você teve uma média de cinco horas e dezesseis minutos de tempo diário de tela na semana passada", ele me diz. Mas como? Examino minha memória em busca desse tempo que passei no celular e percebo que tudo aconteceu em pequenos intervalos de dez segundos, medidos em colheres de café. Da mesma forma que grandes fortunas podem ser feitas guardando apenas alguns centavos por vez, os mais poderosos mineradores de atenção de nossa época não precisam tomar toda a nossa atenção o tempo todo, apenas alguns segundos aqui e ali, repetidamente.

O modelo de caça-níqueis permite que as empresas mais poderosas e lucrativas do mundo dissolvam completamente o problema que, durante um século, os executivos de Hollywood, as grandes editoras e os produtores da Broadway tentaram resolver: o que prenderá a atenção das pessoas? Eles não precisam ter uma resposta. Podem simplesmente lançar um milhão de pequenas interrupções sobre nós, rastrear quais delas prendem nossa atenção e depois repeti-las. Com o passar do tempo, esse processo, graças ao aprendizado de máquina e à eficiência de mercados genuinamente competitivos, ficará cada vez melhor, descobrindo o que chama a sua atenção em determinado momento e oferecendo apenas isso.

Temos três aspectos principais da atenção em nosso modelo de trabalho: atenção involuntária, atenção voluntária e atenção social. Chamar a atenção, ou seja, agarrá-la, é muito mais fácil do que mantê-la, pois agarrar a atenção não depende de desvendar os mistérios ilimitados da alma humana. Isso significa que os mercados competitivos de atenção tenderão para o modelo de caça-níqueis.

Mas, junto com esses dois aspectos da atenção, está o terceiro, potente: a atenção social. Não é possível compreender de fato a era da atenção sem entender como esse aspecto também foi explorado. Lembre-se de que, ao contrário de quase todos os outros estímulos, nosso próprio nome tem uma ressonância especial em uma conversa abafada em um coquetel. E isso acontece porque é um sinal de que alguém está *prestando atenção em nós*. Podemos prestar atenção nas coisas e nas pessoas, e as pessoas podem prestar atenção em nós. Isso aciona a parte mais fundamental de nossa natureza social, o fato de só podermos viver se recebermos a atenção de alguém em algum lugar desde o momento de nosso nascimento.

Assim como o fato aparentemente trivial de que é mais fácil chamar a atenção de alguém do que mantê-la tem implicações profundas e de longo alcance para o funcionamento dos mercados de atenção modernos, o mesmo acontece com a força primordial da atenção social. E ao contrário da facilidade com que a atenção pode ser capturada em relação a ser mantida, o que os mineradores de atenção há muito entendem, este último recurso da atenção só foi desvendado recentemente.

Antes da era moderna, o mais próximo que se chegava de nomear diretamente a pessoa cuja atenção se desejava captar era tentar se dirigir a algum modelo genérico, mas específico, do seu alvo: a dona de casa para quem o sabão de lavar roupas era perfeito; o homem elegante da cidade para o qual se queria vender cigarros. O mais próximo que dava para chegar de tentar falar diretamente com a pessoa cuja atenção se desejava era o método do Tio Sam de abordar diretamente um alvo: "Eu quero *você*". Na tecnologia disponível, o cartaz de recrutamento do Exército não conseguia identificar de fato cada transeunte. Mas há um motivo pelo qual esse cartaz se tornou icônico tão rápido. Como o cartaz de recrutamento britânico no qual se baseou,[49] era uma tentativa engenhosa de fixar a atenção social do recruta olhando para um homem que apontava para ele.

Todos nós já reviramos os olhos ou rimos de e-mails de captação de recursos que se dirigem a nós pelo primeiro nome e passam a adotar a voz informal e tagarela de um amigo próximo. "Chris! O tempo está acabando e percebi que você ainda não fez sua doação. Sei o quanto você se importa com a vitória neste outono, e precisamos da sua doação *agora*." A sensação de reconhecimento naquele microinstante em que vemos um texto com nosso primeiro nome, "Chris!", é o poder da atenção social, a mesma parte do nosso ser que se acende no coquetel quando ouvimos nosso nome, quando sabemos que estão prestando atenção e se concentrando em nós. E a natureza do mundo digital moderno é tal que aqueles que querem nossa atenção podem nos identificar de forma muito específica. Eles conhecem a fundo quem somos e podem capturar nossa atenção social.

Qualquer um que tenha andado pelas ruas de uma cidade americana na última década já teve a experiência de ser parado por alguém com uma camiseta brilhante e uma prancheta na mão tentando arrecadar dinheiro para alguma causa. Já estive no lugar deles quando era mais jovem, como recrutador de voluntários, e logo descobri quais métodos funcionam melhor para chamar a atenção das pessoas. Mas imagine como esses recrutadores seriam mais eficientes, como eu teria sido mais eficiente quando estava fazendo isso, se estivessem armados com os nomes de cada transeunte, além de informações pessoais. Imagine se a pessoa, em vez de dizer: "Ei, você tem um minuto para o meio ambiente?", dissesse: "Ei, Chris, sei que você, a Kate, o Ryan, o David e a Anya gostam de fazer caminhadas no norte do estado e gostaria de saber se posso falar com você sobre o apoio às florestas de lá".

É claro que isso é exatamente o que a internet, como máquina, está equipada para fazer. Uma parte enorme do comércio on-line consiste em criar esse tipo de forma superespecífica de atenção social direcionada a nós. A tecnologia de anúncios funciona agregando enormes quantidades de dados pessoais sobre nossas identidades sociais — amante de massas, jogador de vôlei, fã de ficção científica — e, em seguida, usando esses dados para chamar a nossa atenção. Cada vez mais, ela está no negócio de "identificação", ou seja, nas palavras do ex-funcionário do Facebook Antonio García Martínez, "de encontrar usuários específicos em qualquer lugar e de qualquer forma. Todos esses dados que estão sendo gerados, armazenados e usados, tanto por editores quanto por anunciantes, abriram espaço para que as pessoas que antes precificavam derivativos de crédito passassem a fazer o mesmo com parcelas de atenção humana".[50]

Esse é apenas o lado tecnológico da publicidade, em que estamos constantemente recebendo anúncios que tentam atrair nossa atenção. Mas pense em como é fundamental para o design das redes sociais. Cada plataforma tem notificações de "menções" quando alguém está falando sobre nós ou com a gente. O efeito coquetel foi projetado em seu próprio código. Inclusive, ser marcado e incluído em um assunto é o principal fator de engajamento em muitas plataformas. Tristan Harris, ex-funcionário do Google, observa que esse aspecto de uma plataforma como o Facebook é otimizado pelo algoritmo para sobrecarregar os impulsos sociais normais. "Somos todos vulneráveis à aprovação social", escreve Harris. "Mas agora nossa aprovação social está nas mãos de empresas de tecnologia. Quando sou marcado pelo meu amigo Marc, imagino que ele tenha feito uma escolha consciente de me marcar. Mas não vejo como uma empresa como o Facebook orquestrou o fato de ele ter feito isso para começo de conversa [...] sugerindo automaticamente todos os rostos que as pessoas deveriam marcar (por exemplo, mostrando uma caixa com uma confirmação de um clique: 'Marcar Tristan nesta foto?'). Portanto, quando Marc me marca, ele está, na verdade, respondendo à sugestão do Facebook, e não fazendo uma escolha independente. Mas, por meio de escolhas de design como essa, o Facebook controla o multiplicador da frequência com que milhões de pessoas experimentam sua aprovação social."[51]

Esse recurso, ser marcado/nomeado/mencionado, também impulsiona o tipo de discussão compulsiva, até tarde da noite, em termos cada vez mais chulos, que é a força vital de muitas redes sociais e representa um enorme ganho de atenção para a empresa que hospeda a troca. Se você, como eu, gosta de fazer postagens, você então conhece a liberação física de endorfinas quando olha para sua rede social e vê que há um monte de notificações.

Um resumo de como os mineradores de atenção digital contemporâneos extraem a atenção é: saudar, agarrar, segurar. Esses três métodos correspondem aos três principais aspectos da atenção: atenção social, atenção involuntária e atenção voluntária. As duas primeiras formas de atenção e captura de atenção são muito mais fáceis do que a última e, portanto, os vastos recursos e a tecnologia cada vez mais utilizados nesse problema lucrativo tendem a explorar nossas identidades sociais e nossa estrutura neurológica para forçar a atenção por meio da interrupção.

3

A RAIZ DO MAL

VAMOS VOLTAR A ODISSEU por um momento. Um detalhe que passa despercebido no épico, que nunca é explicado, é o motivo que leva Circe a aconselhá-lo a fazer com que sua tripulação coloque cera nos ouvidos, mas ele mesmo não. Todo o plano complicado e perigoso de se amarrar ao mastro poderia ter sido evitado se ele tivesse se juntado à tripulação e navegado pacificamente. Mas Circe elaborou um plano que lhe permitiria ter as duas coisas. Circe sabia que ele gostaria de ouvir as sereias. Todos nós gostaríamos de ouvir. Queremos que nossa atenção seja tomada, porque é prazeroso ser agarrado pelo canto das sereias.

Não podemos entender a era da atenção sem levar em conta a parte de nós que procura as sereias, que quer fugir de nossa própria mente. Por que não ficamos satisfeitos com o silêncio? Em 2014, psicólogos da Universidade da Virgínia começaram a investigar essa questão. Pediram aos participantes que ficassem sentados sozinhos em uma sala sem fazer nada de seis a quinze minutos e depois os questionaram acerca do que sentiram. Eles odiaram. Os pesquisadores então mediram o nível de ódio deles: "Será que eles prefeririam fazer uma atividade desagradável a não fazer atividade alguma?", perguntaram os autores. Em um estudo, os participantes tiveram a "oportunidade de experimentar um estímulo negativo (um choque elétrico) se assim desejassem". E adivinhe só? "Muitos optaram por receber estimulação negativa em vez de nenhuma estimulação — especialmente os homens:

67% deles (doze de dezoito) deram em si mesmos pelo menos um choque durante o período de reflexão." Inclusive, um participante aplicou 190 choques em si mesmo, em uma tentativa desesperada de evitar ficar sozinho com seus próprios pensamentos.[1]

Você pode estar dizendo a si mesmo: "Isso é loucura", ou sua reação pode ser: "Ah, eu me vejo fazendo isso", e a maioria de nós nunca saberá, porque nunca nos são dadas escolhas tão claras. Mas você provavelmente já entrou em um café com uma longa fila e, quando por instinto levou as mãos ao bolso para pegar o celular, descobriu que ele tinha ficado no carro. Agora você está sem nada para olhar, é só você com seus pensamentos. O que se segue é um breve, mas intenso lampejo de pânico claustrofóbico.

Em certo nível, esse é um exemplo de nosso vício no celular, batemos nos bolsos da jaqueta como o fumante que tenta desesperadamente encontrar seu maço de Marlboro. Mas aqueles de nós que têm certa idade se lembram de uma sensação semelhante muito antes do smartphone: chegar ao banheiro sem nada para ler ou sentar-se à mesa para tomar café da manhã antes da escola, com sono, e ler a parte de trás da caixa de cereal porque era a única coisa disponível para ocupar a mente. Embora o estado de interrupção constante da era da atenção possa ser indesejável, ele se origina de um desejo muito anterior à vida moderna. "Quando ocasionalmente me dedico a considerar as diferentes distrações dos homens", observa o filósofo Blaise Pascal em sua coletânea de ensaios, *Pensamentos*, publicada em 1670, "descubro que toda a infelicidade dos homens decorre de um único fato: eles não conseguem ficar quietos em seus próprios aposentos."[2]

Pascal foi um prodígio da matemática que se tornou filósofo e se converteu ao cristianismo, e grande parte de seus escritos é dedicada à apologética cristã. Sua principal preocupação é o estado da alma dos homens, e ele quer entender por que somos tentados a assumir os riscos da guerra, da conquista e de todo tipo de atividade perigosa e, inclusive, pecaminosa, em vez de simplesmente aproveitar o que temos. A raiz disso, propõe, é um aspecto da condição humana do qual depende tanta coisa hoje em dia: a inquietação de nossa mente, o desejo de distração. "É por isso que os homens gostam tanto de barulho e agitação; é por isso que a prisão é um castigo tão horrível; é por isso que o prazer da solidão é algo incompreensível. E é, de fato, a maior fonte de felicidade na condição dos reis, os homens tentarem incessantemente distraí-los e obterem para eles todos os tipos de prazeres."[3]

Esse desejo, segundo ele, emana de um tipo de angústia espiritual de nossa própria mortalidade, "a pobreza natural de nossa condição fraca e mortal, tão miserável que nada pode nos confortar quando pensamos nela com atenção".[4] Quando estamos sozinhos com nossos pensamentos, começamos a contemplar nossa própria morte, e isso é intolerável.

Essa angústia é tão forte que nenhuma riqueza, poder e conforto terrenos podem ser um escudo contra ela. Pascal argumenta que isso é verdade até mesmo para os reis. Parece que a mente do rei deveria estar tranquila, pois, ao contrário de quase todos os outros no reino, ele não precisa se envolver em um trabalho brutal para sua própria subsistência. E, no entanto, este é seu próprio tipo de prisão: "Quando imaginamos um rei com todos os prazeres que ele pode sentir, se não tiver distração e for deixado para considerar e refletir sobre o que ele é, essa felicidade frágil não o sustentará", escreve Pascal. "Ele necessariamente cairá em pressentimentos de perigos, de revoluções que podem acontecer e, finalmente, da morte e da doença inevitável; de modo que, se não tiver o que chamamos de distração, ele é infeliz, e mais infeliz do que o menor de seus súditos que se diverte e se distrai."[5]

Os processos mentais de atenção existem para filtrar o excesso de informação, mas o que acontece quando há poucas? Somos criaturas exigentes, e há um tênue equilíbrio em que temos apenas o suficiente para ocupar nossa mente, mas não demais e nem pouco. Quando há demais, nos descrevemos como distraídos ou sobrecarregados; quando há muito pouco em que prestar atenção, ficamos entediados e inquietos.

De todos os destinos que podem recair sobre uma pessoa, "estar entediado" parece estar muito abaixo na lista de provações, um pequeno inconveniente que pode ser superado com algum esforço. Em geral associamos o tédio e as reclamações sobre ele à infância. Para mim, eram as longas horas no verão, quando os amigos não estavam em casa e fazia calor demais para jogar basquete sozinho no parque, e eu ficava preso dentro de casa sem nada para fazer: sentado no sofá, olhando para os grãos de poeira flutuando em um raio de sol.

Mas a razão pela qual geralmente associamos o tédio à infância é que ele é um estado tão intolerável que, assim que temos idade suficiente para nos desgrudar de nossos pais, organizamos nossa vida para evitá-lo a todo custo. Quando entramos na vida adulta, o principal local de tédio tende a ser o trabalho, outro lugar em que não temos necessariamente muito controle sobre como nosso tempo é gasto.

O que Pascal quer dizer em sua meditação sobre distração é que o tédio é algo muito mais grave do que a reclamação da criança de que "não tem nada para fazer". A mente ociosa pode ser uma fera selvagem, e grande parte de nossa vida, na visão do filósofo, é gasta tentando domá-la. Eu diria que todos nós já nos vimos presos em nossos próprios pensamentos de forma a nos sentirmos como prisioneiros na jaula de um leão.

Nunca antes na vida humana um número tão grande de pessoas teve acesso a uma variedade tão ampla de distrações a cada instante em que acordam. E, no entanto, somos cada vez mais perseguidos, como o rei, pela sensação de que não é suficiente. Quanto mais distração disponível, de mais distração precisamos e mais intolerável achamos sua ausência. É o paradoxo do rei.

A bizarrice do paradoxo do rei está em quase todos os lugares que você olha. Não acho nada de mais quando me acomodo no sofá depois de um longo dia de trabalho e assisto a uma partida de basquete enquanto mexo no celular e, às vezes, também no laptop ao mesmo tempo! Isso teria me *parecido uma doideira absoluta* apenas dez anos atrás. Esses dias, fiquei horrorizado ao ver um dos meus filhos jogando video game e assistindo a um programa ao mesmo tempo, em uma janelinha no canto superior direito. Anunciei uma nova proibição de assistir a duas coisas ao mesmo tempo. Eles não discutiram, mas meu filho de dez anos observou que eu faço isso o tempo todo com meu celular.

Quanto mais temos para nos entreter, mais facilmente ficamos entediados, e é por isso que o vício é a analogia que usamos para nossa relação contemporânea com telas e celulares. Da mesma forma que um viciado precisa de quantidades cada vez maiores de droga para obter o mesmo efeito e, por fim, para não ficar doente, parece haver um processo semelhante com nossa necessidade de prestar atenção em coisas.

Algumas perguntas, então, se apresentam. Esse processo funciona de forma inversa? Ou seja, em uma sociedade totalmente livre de todas as formas "artificiais" de distração e entretenimento, o limite para o tédio é tão alto que a própria experiência desapareceria? O tédio faz parte da condição humana ou é uma condição da civilização (ou da modernidade)? Será que nossos ancestrais pré-históricos ficavam entediados? Ou o próprio conceito de tédio seria estranho a eles? Se sim, por que o tédio surgiu e quando?

Durante quase toda a existência humana no planeta Terra, fomos caçadores-coletores. E embora seja tentador pensar que primeiro a agricultura e depois a civilização livraram os seres humanos de uma vida de incessante labuta e medo, acontece que, de acordo com muitas medidas, a vida dos caçadores-coletores era, a seu modo, bastante tranquila. O antropólogo Marshall Sahlins apresentou esse argumento pela primeira vez em seu ensaio "The Original Affluent Society" [A sociedade afluente original], em 1968. "Pode-se argumentar que os caçadores e coletores trabalham menos do que nós; e, em vez de um trabalho contínuo, a busca por comida é intermitente, o lazer é abundante e há uma quantidade maior de sono diurno per capita por ano do que em qualquer outra condição da sociedade."[6]

Os caçadores-coletores, ao que parece, tinham muito tempo de inatividade. Nas palavras marotas de Sahlins, eles "cumprem meio período, notavelmente menos do que os trabalhadores industriais modernos (sindicalizados), que certamente se contentariam com uma semana de 21 a 35 horas".[7] A vida dos caçadores-coletores é caracterizada por muito descanso. Como McCarthy e McArthur (1960) relatam em seu trabalho de campo entre os pescadores indígenas australianos, citados por Sahlins: "Além do tempo [...] gasto em relações sociais gerais, conversas, fofocas e assim por diante, algumas horas do dia também eram gastas descansando e dormindo".[8]

Para os ouvidos de hoje, pode soar, dependendo de sua personalidade, como férias ou punição. De fato, um visitante europeu de uma tribo aborígine em meados do século XIX ficou se perguntando como as pessoas "conseguiam passar o tempo antes que meu grupo chegasse e as ensinasse a fumar".[9] É claro que provavelmente não ocorreu aos aborígines que precisavam de algo para "passar o tempo", mas, para um europeu, era necessário algum tipo de remédio contra o tédio, daí a introdução do ritual do cachimbo e do tabaco.

Na adoção imediata do hábito de fumar pelos caçadores-coletores, vemos a catraca unidirecional da modernidade e da atividade. Antes do acesso generalizado ao cachimbo de tabaco, ninguém o desejava; uma vez introduzido, ficar sem ele parecia uma privação, deixando a pessoa ansiosa e inquieta. E era exatamente essa inquietação, essa necessidade de fazer algo, de ir a algum lugar para ser ativo, que estava ausente da vida de muitas das tribos encontradas pelos europeus. "Seus dias não são mais que passatempos", escreveu Pierre Biard sobre as tribos indígenas do que hoje é o nordeste dos Estados Unidos e do Canadá. "Eles nunca estão com pressa. Bem diferente de nós, que nunca conseguimos fazer nada sem pressa."[10]

É claro que os missionários e conquistadores europeus não são os narradores mais confiáveis da experiência das tribos indígenas. E considerando os profundos preconceitos dos observadores ocidentais na época de Biard, poderíamos desconfiar dele e de outros que descrevem quanto tempo os povos indígenas passavam sem fazer nada. Mas os antropólogos contemporâneos que trabalham com sociedades diferentes de nossas versões particulares do capitalismo industrializado encontram algo bastante semelhante. Michael Cepek, antropólogo que estuda o povo cofán na selva amazônica no nordeste do Equador, diz que não há uma "única palavra ou conceito que corresponda a 'tédio' ou 'estar entediado' em a'ingae, o idioma cofán". "É claro", diz ele, "que o fato de não haver uma palavra para algo não significa que esse algo não exista para uma comunidade. Mas nesse caso — e provavelmente em muitos outros — acho que as pessoas não temem a ideia de 'estar entediadas'."[11]

Os cofán, como muitos outros povos que vivem fora do capitalismo industrial, passam muito tempo fazendo o que chamaríamos de nada. Como relata Cepek: "Acho que as pessoas em nossa sociedade têm dificuldade de 'não fazer nada', por mais estranho que isso possa parecer. Não estou falando de 'assistir à TV'; estou falando de sentar-se no chão, em uma cadeira, em uma rede, olhar e ficar pensando. E [os cofán] parecem gostar disso, ou pelo menos não o evitam ativamente".[12]

A observação de Cepek se repete em várias sociedades contemporâneas que estão fora da modernidade globalizada. "Nunca ouvi ninguém reclamar de tédio nas Ilhas Fiji do século XXI", escreve o antropólogo Matti Eräsaari sobre o povo nalotan do Pacífico Sul. "Também nunca ouvi os nalotan usando outros rótulos para expressar descontentamento com tempo extra."[13] Junto com os cofán e os nalotan, o povo aborígine warlpiri da Austrália Central também não tem uma palavra para tédio em seu idioma.[14] De fato, Yasmine Musharbash, que estuda os warlpiri e é professora associada de antropologia na Universidade Nacional Australiana, observa que o tédio foi importado: "Quando o povo warlpiri se referia ao tédio, usava a palavra em inglês, em geral embutida em outras frases em warlpiri".[15] Musharbash argumenta que o tédio é um estado mental invasivo entre os warlpiri, que passaram a vivenciá-lo cada vez mais à medida que se envolviam mais e mais com a Austrália moderna. "Tradicionalmente, e com isso quero dizer antes da colonização, o tédio não existia", observa ela. "O tédio é quando você se depara com o tempo. Isso não acontecia antes. Devido à colonização e à forma como o dia é estruturado — sinos da escola, horários de trabalho — o tempo se torna uma camisa de força."[16]

O tédio, ao que parece, é o subproduto de um arranjo civilizacional específico. É verdade, como argumentei no capítulo anterior, que certos aspectos de nossa atenção são biofísicos e, portanto, universais. O barulho repentino de uma avalanche que se aproxima atrairá a atenção de qualquer ser humano de qualquer cultura. O mesmo vale para um predador em movimento. Mas, embora algumas das principais facetas da atenção sejam universais, o tédio não é. Sua experiência é contingente. Ela é produzida cultural, social e institucionalmente.

Assim, a experiência do tédio — quando ele aparece, qual a sua importância, se existe mesmo — muda com o tempo e com as formas de organização social e econômica humana. Nossa época apresenta um conjunto de tecnologias e condições sociais que trabalham juntas para maximizar nosso tédio se não formos constantemente desviados dele. Pode-se dizer que é o oposto da vida do povo cofán.

A forma característica de tédio introduzida a milhões de trabalhadores pela Revolução Industrial foi o tédio específico que vem da repetição, uma experiência que pode ser ainda mais claustrofóbica do que a de não ter nada para fazer. Esse tédio surge da necessidade de realizar uma tarefa que *exige* atenção, mas não a *absorve*, e de fazê-la repetidamente.

Quase não importa qual seja a tarefa, pois, quando ela se repete com frequência suficiente, deixa de exigir a mesma atenção. Pense nas primeiras vezes em que você dirigiu um carro. Todo o seu foco estava na complicada combinação de manobras necessárias para manter o carro em segurança na estrada. Quase parecia haver informações demais — os outros carros, as placas de trânsito, as instruções, as luzes no painel. Há uma correspondência uniforme entre a quantidade de informações a serem processadas e sua capacidade de atenção. Seu sistema de luta ou fuga estava disparando, seu batimento cardíaco estava elevado como se você estivesse em combate ou sendo caçado como uma presa.

Mas com o tempo, à medida que você adquiriu mais experiência, a tarefa se tornou automática. Dar uma volta de carro quando se está aprendendo a dirigir pode ser uma série de coisas — emocionante, assustador —, mas não é entediante. Depois que você se torna um motorista experiente, uma viagem longa, mesmo com podcasts e audiolivros, pode ser muitíssimo monótona.

A mesma coisa pode acontecer com todos os tipos de tarefas, por mais complexas e difíceis que sejam. Conversei com astros da Broadway que dizem que, meses depois de uma temporada de oito espetáculos por semana, eles se veem fazendo um número de canto de tirar o fôlego, com o corpo transpirando, enquanto por dentro estão repassando uma lista de coisas que precisam fazer e o que precisam comprar no supermercado no dia seguinte para fazer o almoço dos filhos.

Esse é um exemplo extremo, mas decorre da adaptabilidade natural da mente humana. Por meio da repetição e do treinamento, aprendemos a realizar tarefas complexas tão bem que elas se tornam em essência pré-conscientes. E quando se tornam pré-conscientes, elas não ocupam mais nosso foco, não absorvem mais toda a nossa atenção e, então, o tédio se apressa em preencher a lacuna.

E quaisquer que sejam as melhorias que o capitalismo industrial tenha proporcionado, é indiscutível que ele introduziu uma nova forma de tirania mental para os milhões de pessoas que passaram dos campos para as fábricas. O trabalho pesado já existia bem antes do capitalismo industrial — colher trigo, cortar lenha, limpar estábulos e assim por diante. Porém, a vida pré-industrial seguia ritmos mais sazonais e apresentava mais variedade de tarefas — semear na primavera, colher no outono e se recolher no inverno. Já na fábrica, o trabalhador se via fazendo a mesma coisa todos os dias, independente da estação, o dia todo e o ano todo.

Karl Marx identificou essa transformação como a raiz da alienação: a divisão do trabalho reduziu os homens a uma única dimensão. "Assim que a divisão do trabalho passa a existir, cada homem passa a ter uma esfera de atividade particular e exclusiva, que lhe é imposta e da qual ele não pode escapar", escreveu ele. O sonho de Marx era criar uma sociedade em que fosse "possível para mim fazer uma coisa hoje e outra amanhã, caçar de manhã, pescar à tarde, criar gado à noite, criticar depois do jantar, conforme desejar, sem nunca me tornar caçador, pescador, criador de gado ou crítico".[17]

Quase um século depois que Marx escreveu essas palavras, John Maynard Keynes também abordou a relação entre o desenvolvimento econômico e o tédio, embora o que ele identificou tenha sido, em muitos aspectos, o oposto do que Marx havia enfocado. Se o capitalismo industrial da época de Marx condenou milhões de pessoas à repetição entediante, a promessa que Keynes viu em 1930 foi que o futuro do capitalismo produziria tanta recompensa que, em breve, todos nós estaríamos livres da necessidade de trabalhar. Em vez do tédio específico da repetição — sermos confinados à mesma tarefa que ocupa nossa atenção sem a absorver —, logo enfrentaríamos um novo desafio, que era simplesmente não ter o suficiente para fazer, uma espécie de tédio melancólico.

Keynes acreditava que isso daria início a uma crise de identidade. Sem restrições materiais de uma forma que nenhuma criatura na Terra jamais experimentou, qual seria exatamente o propósito da vida humana? "Se o problema econômico for resolvido", escreveu ele, "a humanidade será privada de seu propósito tradicional."[18]

Keynes previu um colapso social. Em uma passagem que remete à descrição do rei feita por Pascal, ele diz que esses colapsos são "bastante comuns na Inglaterra e nos Estados Unidos entre as esposas das classes abastadas, mulheres infelizes, muitas delas, que foram privadas, pela riqueza, de suas tarefas e ocupações tradicionais — que não conseguem achar suficientemente divertido, quando privadas do estímulo da necessidade econômica, cozinhar, limpar e costurar, mas são incapazes de encontrar algo mais divertido. Para aqueles que suam para ganhar o pão de cada dia, o lazer é um doce desejado — até que o obtenham".[19]

Se o ponto-final do desenvolvimento econômico é o lazer, Keynes reconheceu que ele traz seus próprios perigos: o tédio existencial inquieto de alguém sem nada para fazer.

> Não há país nem povo, creio eu, que espera a era do lazer e da abundância sem pavor. Pois fomos treinados por muito tempo para nos esforçar e não para desfrutar. É um problema terrível para uma pessoa comum, sem talentos especiais, ocupar-se, especialmente se ela não tiver mais raízes no solo, nos costumes ou nas amadas convenções de uma sociedade tradicional. A julgar pelo comportamento e pelas realizações atuais das classes ricas em qualquer parte do mundo, a perspectiva é muito deprimente.[20]

O desafio para a raça humana, no futuro de abundância que Keynes previu, seria aquele em que "o homem se defrontará com seu problema real e permanente — como usar sua liberdade [...] como ocupar o tempo livre [...] para ele, para viver de forma sábia, agradável e boa".[21]

Como Keynes reconheceu, certas classes já estavam se debatendo com essa questão. Enquanto o capitalismo industrial relegava milhões de pessoas à repetição diária ao mesmo tempo que criava fortunas para uma pequena elite, liberando algumas pessoas para não fazer absolutamente nada, uma nova versão maciça da "classe do lazer", na imortal expressão de Thorstein Veblen, cujo "traço característico [é] uma isenção conspícua de todo emprego útil".[22]

Acho que faz sentido entender o desenvolvimento do que chamamos de mídia moderna como algo que surgiu para atender a essa necessidade. Ao longo dos séculos XIX e XX, surgiram tecnologias e mercados lucrativos de atenção para resolver o primeiro problema da classe de lazer e, depois, de todos os outros em suas horas de lazer: onde coloco minha mente inquieta quando não estou trabalhando?

Os curtas-metragens dos irmãos Lumière foram exibidos pela primeira vez em Paris em 1895,[23] e, vinte e cinco anos depois, Hollywood estava produzindo oitocentos filmes por ano.[24] O primeiro noticiário de rádio americano seria transmitido de Pittsburgh em 1920,[25] e, pouco mais de doze anos depois, Franklin Delano Roosevelt falaria a cerca de 60 milhões de pessoas — de um total de 82 milhões de adultos — sobre seus projetos para a nação durante seus bate-papos à beira da lareira.[26] As primeiras transmissões experimentais de TV começaram na década de 1930 e, em 1947, a National Broadcasting Corporation estava transmitindo programas como *Meet the Press* [Conheça a imprensa].[27] Em 1950, apenas 12% das residências dos Estados Unidos tinham TV; no final da década, eram 88%.[28]

A quase onipresença do entretenimento também levou à sua própria reação e crítica, desenvolvidas ao longo de décadas por um número de autores tão excessivo que não é possível nem listar. Um dos clássicos do gênero é *Amusing Ourselves to Death* [Divertindo-nos até a morte], de Neil Postman, de 1985. Nele, Postman argumenta que o entretenimento passou de um nicho da vida americana para a estrutura dominante de toda a sociedade, impossibilitando o pensamento e a argumentação complexa exigidos pela democracia liberal. "Nossa política, religião, jornalismo, atletismo, educação e comércio foram transformados em acompanhamentos agradáveis do show business, em grande parte sem protesto ou mesmo sem muita atenção popular", escreveu ele. "O resultado é que somos um povo à beira de nos divertirmos até a morte."[29]

O romance *Graça infinita* (1996), de David Foster Wallace, torna literal a metáfora de Postman. O livro gira em torno de uma fita misteriosa, chamada simplesmente de O Entretenimento, que é tão divertida e domina tão completamente a atenção que os espectadores assistem ao filme até morrerem. O governo dos Estados Unidos está desesperado para descobrir o que há na fita, mas sua potência rebate esses esforços. "O D.E.A. tinha perdido quatro pesquisadores de campo e um consultor antes de se curvar aos problemas incontornáveis que surgiam ao tentar fazer alguém assistir ao cartucho confiscado e articular os encantos letais daquela coisa."[30]

Wallace evocou a noção de um entretenimento infinito como um aviso distópico, mas o entretenimento infinito é o que enfrentamos agora: um filme acaba. Um programa de TV acaba. Um jogo de tabuleiro, mesmo que longo, acaba. Mas a navegação no celular não tem limite. Teoricamente, você poderia rolar o TikTok até o fim de seus dias. É a fonte da graça infinita.

Aliás, o nome real do recurso técnico que permite essa experiência remete ao romance de Wallace. É chamado "rolagem infinita". Projetada pelo engenheiro do Vale do Silício Aza Raskin, a rolagem infinita mudou a forma como a web funcionava.[31] Antigamente, você chegava ao final de uma página. Se quisesse ler mais, tinha de clicar em algum lugar, como se estivesse virando uma página. Mas Raskin se livrou desse pequeno atrito de atenção. Agora, no X ou no Facebook, você pode simplesmente abaixar suavemente o polegar no telefone e continuar.

Raskin percebeu, assim como o criador d'O Entretenimento no livro de Wallace, que havia criado, talvez sem querer, uma espécie de arma, e teve um ajuste de contas semelhante ao de Oppenheimer com o que havia feito. Raskin calculou o número total de horas que sua pequena invenção havia induzido e calculou que "o total combinado de mais 200 mil vidas humanas — cada momento desde o nascimento até a morte — agora é gasto rolando uma tela".[32] "Desapareceu completamente", disse Raskin ao autor Johann Hari. "É como se todas essas vidas fossem um *puf*."

As esperanças de Keynes eram de que, no futuro de muito e abundante tempo livre, "honraremos aqueles que podem nos ensinar como aproveitar a hora e o dia virtuosamente e bem, as pessoas encantadoras que são capazes de ter prazer direto nas coisas".[33]

Mas o que realmente aconteceu é que agora vivemos em um mundo que ainda labuta sob o tédio imposto pelo trabalho assalariado — milhões de pessoas cujas mentes são ocupadas por tarefas repetitivas que parecem uma gaiola — e, assim que o expediente termina, voltamo-nos para nossos dispositivos como um reflexo quase inconsciente, um hábito desenvolvido a partir do desejo de fugir do desconforto de ficarmos sozinhos com nossos pensamentos. É um tipo de armadilha da qual é muito, muito difícil sair.

Para antropólogos dos Estados Unidos ou de outros lugares inseridos no ambiente de estímulo e atenção constantes dos Estados Unidos do século XXI, a súbita falta de estímulo que ocorre durante o trabalho de campo em um lugar como a floresta amazônica pode ser devastadora. "Ficar entediado em lugares como as casas ou vilas da população cofán pode representar a morte psicológica para muitos ocidentais", diz Michael Cepek. "Eu mesmo me deparei com isso muito cedo, tanto que agora não me esqueço de levar um Kindle cheio de livros e um iPod cheio de podcasts para minhas pesquisas de campo. Esse também é um dos conselhos mais importantes que dou aos meus alunos."[34]

Nossa dependência de estímulos, nossa incapacidade de "sentar em nosso quarto" ou em uma rede na Amazônia por horas a fio, nos faz procurar constantemente um lugar para colocar nossa atenção, mas a pronta disponibilidade de diversões também parece criar um mundo alter ego do tédio: a distração.

Em um esquema aproximado, podemos caracterizar os diferentes estados mentais que experimentamos como combinações aproximadas entre quanta coisa há em que prestar atenção: pouco, demais, muito e o suficiente. O tédio é o estado em que não há o suficiente de interessante em que prestar atenção. Distração é o estado de ter coisa demais em que prestar atenção: interrupção constante, sensação de estar sobrecarregado e de não conseguir alcançar. Já a zona mágica, com a quantidade certa de atenção, podemos chamar de foco ou, na famosa expressão do psicólogo Mihaly Csikszentmihalyi, fluxo. É uma experiência prazerosa prestar atenção na medida certa: uma tarefa ou uma fonte de entretenimento que exige nosso foco e nossa atenção, mas não nos sobrecarrega. Um estado, nas palavras de Csikszentmihalyi, de "estar completamente envolvido em uma atividade por si só. O ego desaparece. O tempo voa. Cada ação, movimento e pensamento decorre inevitavelmente do anterior, como tocar jazz. Todo o seu ser está envolvido na atividade e você está usando suas habilidades ao máximo".[35] É isso que muitos de nós estamos sempre buscando e, na maioria das vezes, não encontramos.

A quanto mais distrações tivermos acesso, mais distração desejaremos. De quanto mais distrações precisamos, mais rapidamente ficamos entediados. Pense no exemplo do coquetel do capítulo anterior. Nesse ambiente, é muito fácil se distrair — olhe ali aquela pessoa que não vejo há anos e parece ter bebido demais — e também muito fácil ficar entediado se você acabar na conversa errada. É a promessa de algo mais interessante, o bufê de interações possíveis, que torna ainda mais difícil se concentrar na conversa do momento.

Esta é provavelmente a queixa mais comum de nossa época: a incapacidade de se concentrar, a diminuição da capacidade de atenção, a sensação de distração constante. Fugimos de qualquer momento em que nossa mente esteja vazia, mas, ao fazer isso, descobrimos que a recompensa que buscamos — ser *absorvidos*, ter nossa atenção totalmente ocupada — é cada vez mais difícil de encontrar.

Há uma infinidade de manchetes martelando esse ponto com base em pesquisas sobre o que é chamado de diminuição da capacidade de atenção. Mas acho que o foco em uma questão relativamente restrita de medidas técnicas de nossa "capacidade de atenção" deixa de lado a verdade mais profunda de nossa condição. A inquietação e o desconforto não são só, em minha experiência, a vertigem da distração e da distraibilidade. Não, essa experiência é, por si só, um tipo de efeito que se conecta a alguma parte mais profunda do eu inquieto. O eu inquieto nasce, em grande parte, da condição humana, mas é muito exacerbado de maneiras novas e barrocas pelo chamado incessante da distração, pelos itens intermináveis nos quais devemos colocar nossa atenção em vez de em nossa própria alma.

É o que Søren Kierkegaard observou alguns séculos depois de Pascal. O tédio, escreveu ele em sua obra mais conhecida, *Ou-ou* (1843), é a "raiz de todos os males". E ele estava convencido de que a época em que viveu era uma época em que o tédio estava em ascensão, aumentando seu poder sombrio. "É estranho que o tédio, tão parado e estático, tenha esse poder de colocar as coisas em movimento. O efeito que o tédio exerce é mágico, exceto pelo fato de não ser de atração, mas de repulsão. [...] Que maravilha, então, que o mundo esteja regredindo, que o mal esteja ganhando terreno cada vez mais, uma vez que o tédio está aumentando e o tédio é a raiz de todo o mal."[36] De fato, argumentou ele, a história da criação em si é uma história de tédio e das tentações que dele decorrem. "Podemos remontar isso ao início do mundo. Os deuses estavam entediados e criaram o homem. Adão estava entediado porque estava sozinho, então Eva foi criada."[37] E assim por diante.

Para Kierkegaard, a saída era entender a distinção entre tédio e ociosidade, pois o tédio vem do fato de não estarmos acostumados ou não nos sentirmos à vontade com a simples ociosidade. "A ociosidade como tal não é, de forma alguma, uma raiz do mal; muito pelo contrário, é um modo de vida verdadeiramente divino, desde que a pessoa não esteja entediada", escreveu Kierkegaard. "Portanto, longe de a ociosidade ser a raiz do mal, ela é o verdadeiro bem. A raiz do mal é o tédio, e é isso que deve ser mantido sob controle.

A ociosidade não é ruim; inclusive, pode-se dizer que qualquer ser humano que não a aprecie prova que não se elevou ao nível da humanidade."[38]

A única saída é atravessar tudo isso. Você não pode se ocupar com o tédio, porque o problema dele é mais profundo do que apenas estar ocupado, é você sentir-se confortável com seus próprios pensamentos. Portanto, "só se anula [o tédio] divertindo-se. [...] Dizer que o trabalho o anula é trair a confusão, pois embora a ociosidade, certamente, possa ser anulada pela industriosidade [...], o tédio não pode, pois também se vê que os trabalhadores mais ocupados de todos, aqueles que em seu zumbido oficial mais se assemelham a insetos zumbidores, são os mais entediantes de todos".[39]

Da mesma forma, não é possível tentar se divertir ou se entreter por causa do tédio, pois "a forma adquirida de tédio é geralmente produto de uma tentativa equivocada de diversão".[40] Tudo isso decorre do fato de que, na visão de Kierkegaard, assim como na de Pascal, o problema em si é existencial e espiritual, não situacional.

Essa percepção remonta a milênios, muito antes da existência de qualquer coisa que poderíamos chamar de "mídia". Quase 2 mil anos antes de Pascal escrever sobre o desejo de diversão do rei, Buda (ele próprio um príncipe, familiarizado com a vida da realeza) reconheceu uma situação semelhante em si mesmo e em todos nós — a mente acelerada e o espírito inquieto que, para ele, vinham de nosso apego a este reino terreno e, portanto, a um ciclo de sofrimento constante.

Buda não tomou a atenção e o tédio especificamente como seu projeto. Mas muitas das práticas de meditação budista tratam deles. O foco na respiração durante a meditação é um meio pelo qual se pode fixar a atenção, um remédio para a mesma inquietação da mente que o rei procura eliminar com diversão. Mas fixar a atenção na respiração evita a armadilha do rei, facilitando um tipo de vazio mental — nem devaneio, nem foco, mas algo mais elevado. Idealmente, não pensar em nada torna o tédio impossível, porque você deixou de buscar estímulos. Mas isso não é fácil, como qualquer pessoa que já tenha tentado meditar pode constatar. De fato, vencer uma batalha interna contra o tédio é uma das partes mais difíceis e necessárias da prática da meditação budista. Em *Por que o budismo funciona*, Robert Wright conta que seu primeiro mentor lhe disse: "O tédio pode ser interessante". "É verdade", escreve ele, "mas ver essa verdade envolverá primeiro algum tempo para absorver outra verdade — o tédio pode ser muito chato! — e persistir diante dela."[41]

Wright argumenta que a lição básica de Buda sobre a mente e nosso relacionamento problemático com ela é uma das estruturas mais profundas e duradouras para a compreensão da consciência humana já concebidas. E na era da distração constante, quando *sentimos* nosso apego constante aos nossos dispositivos, ou às curtidas no Instagram, ou apenas à tela entorpecente do celular, entender nosso destino como uma batalha contra o apego parece mais verdadeiro do que nunca.

Portanto, faz sentido recorrer a essa tradição que, de forma tão óbvia, tem um conjunto de teorias e práticas que abordam esse assunto. Tudo isso chega a um ponto óbvio de absurdo quando você está sentado (como eu estava, literalmente, momentos atrás) escrevendo em seu laptop, concentrado em uma tarefa, e seu Apple Watch toca com uma notificação de "atenção plena" para que você possa, sei lá, praticar um pouco de atenção plena antes de tocar o seu dia.

Por mais perversas que algumas de suas manifestações possam ser, a antiga sabedoria do budismo oferece uma saída para esse paradoxo do rei no qual todos nós estamos presos. O tédio é um estado mental, que nasce da falta de algo que absorva a atenção. Mas não é uma herança humana; é uma condição de certo tipo de modernidade e, especificamente, a catraca unidirecional de estímulo e diversão. E se fosse possível se libertar dessa armadilha? Não sucumbindo ao desejo compulsivo do rei por cada vez mais diversão e entretenimento, nem por meio da solução rápida do entretenimento que nos acena na tela, mas somente rejeitando o tédio. Abraçando a quietude e a ociosidade, permitindo que a mente vagueie. Kierkegaard chama isso de "princípio da limitação, o único princípio salvador do mundo. Quanto mais nos limitamos, mais engenhosos nos tornamos".[42] Isso lembra a facilidade com que nos divertíamos quando crianças. "Pensemos em nossos tempos de escola [...] como éramos inventivos! Como é divertido pegar uma mosca e mantê-la presa embaixo de uma casca de noz e ver a casca se mover! Como pode ser divertido ouvir algo gotejando do telhado!"[43]

Há muitos anos faço, como um velho, uma caminhada diária. Comecei aos vinte e poucos anos, quando era repórter freelancer e trabalhava o dia todo em casa ou em cafés. Eu achava útil sair para caminhar e espairecer. Saía mesmo nos dias mais amargos do inverno de Chicago, quando o vento corta seu rosto como uma lâmina. Comecei a fazer isso antes da época dos smartphones e até mesmo antes da época dos podcasts. Durante a caminhada, eu simplesmente... pensava. Deixava minha mente vagar. Quase sem exceção, meus melhores pensamentos aconteciam nessas caminhadas. Eu voltava para o laptop, às vezes subia correndo os degraus do meu prédio, para anotar os pensamentos e colocá-los na página.

Há muitas palavras para descrever o estado mental de que eu tanto gostava durante essas caminhadas: devaneando, sonhando acordado, com a mente vagando, perdido em pensamentos. E para ser claro, há variações mais e menos agradáveis. Fazer obsessivamente uma revisão ansiosa da situação financeira é o tipo ruim; pensar em possíveis destinos para uma próxima viagem é o tipo agradável. O mais banal é simplesmente ficar em estado de alerta, um estado mental de estar perdido em pensamentos que William James diz ser o oposto da atenção, usando o termo alemão *Zerstreutheit* para descrevê-lo.[44]

Sonhar acordado é uma experiência central de estar vivo e também uma vítima da era da atenção. É um estado de ser de que a era da graça infinita desdenha. Em seu livro sobre distração digital, Johann Hari escreve sobre sua experiência de tirar um mês sabático do celular e da internet; ele rapidamente redescobriu as alegrias de simplesmente deixar a mente vagar. Em vez de ouvir um podcast em uma longa caminhada, ele escreve: "Deixo meus pensamentos flutuarem [...] desde olhar para os pequenos caranguejos na praia até as lembranças da minha infância, as ideias para livros que eu poderia escrever daqui a alguns anos, as formas dos homens tomando sol de sunga. Minha consciência flutuava como os barcos que eu via balançando no horizonte".[45] O brilhante livro de Jenny Odell sobre "resistir à economia da atenção" chama-se literalmente *How to Do Nothing* [Como não fazer nada]. Ela escreve que "não fazer nada é manter-se imóvel para poder perceber o que realmente existe".[46]

Ironicamente, ter um projeto intelectual em que trabalhar (como este livro) serve como meu próprio antídoto para a inquietação mental. É um lugar para colocar minha atenção quando o mundo está quieto ou quando estou sozinho em meu próprio quarto. Proporciona, de uma forma estranha, o tipo de conforto que eu obtinha ao pensar em estatísticas de beisebol ou personagens de quadrinhos nas horas ociosas da minha infância. Fornece um devaneio estruturado, um vagar da mente com propósito.

No entanto, em última análise, escrever um livro, iniciar uma prática de meditação ou não levar o celular em uma longa caminhada são soluções pessoais perfeitamente razoáveis para o problema, que podem ou não funcionar. (Spoiler: não funcionam, na maioria das vezes.) Mas o que estou argumentando aqui é que a condição fundamental em que estamos presos e, em muitos casos, contra a qual estamos nos rebelando, é mais antiga do que imaginamos. O que estou propondo é que o tipo específico de inquietação mental que chamamos de tédio é produto da modernidade industrial. Essa forma básica de civilização humana — empregos em que trabalhamos para ganhar dinheiro para suprir nossos desejos e nossas necessidades — gera cada vez mais estímulos, o que aumenta nossas necessidades de atenção, pois também proporciona horas de lazer vazias para alguns e trabalho monótono sem fim para outros.

Também produz outra coisa bem diferente de grande parte da existência humana, que é passar muito tempo sozinho. Quando pensamos no rei de Pascal, nós o imaginamos sozinho. Não sozinho por completo, claro — ele está em uma sala com outras pessoas, está constantemente cercado pela corte, por aqueles que o servem e por aqueles que estão lá para entretê-lo —, mas está sozinho em um sentido espiritual mais profundo. A coroa é pesada. O rei, por ser o rei, não pode ter amizades verdadeiras. Não pode ter conexões humanas baseadas na igualdade e no reconhecimento mútuo. E talvez seja também por isso que ele busca distração. Talvez essa seja, de fato, a raiz da experiência do tédio.

Para voltar à vida antes da agricultura, a história de 90% da vida humana no planeta, ou para voltar aos povos contemporâneos que vivem fora da modernidade industrial, quase todo o tempo é passado com companhia. Segundo a descrição de Michael Cepek sobre os cofán, eles passam muitas horas por dia apenas com a família e os entes queridos. Nada ocupa nossa atenção, nada preenche mais o vazio do que chamamos de tédio como a companhia daqueles que amamos e de quem somos próximos. (O que não quer dizer que não se possa ficar entediado com a família!)

Sartre escreveu (em tom de brincadeira) que "o inferno são os outros",[47] mas os outros também são a saída para o paradoxo do rei. Nossa mente anseia por coisas nas quais prestar atenção, mas, acima de tudo, por conexões com outros seres humanos. A saída é colocar nossa atenção em outras pessoas. O que realmente torna a era da atenção diferente das eras anteriores é que os comerciantes da atenção também perceberam isso.

4

Atenção social

O bebê humano nasce em um estado de total desamparo. Ele não sabe andar, não sabe engatinhar. Não sabe nem rolar. Não consegue se alimentar sozinho nem comunicar suas necessidades. Mas o recém-nascido tem um truque singular: ele consegue chorar. Qualquer pessoa que já tenha tentado dormir em um voo com um bebê com cólica sabe que o choro de um bebê tem algo de incisivo. Nosso cérebro é sintonizado com esse som de uma forma que o torna quase impossível de ignorar.

O choro é a sirene humana original, e a atenção que ele desperta é a base da propagação de nossa espécie. Ao ver seu filho pela primeira vez, uma reação química percorre seu sangue. É uma proteção selvagem e temerária; você mataria ou morreria por essa pequena criatura alienígena que se contorce em seus braços. Depois, instala-se uma sensação menos aguda, mas ainda mais poderosa. É a preocupação constante, a consciência e a atenção a cada momento de respiração dessa pequena e estranha forma de vida.

Dependendo dos novos pais, há diferentes pontos em que essa consciência que altera a vida pode se instalar. Para mim, foi no hospital, nas primeiras horas da manhã. Depois que Kate deu à luz nossa filha Ryan (uma façanha de vontade, força e resistência tão espetacular que senti como se tivesse acabado de vê-la dobrar aço), as enfermeiras da maternidade levaram Ryan para uma sala do berçário a fim de fazer a bateria padrão de exames. Isso nos proporcionou um pouco de descanso. (Eu não tinha feito nada, mas mesmo assim estava exausto.) Eu e Kate tivemos um sono entrecortado, e depois de algumas horas, Ryan foi devolvida, enrolada como um burrito na manta listrada de azul e rosa característica das maternidades. Ela era nossa agora, e me lembro de ter sentido uma grande parte da minha atenção se separar de mim como um iceberg e flutuar até ela. Ela nunca mais voltaria.

Ser pai, especialmente pai de bebê, é ter a atenção sempre dividida. É a barganha evolutiva que fizemos. Para ter a cabeça e o cérebro grandes e andar ereta, nossa espécie dá à luz criaturas indefesas que exigem atenção. Não conseguimos lembrar como é ser o objeto dessa atenção, embora os irmãos mais velhos consigam se recordar de como é ver a atenção de nossos próprios pais sendo tomada por um recém-nascido.

Dessa forma, a atenção social — a atenção de outro ser humano em nós — é uma questão de sobrevivência desde o momento em que chegamos ofegantes a este mundo. O choro do recém-nascido é tão insistente e penetrante porque o que está em jogo para o bebê é muito alto. A falta de atenção adequada por parte dos cuidadores pode ser catastrófica para o desenvolvimento das crianças e persegui-las por toda a vida.

Com muita frequência, os bebês *não* recebem os cuidados de que precisam. É um fato subestimado que as crianças têm muito mais probabilidade de serem negligenciadas do que abusadas. Dados do Departamento de Saúde e Serviços Humanos dos Estados Unidos indicam que, das crianças que sofrem maus-tratos, 74% são negligenciadas, enquanto 28% são abusadas fisicamente.[1] E mais uma vez, talvez de forma contraintuitiva, os efeitos da primeira situação podem ser muito piores do que os da segunda. "A negligência crônica", observa o Centro de Desenvolvimento Infantil da Universidade Harvard, "está associada a uma gama maior de danos do que o abuso ativo, mas recebe menos atenção na política e na prática."[2]

A medida que crescemos e nos desenvolvemos, nossa sobrevivência — pelo menos para a maioria das pessoas — passa a depender menos diretamente da atenção e do cuidado dos outros. Nossa relação com a atenção social fica muito mais complexa. Alguns de nós buscam o palco e os holofotes; outros desejam o anonimato total. Mas a necessidade central de atenção está em todos nós, é uma espécie de base para o florescimento humano. Quando privadas completamente da atenção social, as pessoas murcham ou enlouquecem.

Sabemos disso porque, em todo o mundo, nas mais diferentes situações, pessoas foram forçadas a passar períodos prolongados de solidão. Os resultados falam por si. Não é preciso muita teoria para entender por que o confinamento solitário é tão terrível. No capítulo 3, contei a história de um sujeito que, num experimento, optou por dar choques em si mesmo em vez de ficar sozinho com seus pensamentos por meros quinze minutos. "Os homens gostam tanto de barulho e agitação que a prisão é um castigo muito horrível", observou Pascal, "que o prazer da solidão é algo incompreensível."[3]

A solidão como uma forma institucionalizada de punição foi introduzida pela primeira vez nos primeiros anos dos Estados Unidos sob o que era então chamado de "sistema da Pensilvânia".[4] Desenvolvida por reformadores cristãos e considerada um modelo de reabilitação esclarecido, a penitenciária rejeitava as punições bárbaras dos troncos ou açoites, e, em vez disso, buscava reabilitar o condenado usando trabalho e solidão para forçar a "penitência". Sem poder se socializar, o prisioneiro era deixado sozinho com seus pensamentos e, como um monge, forçado a voltar sua atenção para Deus.[5]

As restrições eram extremas. Na mais infame dessas prisões, os prisioneiros eram levados encapuzados para suas celas para evitar até mesmo a mais breve interação com outras pessoas. Foi com o objetivo de estudar esses novos modos americanos de encarceramento que Alexis de Tocqueville fez sua famosa viagem aos Estados Unidos em 1831. Ele viu aquilo pelo que era: "Essa solidão absoluta, se nada a interrompe, está além da força do homem; ela destrói o criminoso sem intervalo e sem piedade; ela não reforma, ela mata".[6]

A solidão era tão insuportável que os homens buscavam a morte.

> Os infelizes nos quais essa experiência foi feita caíram em um estado de depressão tão evidente que seus guardiões ficaram impressionados; a vida deles parecia estar em perigo se permanecessem mais tempo naquela situação; cinco deles já haviam sucumbido em um único ano; seu estado moral não era menos alarmante; um havia enlouquecido; outro, em um acesso de desespero, havia aproveitado a oportunidade quando o guardião lhe trouxe algo para se precipitar de sua cela, quase se atirando para tirar a própria vida.[7]

Alguns anos depois de Tocqueville, Charles Dickens visitou a penitenciária da Pensilvânia e chegou à mesma conclusão. Cada detento, proclamou ele, "é um homem enterrado vivo".[8]

O modelo penitenciário acabou sendo substituído pelo modelo congregado, seu rival, o que hoje chamamos de prisão. Mas a prática do confinamento solitário perdurou vergonhosamente, e seus efeitos continuam brutais. "Passei por momentos tão difíceis e senti tédio e solidão a tal ponto que parecia ser uma coisa física por dentro", escreve William Blake em *Hell Is a Very Small Place* [O inferno é um lugar muito pequeno], uma compilação de relatos em primeira pessoa sobre o confinamento solitário, "tão espessa que parecia estar me sufocando, tentando espremer a sanidade da minha mente, o espírito da minha alma e a vida do meu corpo."[9]

Essa prática não se limita às prisões americanas. Em todo o mundo, em todos os tipos de ambientes, reféns, condenados e prisioneiros de guerra foram forçados a suportar um isolamento prolongado. A miséria é universal. Em sua autobiografia *Longa caminhada até a liberdade*, Nelson Mandela conta a história de sua primeira rebelião contra as indignidades do encarceramento. Após sua segunda condenação, ele foi transferido para uma cela, onde foi forçado a tirar a roupa e vestir o uniforme de prisioneiro. Para negros como Mandela, o uniforme incluía shorts, porque "somente os homens africanos são considerados 'meninos' pelas autoridades".[10]

Mandela se recusou e começou a fazer greve de fome. O carcereiro ofereceu uma solução: ele poderia usar calça e comer em paz se concordasse em ficar na solitária. Mandela aceitou o acordo, mas logo se arrependeu. "Nas semanas seguintes, fiquei total e completamente isolado", escreveu ele. "Nunca havia me isolado antes, e cada hora parecia um ano. [...] A mente começa a se fechar em si mesma, e a pessoa deseja desesperadamente algo externo para fixar sua atenção. Conheci homens que preferiram levar meia dúzia de chibatadas em vez de ficarem trancados sozinhos."[11]

Desesperado, Mandela tentou conversar com o guarda e suborná-lo com uma maçã. "Ele deu as costas e respondeu a todas as minhas tentativas subsequentes com silêncio. Finalmente, disse: 'Cara, você queria uma calça e uma comida melhor, e agora você tem isso e ainda não está feliz'. Ele tinha razão. Nada é mais desumanizador do que a ausência de companhia humana."[12]

Na quantidade certa, a solidão pode ser uma alegria e um alívio.Hoje em dia, falamos com frequência de um "tempo sozinho", momentos preciosos em que os introvertidos podem se proteger de todo o desgastante engajamento social. No entanto, quando olhamos o quadro amplo, nós, como seres humanos, nunca passamos tanto tempo sozinhos como agora, neste momento, neste planeta.

Nossos antepassados caçadores-coletores passavam a maior parte do tempo *juntos*. A solidão era perigosa. John Cacioppo, um dos pesquisadores pioneiros da solidão, argumenta que a sobrevivência humana — ainda mais do que a de nossos companheiros primatas — era fundamentalmente uma questão de união. O grupo era necessário para obter e compartilhar alimentos, para se defender de possíveis ataques, para cuidar dos doentes ou feridos. A solidão representava uma ameaça por si só.

> A dor física protege o indivíduo de perigos físicos. A dor social, também conhecida como solidão, evoluiu por um motivo semelhante: porque protegia o indivíduo do perigo de permanecer isolado. Nossos antepassados dependiam de vínculos sociais para ficarem em segurança e perpetuarem seus genes na forma de descendentes que sobrevivessem o suficiente para se reproduzir. Os sentimentos de solidão os avisavam quando esses laços de proteção estavam ameaçados ou eram deficientes.[13]

Centenas de milhares de anos depois, nosso cérebro ainda processa a solidão dessa forma. "A evolução nos moldou não apenas para nos sentirmos mal no isolamento, mas também para nos sentirmos inseguros, como se estivéssemos fisicamente ameaçados",[14] observa Cacioppo. Quando ficamos sozinhos por muito tempo, nosso cérebro começa a registrar as respostas biofísicas de luta ou fuga.

Não foram apenas nossos ancestrais paleolíticos que tiveram uma vida amplamente social; a grande maioria das sociedades pré-industriais também era social. Em todo o mundo, em diferentes culturas e climas, as pessoas estão juntas em quase todos os momentos que passam acordadas. Para citar apenas um exemplo, a própria noção de "quarto", um local separado onde diferentes membros da família podem dormir com privacidade, é, no mínimo, uma invenção do século XVII. A maioria das pessoas, na maioria dos lugares ao longo da história humana, compartilhava um único espaço para comer, dormir e socializar.

Porém, à medida que uma sociedade enriquece, ela cria as condições para uma solitude muito maior e, com a solitude, surge o fenômeno moderno da solidão. Há uma longa e vasta literatura sobre o problema da solidão em função da modernidade. Aliás, a própria palavra em inglês mal aparece até por volta do século XVI.[15] Uma única referência à solidão de Ofélia em *Hamlet* é uma das primeiras aparições notáveis do termo.[16]

A solidão é difícil de medir, pois é um estado subjetivo: você pode se sentir solitário em uma multidão. Tenta-se diagnosticar a solidão, perguntando às pessoas com que frequência elas sentem coisas como "Fico infeliz fazendo muitas coisas sozinha" e "Não tenho ninguém com quem conversar", mas ainda é algo difícil de medir em populações e ao longo do tempo.

A quantidade de tempo que alguém passa só, em contraste com o sentimento de solidão, é uma métrica objetiva. E embora, claro, estar sozinho e ser solitário não sejam a mesma coisa, uma quantidade excessiva do primeiro tende a levar ao segundo. Conforme observado por um historiador, tanto os estudos modernos sobre a autoavaliação da solidão quanto as evidências históricas apontam para uma estreita associação entre solidão e isolamento: "Em estudos quantitativos de solidão subjetiva, a vida solitária é quase sempre a variável explicativa mais forte quando se analisa a solidão".[17]

Quando medimos o tempo que as pessoas passam sozinhas ao longo do tempo e da geografia, fica claro um fenômeno: as sociedades mais ricas têm mais gente vivendo sozinha. Tomemos os domicílios com uma única pessoa. Mais uma vez, durante a maior parte da história, morar sozinho era um destino em geral reservado a párias, penitentes ou homens santos. Até relativamente pouco tempo atrás, na maioria das sociedades, isso era raro. Hoje não é mais. "Apesar de sua prevalência", observa o sociólogo Eric Klinenberg, "morar sozinho é uma das questões menos discutidas e, consequentemente, mais mal compreendidas de nosso tempo."[18] Mais de um quarto dos lares dos Estados Unidos contém apenas uma pessoa.[19] Os números são mais altos em grande parte da Europa, chegando a 60% em Estocolmo, na Suécia.[20]

E embora a prevalência de pessoas que moram sozinhas varie consideravelmente em todo o mundo, mesmo em níveis semelhantes de riqueza agregada, é clara a relação geral ao longo do tempo entre desenvolvimento econômico e domicílios com apenas uma pessoa. O gráfico de domicílios com uma única pessoa aumenta de forma tão acentuada que se aproxima de uma linha vertical, como o gráfico de emissões de carbono, subindo cada vez mais, mais e mais. A modernidade e o capitalismo industrial são responsáveis por ambos, especialmente após a década de 1960.[21]

Em 2023, o cirurgião geral dos Estados Unidos, Vivek Murthy, identificou o que chamou de epidemia de solidão.[22] Em todo o mundo, em várias sociedades, pesquisadores produziram uma literatura crescente que documenta os efeitos fisiológicos da solidão. Em um estudo muito citado, os efeitos negativos da solidão persistente para a saúde foram praticamente os mesmos que fumar quinze cigarros por dia.[23]

Portanto, estamos enfrentando níveis de isolamento sem precedentes. Isso não significa necessariamente mais solidão e mais miséria em nível individual — há uma enorme variação entre pessoas, culturas e lugares. Mas foram criadas as condições para que os seres humanos se tornem mais desconectados e mais propensos a não receberem atenção social.

Comecei este exame da atenção social com uma discussão sobre o que sua falta pode fazer com as pessoas, porque ela é tão essencial que a melhor maneira de apreciar seu poder é considerar sua falta. "Em inglês, temos uma palavra para dor e uma palavra para sede, mas nenhum termo único e específico que signifique o oposto", observa Cacioppo. "Nossa pesquisa sugere que 'não estar solitário' — não há um termo melhor e mais específico para isso — também faz parte do estado normal, assim como 'não ter sede' ou 'não sentir dor'."[24]

Prestar atenção nos outros e fazer com que eles prestem atenção em nós é nosso estado normal de ser. Quando uso o termo "atenção social", estou me referindo a qualquer instância em que o objeto de nossa atenção seja outra pessoa, em vez de, digamos, o mundo natural, um entretenimento ou uma tarefa à nossa frente. Da forma como quero usar o termo, a atenção social é o menor denominador comum para qualquer tipo de conexão ou vínculo social. No exemplo do coquetel do capítulo 2, nossa atenção é quase totalmente social. Estamos concentrados no que as outras pessoas estão fazendo e dizendo, absorvendo seus sinais não verbais, talvez examinando a sala para ver quem mais conhecemos.

Esse foco social no contexto específico de um coquetel é apenas um exemplo em que nossa sofisticada e misteriosa fiação para a atenção social está funcionando mais ativamente. Mas ela está sempre presente. Desenvolvemos um conjunto tão poderoso e específico de ferramentas para nos concentrarmos nos outros e percebermos o foco deles em nós que a atenção social é dona de sua própria categoria, diferente de outras formas de atenção. Há uma intensidade especial na atenção social. Nossa própria fiação neural reage de maneira distinta a outros seres humanos, seus rostos, sua presença e suas palavras. Os seres humanos são especialistas em prestar atenção em outros seres humanos, têm habilidades exclusivas para reconhecer rostos e se concentrar em expressões faciais para interpretar estados emocionais.[25] Imagens cerebrais mostram que circuitos diferentes são ativados quando vemos outras pessoas, até mesmo fotos delas, em comparação com outros objetos e cenas.[26] As pessoas captam nossa atenção de uma forma diferente, em nível biológico, de outras formas de estímulo. Faz sentido, já que, na maior parte da história humana, havia apenas duas categorias de coisas nas quais prestar atenção: o mundo natural e outros seres humanos.

O desejo de atenção social varia muito à medida que crescemos. Algumas pessoas anseiam pela solidão, outras querem ser o centro das atenções. Mas, por trás de tudo isso, persiste a mesma necessidade básica de alguma atenção alheia. A atenção social é como a luz do sol para uma planta: precisamos dela para viver. Ela nos aquece e nutre. Nós nos inclinamos em direção a ela; murchamos em sua ausência.

Mas por que exatamente, você talvez se pergunte, tudo isso conta como uma questão de "atenção"? Os seres humanos são criaturas sociais, formadas por laços e conexões sociais, interdependentes e coletivas. Isso é indiscutível. Nossa vida social e os relacionamentos nos quais estamos inseridos são fundamentais para nossa existência, nossa felicidade e nosso florescimento. Então, qual é a diferença entre relacionamentos sociais e atenção social?

Ser objeto de atenção social é simplesmente ser notado. Não requer nada mais do que isso, nem cuidado, nem amor, nem mesmo raiva. É ver, ouvir ou saber que uma pessoa existe. É um passo acima de ser ignorado. Quando Nelson Mandela estava na solitária, tentando a todo custo subornar um guarda para conseguir algum tipo de interação, estava buscando atenção social. É claro que ele desejava uma companhia real, mas naquele momento estava tão desesperado que só queria atenção. Ele estava dando atenção ao guarda, mas o guarda o estava ignorando.

A atenção social também difere das formas desenvolvidas de conexão humana que compõem nossa vida porque não tem nenhum conteúdo emocional específico. Quando o garçom do coquetel deixa cair a bandeja e todos olham para ele, estão prestando atenção social, mas o que sentem em relação a ele pode variar muito — de aborrecimento a pena e compreensão. O contato visual de flerte em um bar lotado é uma forma de atenção social, mas uma pessoa gritando com você a centímetros do seu rosto também é.

No contexto de nossos relacionamentos mais íntimos, a mera atenção pode parecer sem importância. Mas forma a base para todos os outros aspectos de relacionamentos gratificantes que construímos. Quando você traz para casa seu filho recém-nascido para conhecer a irmã mais velha, ela logo reconhece que houve uma grande mudança na quantidade de atenção que está recebendo. É provavelmente a reação mais comum dos irmãos mais velhos à chegada de um irmão. O que sua filha mais velha quer de verdade é *mais* do que atenção, mas não tem uma linguagem para articular isso. Ela quer ser cuidada e ouvida. Quer sentir a mesma forma singular e monopolizada de seu amor que tinha antes da chegada do novo bebê. Expressar isso está além de suas possibilidades.

O que ela mais notará e contra o que se rebelará é o fato de que a sua *atenção*, antes voltada exclusivamente para ela, foi dividida. E fará o que puder para recuperá-la. Em geral, isso significa uma série de maus comportamentos, muitas vezes cômicos. A irmã ou o irmão mais velho, por exemplo, sufoca o bebê com afeto porque, em algum nível, está tentando se colocar no feixe de atenção dos pais. Também pode começar a ter acessos de raiva ou provocar de propósito um castigo, agindo de forma estranha. Receber atenção negativa — "NÃO FAÇA ISSO DE NOVO, DAVID, SENÃO VOCÊ VAI SER CASTIGADO!" — não é lá muito agradável, mas somos criaturas tão compulsivamente sociais que é muito melhor do que ser ignorado. Isso serve sobretudo para as crianças, mas também para os adultos, mais do que poderíamos reconhecer.

As crianças intuem que, para obter o amor e o afeto que desejam, precisam que você preste atenção nelas, mesmo que busquem essa atenção de maneiras extremamente contraproducentes. E elas estão certas quanto a isso. Mesmo que a busca seja errática, a intuição central está correta. A atenção social é a precondição necessária para outras formas mais desenvolvidas de conexão humana, aquelas que realmente desejamos e que nos sustentam: cuidado, companheirismo, amizade e amor. Sem atenção, não podemos ter tudo o que desejamos em nossos relacionamentos. A atenção social é *necessária* para todas as outras formas de socialização humana, mas não é *suficiente*.

E isso se deve, em grande parte, ao fato de que, ao contrário dos aspectos dos relacionamentos que dão sentido à vida, a atenção social não é em si recíproca. Essa é uma de suas características definidoras. A atenção social flui em duas direções distintas e, em essência, separáveis. Podemos colocar nossa atenção social nos outros, e eles podem colocar sua atenção social em nós, mas nem sempre há uma via de mão dupla.

Um relacionamento de qualquer tipo requer reciprocidade de atenção social, mas muitas vezes os perigos e as dificuldades de determinado relacionamento decorrem do desequilíbrio entre dar e receber atenção. Esse é o dilema em que se encontra o irmão ou a irmã mais velha do bebê recém-nascido. Mas isso não se limita às crianças. Uma das fontes mais comuns de tensão em qualquer relacionamento adulto é a dinâmica em que alguém sente que a atenção não é recíproca: o cônjuge que acha que está presente e acalma a esposa quando ela fala sobre a disputa constante entre os sócios do escritório de advocacia, mas que ela vive tão ocupada e consumida pelo trabalho que nunca dá a *ele* o mesmo tipo de atenção. Há mais permutações desses tipos de dinâmica que se poderia listar, embora muitas vezes elas apareçam nos relacionamentos — em especial nos românticos — em brigas sobre a questão de "ouvir".

A dinâmica dos pais é outra área em que os desequilíbrios são onipresentes e estão sempre mudando: desde o constante e obsessivo desejo de atenção dos pais na criança pequena até o adolescente que quer ficar completamente sozinho. À medida que minha filha mais velha entra na adolescência, tenho pensado muito na frase de Tina Fey que diz que ter filhos adolescentes é como ter uma queda por alguém do trabalho: "Você pensa muito mais neles do que eles em você".[27]

A trajetória natural da paternidade é começar sua jornada como pai ou mãe sendo objeto da atenção obsessiva e, às vezes, exaustiva do filho. Nas madrugadas, com uma criança que não dorme e que chora e anseia por sua presença, você se vê implorando por uma pausa — um pouco de tempo a sós. Mas todos lhe dizem que isso é passageiro — "Valorize esses anos! Eles passam rápido!". E passam mesmo. Quando você se dá conta, a atenção do seu filho está voltada para outras coisas: amigos, escola e esportes, e você não consegue ouvir "Cat's in the Cradle" ou ler *A árvore generosa* sem cair em lágrimas.

No entanto, por mais complicada e preocupante que seja a dinâmica da atenção social entre nossos familiares, amigos, companheiros e colegas, o que distingue a atenção social e a torna mais abrangente do que muitas outras formas de conexão social é o fato de que ela também pode se dar fora de nossos relacionamentos reais. Não é possível ter um *relacionamento* com Brad Pitt a menos que você o conheça e que ele conheça você. Mas Brad Pitt *pode* ser o objeto de sua atenção social. E esse tipo de atenção não correspondida não é algo trivial ou irrisório, mas uma parte enorme de nossa vida. No ensino médio, você pode estar apaixonado por um aluno do último ano e não conseguir parar de pensar nele. Quando adulto, pode ser que toda a sua vida interior seja consumida por uma figura política particularmente malévola que você despreza ou que você tenha discussões imaginárias com determinada personalidade da mídia. Pense por um momento no leque de desconhecidos que temos na cabeça e aos quais dedicamos nossa atenção social — desde atletas para os quais torcemos ou dos quais zombamos, passando por políticos e celebridades, até pessoas cuja situação difícil vemos nas notícias. Uma grande parte de nossa atenção social recai sobre gente que não nos conhece.

A atenção social também pode ser direcionada a pessoas que conhecemos e com as quais nos relacionamos, mas que estão ausentes. Usamos o termo genérico "fofoca" para descrever conversas sobre quem não está presente, e pensamos nisso como algo indecoroso ou trivial, mas há boas razões para afirmar que se trata de uma atividade humana central. O lendário antropólogo britânico Robin Dunbar argumenta que é a atividade fundamental de toda a socialização humana. "Sem fofoca, não haveria sociedade", escreve ele. "A fofoca é o que torna possível a sociedade humana como a conhecemos."[28]

O argumento de Dunbar é que a fofoca desempenha na vida humana o mesmo papel que a prática da catação desempenha entre os primatas. Na catação, os macacos cultivam relacionamentos e alianças e se unem uns aos outros. Crucialmente, a catação é um meio físico e tátil de prestar atenção social: um macaco se concentra em outro por um período prolongado. E as redes sociais e as alianças de grupo mantidas por meio dessa prática são a personificação da frase "prestar atenção". Pagamos por um bem com dinheiro e por nossos relacionamentos com a atenção.

O problema, argumenta Dunbar, é que esse tipo de criação de vínculos sociais exige muito tempo. Ele calcula que os primatas gastem 20% de todo o seu tempo acordados com a catação. E como cada relacionamento exige essa manutenção trabalhosa, há um limite para a complexidade das estruturas sociais dos grandes primatas. "A única maneira de eles romperem esse teto", afirma Dunbar, "de modo a viver em grupos com mais de oitenta indivíduos, foi encontrar um mecanismo alternativo de união no qual o tempo social disponível fosse usado de forma mais eficiente."[29]

A tese de Dunbar é que a linguagem, especificamente na forma de fofoca, foi a inovação que permitiu aos humanos romperem os limites dos grupos sociais de nossos ancestrais primatas. Ela tem duas vantagens principais em relação à catação. Primeiro, a catação é uma atividade individual, enquanto a conversa pode ser feita em grupos. E segundo, como observa Dunbar, "falar é algo que podemos fazer simultaneamente à maioria das outras atividades. Como resultado, podemos 'dividir o tempo' de forma mais eficaz para aproveitar melhor as horas limitadas que temos disponíveis".[30]

O que Dunbar está postulando é que a própria linguagem se desenvolveu como um meio eficiente de conferir atenção social: "Só é necessário transmitir uma mensagem de compromisso social: 'Considero mais importante estar aqui conversando com você do que estar ali com [qualquer outra pessoa]'".[31] Esse ritual então se desenvolveu, segundo Dunbar, usando o conteúdo informativo da linguagem para transmitir informações cruciais sobre os outros membros do grupo e o status de suas complexas relações sociais. A fofoca é o meio mais eficiente de conferir atenção social porque você pode conferi-la à pessoa ou às pessoas com quem a compartilha, *ao mesmo tempo que* àquelas de quem está falando. Na teoria de Dunbar, que, obviamente, não passa de uma teoria, a atenção social é um motor tão primordial da atividade e do desenvolvimento humano que deu origem à linguagem.

Outros animais não têm a linguagem humana para se comunicar e direcionar a atenção social. Mas qualquer dono de cachorro sabe como eles são hipersensíveis a isso. Ao passear com minha cachorrinha pelo parque, ela se fixa em outro cão de longe e, naquele momento, direciona sua atenção social para ele. O outro cão pode ou não retribuir. E o mesmo acontece em outras espécies. Elas prestam atenção nos outros animais — abelhas na sua rainha, lobos no líder da matilha, ovelhas no cão pastor e assim por diante. Na natureza, os predadores prestam muita atenção às presas, as presas nos predadores, em um estado de monitoramento e vigilância constantes.

Nesse sentido, a atenção social, assim como nossos apetites e desejo sexual, são heranças animais que negociamos na forma humana, com todas as neuroses e patologias que isso implica. Mas assim como os apetites e desejos humanos são infinitamente complexos, estranhos e socialmente produzidos, o mesmo acontece com nossa relação com a atenção social, mediada pelas sociedades em que vivemos, pelos valores que defendemos, pelas pessoas ao nosso redor e pelas tecnologias por meio das quais nos comunicamos e aprendemos sobre o mundo.

Vou reafirmar: o que defendo é que a atenção social é uma categoria distinta de atenção, com um substrato biológico arraigado que vem de nossa herança evolutiva. Ela é tão vital que, sem ela, enlouquecemos. É também uma forma distinta e complexa de atenção porque flui em duas direções: não apenas a fixamos em outras pessoas, mas também podemos ser o objeto dela.

Essa possibilidade de reciprocidade forma a base de todos os relacionamentos sociais; a atenção social é a condição necessária para qualquer tipo de relacionamento com outras pessoas, mesmo que não seja suficiente para que esses relacionamentos floresçam. Precisamos prestar atenção nas pessoas com quem nos relacionamos, e elas precisam prestar atenção em nós. Mas essa atenção não precisa ser positiva ou nutritiva.

Essa é outra característica distinta e extremamente importante da atenção social. Ao contrário dos aspectos positivos da conexão emocional que formam a base de nossos vínculos humanos mais importantes, a atenção social pode ser bastante negativa.

A atenção social não só pode ser negativa como também pode ser unilateral, seja nossa em direção a outras pessoas ou delas a nós. Podemos dar atenção social a pessoas que não conhecemos e com as quais não temos relações sociais, e estranhos também podem direcioná-la a nós.

Os seres humanos evoluíram em pequenos grupos, definidos por parentesco: aqueles que conhecíamos nos conheciam. E nossas capacidades imaginativas nos permitem conhecer estranhos — reis e rainhas, heróis de lendas, deuses, todos os tipos de personalidades, pelo menos em parte míticas, das quais podemos nos sentir tão intimamente próximos quanto um parente. Durante a maior parte da história de nossa espécie, estas foram as duas principais categorias de relações humanas: parentes e deuses. Aqueles que conhecíamos e que nos conheciam, com base na interação social mútua; e aqueles que conhecíamos e não nos conheciam, com base em nossa capacidade imaginativa.

É necessário mapear esse poder elementar da atenção social com certa profundidade para entender por que o surgimento das redes sociais foi tão transformador.

Considere o aspecto específico e muito estranho, mas cada vez mais central, da atenção social: a atenção social de estranhos — em outras palavras, ser conhecido por pessoas que não conhecemos. O desejo por essa forma de atenção social varia bastante de pessoa para pessoa e ao longo do tempo, mas *é* um desejo nitidamente humano. Somente nós temos acesso a ele. O leão pode querer a atenção social dos membros de seu bando, mas não tem o conceito de glória. A águia cuida de seus filhotes, mas não tem sede de fama.

É tentador pensar na fama, a experiência de receber atenção social de estranhos, como um produto da modernidade. Em sua magistral e abrangente história da fama, *The Frenzy of Renown* [O frenesi do renome], Leo Braudy demonstra de forma convincente que ela tem milhares de anos. "Em grande parte, a história da fama", escreve Braudy, "é a história das formas variáveis pelas quais os indivíduos procuraram chamar a atenção dos outros e, não por acaso, ganharam poder sobre eles."[32]

Alexandre, o Grande, foi o primeiro a buscar fama no cânone ocidental, de acordo com Braudy. Ele argumenta que os reis-deuses, imperadores e faraós da Suméria, do Egito e da China eram famosos, mas que sua fama e sua atenção social generalizadas eram totalmente institucionais e herdadas. Alexandre, no entanto, tomou como missão de vida buscar a glória. Demonstrou, de acordo com Braudy, uma "ganância espiritual não especificada" que serviu de modelo para todos os que vieram depois, chorando quando viu que não havia novos mundos para conquistar, nem mais estrangeiros que pudessem ser forçados a aprender seu nome. "Pela escala mundial de sua luta com o problema da fama e sua constante consciência da relação entre realização e publicidade, Alexandre merece ser chamado de a primeira pessoa famosa."[33]

À medida que as sociedades se tornam mais complexas, a fama se torna, com o tempo e por meio da tecnologia, cada vez mais democrática, a experiência de ser "conhecido por estranhos", mais comum. Foi assim com a Revolução Industrial e a revolução da mídia que ela produziu, o que chamamos de mídia de massa. Mas isso se tornou muito mais comum com o surgimento das redes sociais, que colocam qualquer indivíduo em qualquer plataforma apenas a uma viralização de ser conhecido da noite para o dia e receber a atenção de milhares, centenas de milhares e até de milhões de pessoas.

Posso falar com alguma propriedade sobre a estranheza inescapável, a vertigem constante, da experiência de ser conhecido por estranhos. Primeiro, a fama é relativa. Um antropólogo pode ser famoso em sua área e anônimo em outros lugares; um músico de jazz experimental, reverenciado em um pequeno círculo. A verdadeira fama do tipo de Alexandre, ou mesmo o auge da mídia de massa coletiva do século XX — Michael Jordan, Tom Cruise —, talvez nunca mais aconteça. Mas sou famoso à minha maneira, sou reconhecido na rua, conhecido por estranhos — atraio atenção porque, como eu disse, meu trabalho é atrair essa atenção.

Em meus primeiros dias como apresentador, quando os índices de audiência não eram muito bons, essa atenção parecia uma areia movediça espiritual: quanto mais eu me agarrava e me esforçava para escapar desse estado, mais me afundava. Parte disso se deveu, sem dúvida, à minha trajetória um tanto estranha até o papel de apresentador de telejornal. Depois de me formar na faculdade, trabalhei no teatro e como jornalista freelancer de impressos. Na maior parte do tempo, escrevia reportagens longas para revistas de esquerda e para a imprensa alternativa. Por fim, tornei-me editor da revista *The Nation* em Washington e comecei a aparecer como convidado em programas de notícias na TV. Em seguida, passei a apresentador convidado na MSNBC e, finalmente, a apresentador do meu próprio programa nos fins de semana, seguido de um programa no horário nobre.

Embora eu nunca tenha aspirado a ser âncora de telejornal, acabei reconhecendo que algo dentro de mim havia me levado àquilo. Não sei dizer de onde veio esse impulso — tive uma infância muito feliz, com níveis comuns de ansiedade e neuroses. Mas tenho, como característica constitutiva de minha personalidade, o desejo de ter uma plateia. Quero que as pessoas prestem atenção em mim e, mais do que isso, gostem de mim.

Mas se você tiver sucesso suficiente no primeiro caso (e isso é um pouco de sabedoria adquirida com muito esforço), começará a falhar no segundo. Quanto mais as pessoas prestarem atenção em você, mais você encontrará aquelas que não gostam de você e, inclusive, o odeiam. A atenção positiva de estranhos é rapidamente metabolizada e logo se torna quase uma rotina. As pequenas explosões de endorfina perdem força até que alguém que o pare na rua para dizer quanto admira o que você faz quase passe despercebido.

A experiência da atenção negativa, porém, é dolorosa em um nível de profundidade emocional absolutamente chocante. É o universo te pregando uma peça, que demora um pouco para ser percebida. Quase toda a atenção social que recebemos na vida vem de pessoas que conhecemos: família, amigos, parentes, colegas de trabalho. Isso nos condiciona a nos preocuparmos com o que os outros dizem ou pensam a nosso respeito, porque se preocupar com isso é o que constitui a cola recíproca do relacionamento.

A armadilha diabólica da atenção social de estranhos é que ela não vem acompanhada de relacionamento nem de reciprocidade. Mas você não percebe isso! Ou, se percebe em um nível intelectual, não consegue internalizar no nível mais profundo de sua psique. Seu treinamento para isso é muito forte:

você passou *quase* a vida toda interagindo com as pessoas de forma recíproca. Assim, quando lê um comentário negativo on-line, você imediatamente, em um nível quase físico, reage como se alguém que você ama tivesse proferido as palavras. Algo dentro de você se parte, mesmo que seja uma ficção — um vínculo com uma pessoa que você não conhece e nunca conhecerá.

Somos condicionados a nos preocupar com pessoas próximas, a extrair, dos relacionamentos com aqueles que conhecemos e amamos, o significado da vida. Mas a experiência psicológica da fama, como um vírus que invade uma célula, pega todos os mecanismos das relações humanas e os coloca para trabalhar em busca de mais fama.

Mesmo que essa atenção negativa o deixe magoado, você acaba buscando compulsivamente mais e mais dessa atenção. O efeito coquetel — o fato de que ouvir seu nome em algum lugar atrai sua atenção — começa a dominar sua vida. Sempre há alguém dizendo seu nome. Nos meus primeiros dias como apresentador, eu não parava de olhar minhas menções no Twitter, chegando a pesquisar meu nome para ver o que as pessoas estavam dizendo sobre mim sem me marcar. Eu lia tudo o que saía na imprensa sobre o programa, e a maioria era negativa! Depois procurava mais.

Havia uma profunda assimetria nessas experiências. As palavras positivas quase me passavam despercebidas, mas os insultos e as críticas se espalhavam pela minha consciência, às vezes arruinando dias inteiros. Eu me sentia preso aos meus próprios impulsos, incapaz de evitar o canto da sereia das pessoas que diziam meu nome em algum lugar da sala, e a internet me permitia escutar sem parar.

Não sou só eu, fico um pouco aliviado em dizer. Isso é o que grandes doses de atenção social de estranhos fazem. As pessoas famosas, via de regra, são obcecadas pelo que se diz sobre elas, irritam-se e reclamam disso. Mil palavras gentis de estranhos batem em você e voltam, enquanto uma única crítica dura cola. Esse tipo de gente — mas sobretudo gente famosa — tem ataques histéricos públicos nas redes sociais, a qualquer hora do dia ou da noite.

Podemos ver Kevin Durant, um dos maiores jogadores de basquete do planeta, possivelmente da história do esporte — um multimilionário que é melhor no que faz do que quase qualquer outra pessoa jamais será em qualquer coisa —, enviando uma mensagem a um fã de vinte e poucos anos que está falando mal de suas decisões de contrato. Não apenas uma vez — rotineiramente![34] E ele está longe de ser o único.

Quando Tina Fey ganhou o Globo de Ouro em 2009 por seu papel em *30 Rock*, dedicou parte de seu discurso a responder aos haters da internet. "Se você começar a se sentir muito bem, existe uma coisa chamada internet", brincou ela, provocando grandes gargalhadas na plateia. "E lá você pode encontrar muita gente que não gosta de você. E eu gostaria de falar com algumas delas agora. BabsonLacrosse, vai à merda. DianeFan, vai à merda. CougarLetter, vai à merda, porque o ano todo você ficou atrás de mim."[35] Era um esquete? Sim, mas quem pesquisou os nomes de usuário no Google descobriu rapidamente que eram pessoas reais que haviam criticado Fey no blog de premiações do *Los Angeles Times*.

Quando me peguei em ciclos compulsivos semelhantes no início do meu programa, fiquei pensando em um episódio antigo de *Os Simpsons* em que Bart começa a trabalhar para a máfia. Em algum momento, seus chefes sequestram um caminhão com milhares de maços de cigarros e precisam de um lugar para escondê-los, então os colocam no quarto de Bart. Homer passa por lá, vê as caixas empilhadas do teto ao chão e diz: "Bart! Você começou a fumar?". Bart nega: "Não são minhas! Meu chefe disse que o depósito dele está cheio". Homer não acredita nele e diz que vai lhe dar uma lição. "Vou ficar aqui e ver você fumar cada um desses cigarros, aí quem sabe você aprende!" Nesse momento, um cara aparece com um carrinho de mão e diz: "O Fat Tony me mandou aqui para pegar o resto das mercadorias".[36]

Ainda dou risada disso vários anos depois. A piada é baseada em um antigo castigo para jovens fumantes do século passado. Se você pegasse um adolescente fumando, fazia com que ele fumasse o maço inteiro de uma só vez, para ficar tão enojado que nunca mais tocaria em outro.

É assim que a fama, em minha experiência, tem sido. Ah, você gosta de atenção? Gosta dos olhos das pessoas voltados para você e da pequena dose de satisfação que sente quando é reconhecido? Bem, que tal um caminhão cheio disso? Vamos ficar sentados aqui vendo você fumar maço após maço após maço.

Com minha nova visibilidade na televisão, o desafio da constante atenção social deixou de existir apenas on-line. Meu rosto, meu corpo, meu ser físico no mundo tornaram-se objetos de atenção de uma forma inédita. A maneira mais visceral e precoce pela qual a fama se esgueira em sua vida é a nova experiência do olhar de um estranho. As pessoas o observam. Você sente os olhos delas em si. Há um aspecto inevitável de gênero em tudo isso, como muitas estudiosas feministas exploraram ao longo dos anos. Como homem heterossexual, fisicamente pouco chamativo em qualquer sentido, eu, até começar a ficar famoso, nunca havia experimentado esse tipo específico de olhar. Eu me movia pelo mundo com quase total anonimato. Era raro sentir os olhos de um estranho sobre mim.

Essa mudança foi ao mesmo tempo emocionante e desconcertante. Há uma pontada de excitação que se sente quando alguém está olhando para você — pelo menos para mim havia. E quando isso começou a acontecer, não tenho receio de dizer que confundi com desejo físico. Eu não era o tipo de pessoa que já tinha sido alvo de muitos olhares demorados. Levei algum tempo para entender que aquilo que estava então experimentando, os súbitos olhares em mim, era porque as pessoas *me reconheciam da* TV. Era só isso. Nada mais. Havia uma urgência enganosa. Elas não me conheciam. Não se sentiam atraídas por mim. Estavam apenas processando um sinal subconsciente, mas muito poderoso, que seu cérebro enviava. Elas estavam prestando atenção em mim.

Talvez seja um pouco estranho admitir que foi preciso chegar aos meus trinta e tantos anos para realmente entender o poder do olhar. Há um motivo pelo qual ele tem sido objeto de tantas pesquisas e teorias; é talvez a maneira mais comum de atenção social que encontramos. Ele pode assumir inúmeras formas — um flerte, um instante fugaz de contato visual, um olhar ameaçador ou simplesmente o olhar fixo e sem afeto de um colega de trabalho no metrô lotado na hora do rush.

Pela primeira vez, eu estava existindo no mundo como uma pessoa que é olhada e que é objeto de certa atenção visual de estranhos. Isso veio com um peso surpreendente. No passado, eu corria até o mercado para comprar alguns dentes de alho vestido de moletom e com o cabelo desarrumado. No entanto, agora, no mínimo, considerava, de novo pela primeira vez, o que as pessoas que me reconheciam pensariam. Será que eu estava apresentável? Não estou contando nada de novo para quem já passou por isso (literalmente todas as mulheres do planeta!). Mas era algo inédito para mim. Parecia um pouco a jornada de Tirésias em relação à divisão sexual, um pequeno vislumbre subjetivo da vida em um corpo que não era o meu.

E minha própria percepção dos olhares alheios desenvolveu uma nova e surpreendente acuidade. Sem querer, comecei a desenvolver uma consciência periférica instintiva em espaços públicos, avaliando se cada um dos estranhos ao meu redor havia me reconhecido. Na maioria das vezes, eu os via me observando pelo canto do olho, mesmo que estivessem totalmente alheios ao *meu* olhar. Era uma inversão estranha, porque agora eu os estava espionando sem que eles soubessem, enquanto eles achavam que estavam me espionando sem que eu soubesse.

A capacidade humana de reconhecer rostos é um dos nossos atributos mais desenvolvidos, tendo evoluído ao longo de milênios para distinguir entre um amigo e um inimigo nosso, entre um parente e um estranho. O poder da TV, dos filmes e do mundo das imagens vem do fato de essas faculdades serem transferidas para estranhos. Antes mesmo que processemos o fato, sentimos uma sensação quase física de familiaridade.

Às vezes, consigo perceber que alguém me reconhece, mas de uma forma incerta. A pessoa pode se aproximar de mim e perguntar: "Nós estudamos juntos na faculdade?" ou "Você trabalhava no Bank of America?". Ela sabe que me "conhece" de algum lugar, só não tem certeza de onde. Então, tenho que escolher entre "Será que você não me viu pela vizinhança?" e a estranhamente arrogante "Eu tenho um programa de TV. Deve ser isso".

Ser objeto de atenção constante em um espaço público pode ser alienante. Em *O ser e o nada*, Sartre dedica muito tempo ao olhar e suas implicações, especialmente aquele momento que eu vivenciava o tempo todo quando pegava alguém olhando para mim. Para Sartre, a consciência do olhar de um desconhecido dirigido a nós é o que nos faz perceber a subjetividade inescapável dos outros, que a pessoa que está nos olhando também é um indivíduo como nós. É também, de forma crucial, como passamos a nos ver, por um breve momento, da forma que os outros podem nos ver. Esse conhecimento é alienante, como não podia deixar de ser, porque nos força a reconhecer quanto estamos presos em nossa estreita perspectiva do mundo e como as coisas podem parecer diferentes fora dela.

Sartre ilustra essa ideia da seguinte maneira: você vê um homem em um parque local, caminhando pela grama. Sabe que ele é um homem, uma consciência humana, mas esse fato ainda é remoto. É quando você encontra seus olhos que ele deixa de ser apenas a possibilidade de uma consciência humana e passa a ser a certeza inescapável de uma. "Cada olhar nos faz experimentar concretamente [...] que existimos para todos os homens vivos."[37]

Em outras palavras, é você vendo-o *ver você*, prestando atenção social *em você* que o torna plenamente consciente de que você existe como um objeto de atenção para os outros. O olhar é o momento em que a própria atenção social capta nossa atenção. Ele força uma espécie de ajuste de contas com a forma como parecemos aos outros.

Um dos motivos pelos quais o olhar tem tanta ressonância, e o momento no parque descrito por Sartre é tão repleto de possibilidades filosóficas, é que a atenção social de estranhos tem um impacto psicológico distinto e único em nós. E isso ocorre precisamente porque ela independe da conexão dos relacionamentos humanos existentes, ligados por alguma rede de reciprocidade. O encontro dos olhos do outro lado do bar, a promessa naquele breve instante, é marcante porque contém em si todo o poder da atenção social entre estranhos.

A experiência da fama é a sensação quase constante de separação interna e alienação que Sartre descreve. Há o você dentro de sua cabeça, o eu consciente, olhando para o mundo a partir da perspectiva de primeira pessoa, e depois há o você que existe como um corpo lá fora, no mundo visto pelos outros. Conciliar os dois se torna uma espécie de trabalho psicológico em tempo integral.

Na verdade, não há motivo para alguém se preocupar com a agitação interna dos famosos. Mas passei a acreditar que, na era da internet, a experiência psicologicamente desestabilizadora da fama atinge todo mundo. Da mesma forma que a eletricidade passou de um luxo desfrutado pela elite americana para algo que quase todo mundo tem, a fama, ou pelo menos ser conhecido por estranhos, passou de uma novidade para uma experiência humana fundamental. A tradição intelectual ocidental passou milênios mantendo uma fronteira conceitual entre o público e o privado — incorporando-a ao direito e à política, às normas e à etiqueta, teorizando-a e reinscrevendo-a. Com a ajuda de algumas empresas de tecnologia, nós a derrubamos em questão de uma década.

A combinação de fama em massa e vigilância em massa proporcionada pelas redes sociais canaliza cada vez mais nossos impulsos mais básicos — amar e ser amado, cuidar e ser cuidado, fazer com que nossos amigos riam de nossas piadas — para o projeto de impressionar estranhos, um projeto que não vai, por definição, satisfazer nossos desejos, mas que parece próximo o suficiente de uma conexão humana real para que não consigamos deixar de persegui-lo de forma cada vez mais compulsiva.

Não é coincidência que a maior rede social do mundo tenha começado mecanizando o olhar. A primeira encarnação do Facebook era um algoritmo simples que permitia que os usuários simplesmente olhassem uns para os outros repetidas vezes. "The Facebook", como foi chamado pela primeira vez, era um meio de pegar o livro físico distribuído aos alunos de graduação — que continha uma foto de cada membro de cada turma de Harvard — e torná-lo interativo, pelo menos até certo ponto.[38] Você podia olhar para os rostos na página, mas eles não podiam olhar de volta, embora você pudesse realizar ações que permitiam que alguém soubesse que você estava olhando. O site simples de Zuckerberg permitia que os usuários dessem e recebessem o olhar, como processos separados. Você podia ser apenas um voyeur ou transferir o olhar físico de duas pessoas se olhando de lados opostos da quadra do campus para uma versão virtual. Ao fazer isso, ele criou uma câmara de compensação de atenção social. "*Face*" [rosto] estava no nome desde o início.[39]

No momento em que encontramos o outro, no momento em que saímos de nossos próprios pensamentos e nos vemos como um objeto externo para o outro, algo em nós é capturado. Há um magnetismo sombrio nisso. Parece um conhecimento sedutor, mas proibido, como o ângulo que você pode ter de si mesmo em certo espelho de camarim, de um ponto de vista a que normalmente não tem acesso. Existir on-line agora — o que é, para a maioria das pessoas, existir de fato — é estar, a cada momento, vendo a si mesmo pelos olhos dos outros.

Há muitas razões para uma pessoa buscar fama, glória ou a atenção alheia: algum conjunto de sinais culturais que lhe diz que isso é importante, alguma parte de sua constituição psicológica que o leva a isso, o status social que lhe é atribuído. Mas, às vezes, há também motivos práticos, financeiros, até mesmo de vida ou morte, para atrair a atenção de estranhos.

É a situação do vendedor, seja indo de porta em porta ou ligando para os contatos. O vendedor precisa receber atenção ou não conseguirá pagar o aluguel e a comida de seus filhos. No primeiro ato de *A morte do caixeiro-viajante*, de Arthur Miller, Linda Loman explica a seus dois filhos adultos que essa é a tragédia central da vida de seu marido. Willy Loman foi rebaixado em seu emprego de vendedor após 36 anos na mesma empresa. Ele agora trabalha apenas por comissão, sem salário, como um novato. Porém, mais do que isso, sente-se como um zé-ninguém: é anônimo, invisível. Quando Willy retorna de mais uma viagem de vendas malsucedidas no início do primeiro ato, diz à esposa que não consegue chamar a atenção de potenciais clientes. "Não sei por que razão, mas ninguém me liga. Ninguém presta atenção em mim."[40]

Willy diz que é porque ele fala demais, mas, no fundo, suspeita que é porque seja um fracassado. Ele nunca deixou sua marca, nunca teve seu momento. Ninguém se importa com ele porque ele nunca realizou nada que o tornasse digno de nota. No entanto, Linda explica a seus filhos que a dignidade humana exige certo grau de atenção e que, mesmo que Willy nunca tenha alcançado o sucesso em termos convencionais, é errado ignorá-lo. "Willy Loman jamais ganhou muito dinheiro", diz ela. "Seu nome nunca saiu nos jornais. Não é o melhor homem que já viveu. Mas ele é um ser humano, e uma coisa terrível está acontecendo com ele. É preciso prestar atenção nele. Não se deve permitir que ele baixe à sepultura como um cachorro velho. É preciso, é necessário prestar atenção em uma pessoa assim."[41]

Penso nessas palavras há anos, desde que as encontrei pela primeira vez lendo a peça quando era adolescente. O que me impressionou na época e ainda me impressiona agora é que Linda Loman nem sequer está pedindo que seus filhos *amem* o pai, jurem devoção ou se preocupem com ele. Ela busca a forma mais insignificante de conexão social para seu marido: atenção. Apenas dê atenção a esse homem para que ele possa ser um ser humano, e não um animal, deixado para morrer sem nada. Isso também é o que move seu marido, um desejo de ser conhecido e notado, um desejo de receber atenção.

O páthos dessa peça, o motivo de ela ser uma obra-prima, é o fato de capturar algo desesperadamente solitário na vida moderna. A razão pela qual ela ainda lota teatros em todo o mundo, setenta e cinco anos depois de ter ganhado o Pulitzer, é que a luta de Loman é atemporal e universal — um homem que busca a atenção de um mundo que não a dá a ele. Willy Loman é um vendedor e, nesse tipo de trabalho, você pode e, em algum nível, *deve* tornar-se dependente do que os outros pensam de você. Esta é a falha trágica de Loman — ele se preocupa demais com o que os outros acham dele. "É a emoção externa direcional definitiva", disse Arthur Miller certa vez sobre a motivação de Loman. "Em outras palavras, estou fazendo isso não porque está fluindo de mim, mas porque está fluindo contra ele." Ele continua: "Você está vivendo em um espelho. É uma vida de refrações. Vazio. Vazio. Vazio. É difícil dormir à noite. E difícil acordar".[42]

Willy Loman morre por falta de atenção social. No final, a atenção não é dada, e por causa disso ele encontra sua morte. Troca sua vida por dinheiro para seus filhos, para que eles possam ser alguém.

A dura situação de Loman ilustra que parte da sede de atenção que tantas vezes associamos à vida on-line não está localizada na tecnologia, e sim em nós mesmos. Mas a tecnologia piora ainda mais a situação.

Se a peça de Miller tivesse sido escrita em 2024, Willy Loman seria alguém que gosta de postar coisas nas redes sociais, e do tipo compulsivo. Para aqueles de nós que ficam on-line por bastante tempo, esse tipo de figura do Loman do século XXI é reconhecível. Às vezes, eles são chamados de "*reply guys*" [os caras da resposta], que aparecem em uma resposta a cada tuíte ou publicação para dar sua opinião ou tentar atrair a atenção da pessoa que estão seguindo. Eles são responsáveis por um tipo de desespero forçado e insinuante que forma o zumbido de fundo de muitos espaços on-line.

E embora o *reply guy* seja um exemplo extremo, a própria estrutura das redes sociais foi projetada para transformar todos nós em *reply guys*. Inclusive, a geração Z tem uma gíria para descrever a necessidade de atenção que permeia os espaços on-line: sede. Uma *thirst trap* [armadilha sedenta] é uma foto sexy que alguém publica para receber comentários dizendo que está maravilhoso. Estar sedento é tentar excessiva e palpavelmente fazer com que as pessoas olhem para você.

A sede é uma característica tão desagradável hoje quanto era quando Willy Loman a exibia, mas também é basicamente o modelo de negócios de toda a economia da atenção. Toda a cultura, da arte à música e à escrita, agora exige um tipo de autopromoção implacável, como observa a crítica de cultura digital Rebecca Jennings, "na forma de seguir tendências baratas, estratégias de postagem em constante mudança e a sensação incômoda de que o que você está realmente fazendo com seu tempo é marketing, não arte. Sob a tirania da distribuição algorítmica de mídia, artistas, autores — qualquer um cujo trabalho se preocupe com o que significa ser humano — agora também precisam ser empreendedores".[43]

Há Lomans em todas as épocas. Mas o que nos distingue neste momento é o quanto a atenção se tornou nosso objetivo final. Sim, desejamos status, dinheiro, sexo, amor, reconhecimento, amizade e assim por diante, mas a natureza da era da atenção é reduzir todos esses desejos ao seu menor denominador comum: atenção.

A atenção é tão mínima e simplória, tão inferior ao que uma alma humana precisa e almeja — amor e reconhecimento —, tão inferior ao que um debate ou uma conversa exige: argumentos, razões, escuta engajada. A atenção é tão central, tão estranhamente distribuída, tão valiosa no conjunto, mas tão barata e fugaz em nossa vida real. Ela é desvalorizada mesmo quando é celebrada. A era da atenção transformou todos nós em Willy Lomans.

Esse desejo de atenção social, sua natureza compulsiva e gananciosa, tem sido fonte de opróbrio moral há milênios. Buda e os estoicos aconselharam a não desejar coisas fora de si, porque elas causavam sofrimento, e a atenção alheia estava no topo da lista. Epiteto diz a seus alunos que cuidem de sua própria vida, para evitar a situação de Willy Loman. "E quem são exatamente essas pessoas pelas quais você quer ser admirado?", pergunta a seus alunos.[44] "Não podemos controlar as impressões que os outros formam a nosso respeito, e o esforço para fazê-lo apenas rebaixa nosso caráter."[45] A única maneira verdadeira de ficar satisfeito é matar o desejo por coisas externas a si mesmo, especialmente a atenção. "Deus estabeleceu esta lei, dizendo: se quer algum bem, obtenha-o de si mesmo."[46]

A atenção que Loman busca é pouca, até mesmo patética. Porque, assim como o irmão mais velho que luta por seu lugar em uma família que agora inclui uma criança recém-nascida com um choro que faz os adultos correrem para atendê-la, o que Loman ou qualquer outra pessoa quer é mais do que *mera* atenção. Ansiamos por atenção como um meio para atingir um fim, mas, quando a recebemos, a tomamos como um fim em si mesma. Então, o que é que realmente queremos?

Ao tentar responder à pergunta de por que buscamos as curtidas, as respostas e a aprovação de estranhos, e por que isso muitas vezes leva pessoas comuns e famosas ao colapso, acabei voltando ao trabalho de um filósofo russo radicado na França chamado Alexandre Kojève, cujos escritos encontrei pela primeira vez quando estava na faculdade. Em 1933, Kojève assumiu o ensino de um seminário de pós-graduação sobre Hegel em uma escola em Paris. Embora tenha vivido sua vida em relativa obscuridade, tornando-se, por fim, funcionário público do Ministério do Comércio da França e ajudando a construir a arquitetura de um mercado comum europeu, seu seminário sobre a *Fenomenologia do espírito* de Hegel foi, quase certamente, a aula de filosofia mais influente do século xx. Um rol de pensadores continentais, de Sartre a Lacan, passou por lá, e a grande síntese intelectual de Kojève influenciaria profundamente o trabalho deles.

Em seu seminário, Kojève retoma a famosa meditação de Hegel sobre a relação mestre-escravo, reformulando-a em termos do que Kojève vê como o impulso humano fundamental: o desejo de reconhecimento por parte de outros seres humanos. "O homem só pode aparecer na Terra dentro de um rebanho", escreve Kojève. "É por isso que a realidade humana só pode ser social."[47] O reconhecimento é nosso desejo animador, e o que queremos, acima de tudo, é ser vistos — plena e verdadeiramente — *como* humanos *por* outros humanos, que outros sujeitos reconheçam nossa própria subjetividade. Esse desejo de reconhecimento é tão forte que os seres humanos se arriscam a morrer em busca dele: "O homem arrisca sua *vida* biológica para satisfazer seu desejo não biológico".[48]

Compreender a centralidade do desejo de reconhecimento é essencial para entender o poder e a onipresença das redes sociais. Desenvolvemos uma tecnologia capaz de criar uma versão sintética de nosso desejo mais fundamental. Por que publicamos coisas na internet? Porque queremos que outros seres humanos nos vejam, nos reconheçam.

Mas há um problema. Um elemento constitutivo do reconhecimento é a igualdade entre os sujeitos: queremos ser reconhecidos como humanos por outro humano, como um sujeito por outro sujeito, para que isso seja realmente um reconhecimento. Mas nós, que postamos, nunca conseguimos alcançar isso, algo que se deve ao fato de estarmos presos em um paradoxo que Kojève identifica na abordagem de Hegel do senhor e do escravo.[49]

A discussão de Hegel sobre o senhor e o escravo é uma das mais famosas do cânone filosófico ocidental, mas o texto em si pode se mostrar hermético. A história é uma espécie de parábola, desvinculada de tempo e lugar, e serve como uma alegoria sobre a consciência humana, a individualidade e as relações sociais. Nela, Hegel acompanha a luta de dois indivíduos pela supremacia de um sobre o outro, até a morte, até que um é conquistado e se torna escravo do mais forte. O escravo agora é reduzido a um suplicante e a um objeto aos olhos do mestre, puro recipiente para os desejos de quem o derrotou. Mas é uma falsa vitória.

Pois, como Kojève relata, o mestre deseja o reconhecimento do escravo, mas, como não reconhece a humanidade do escravo, não pode tê-lo. "E é isso que é insuficiente — trágico — em sua situação", escreve Kojève. "Pois ele só pode se satisfazer com o reconhecimento de alguém que ele reconhece como digno de reconhecê-lo."[50] Só podemos experimentar a satisfação existencial do reconhecimento daqueles que nós mesmos realmente reconhecemos. Só podemos ter nossa própria personalidade afirmada por pessoas que enxergamos como pessoas.

Descobri que essa formulação simples revela muito sobre nossa situação atual, especialmente em um mundo em que tanta interação social ocorre nas mídias sociais. Ela articula o paradoxo do que poderíamos chamar de Estrela e Fã. A Estrela busca o reconhecimento do Fã, mas o Fã é um estranho, que não pode ser conhecido pela Estrela. Como a Estrela não consegue reconhecer o Fã, o reconhecimento do Fã pela Estrela não satisfaz o desejo existencial central. Não há como superar a assimetria inerente ao relacionamento, a não ser por meio de amizade e correspondência reais, mas, claro, não dá para fazer isso na mesma escala. Assim, a Estrela busca reconhecimento e recebe, em vez disso, atenção.

A Estrela e o Fã são protótipos, e a internet nos permite ser ambos em contextos diferentes. Na verdade, esta é a inovação central da rede social: a capacidade de ser as duas coisas ao mesmo tempo. Você pode interagir com estranhos, não apenas vê-los de longe, e eles podem interagir com você. Aqueles de nós que têm certo grau de fama experimentaram a falta de mutualidade nesses relacionamentos de forma bastante aguda: a estranheza de encontrar uma pessoa que o conhece, que o vê, mas que você não consegue ver da mesma forma.

De fato, esse paradoxo fundamental — a busca, por meio da fama, de algo que a fama não pode proporcionar — é a história da vida interior da maioria das pessoas que dominam nossa política e nossa cultura, os agitadores, as estrelas e as celebridades, os políticos e os CEOs. São pessoas que anseiam por certo tipo de reconhecimento; é o motor de sua ambição quase por definição. E nas formas extremas que isso muitas vezes assume, é possível observar distorções grotescas na psique. É a história da vida de Donald Trump: querer reconhecimento, receber atenção em vez disso e, então, tornar-se viciado na própria atenção, porque ele não consegue entender a diferença entre as duas, embora no fundo de sua psique haja um enorme vazio que a fama nunca poderá preencher.

Porque ninguém realmente quer apenas atenção: nem Mandela preso, perdendo a sanidade e a alma para a solidão, nem Willy Loman tentando vender seus produtos, nem mesmo Donald Trump postando compulsivamente. Queremos reconhecimento, e a atenção é um substituto ruim, mas plausível. É a forma sintética de uma experiência sublime. A diferença entre as endorfinas liberadas pelo sexo com alguém que amamos e as liberadas pela ingestão de uma droga. A diferença entre estar nutrido e estar saciado.

A atenção social de estranhos é o equivalente psicológico de calorias vazias, e o bufê tentador de atenção social que nosso celular agora oferece pode nos empanturrar. Para muitos, a fome no contexto moderno é menos ameaçadora do que a abundância. Os alimentos ultraprocessados democratizaram a capacidade de comer em excesso, levando ao aumento das taxas de obesidade em todo o mundo — mesmo com centenas de milhões de pessoas ainda enfrentando a ameaça da fome. Como raça humana, estamos "empanturrados e famintos", na memorável frase do autor Raj Patel.[51] E o mesmo acontece com a atenção social: estamos empanturrados e famintos ao mesmo tempo. Há milhões de pessoas ainda isoladas, sozinhas, literalmente morrendo por falta de atenção social e, ao mesmo tempo, a possibilidade de ter atenção social demais foi democratizada e pode ser alcançada por mais gente do que nunca.

Até mesmo os mais viciados em atenção entre nós podem descobrir que atingiram seu limite. "A quantidade de atenção em mim virou uma supernova, o que é muito ruim", escreveu Elon Musk no verão de 2022, quando estava no meio de um acordo para comprar o Twitter e surgiram histórias sobre as várias mulheres com quem ele teve filhos. "Infelizmente, até mesmo reportagens triviais sobre mim geram muitos cliques :(Farei o possível para me concentrar em fazer coisas úteis para a civilização."[52]

Isso durou cerca de uma semana. Depois de tentar desistir do negócio, Musk acabou fechando a compra do Twitter por um valor extremamente inflacionado e passou a publicar de forma obsessiva e a atrair atenção constante para si, mesmo quando isso claramente afetava o valor da empresa pela qual ele havia pagado tanto, forçando-o a vender as ações da Tesla com grandes descontos para ficar à frente das chamadas de margem.[53] Musk ficou tão preso na espiral da atenção social que estava disposto a abrir mão de uma parte substancial de sua fortuna.

O que o homem mais rico do mundo quer que ele não pode ter? Pelo que ele pagará mais? Ele pode comprar o que quiser. Não há luxo que esteja fora de seu alcance. Mas o que ele quer acima de tudo, em um grau patológico, com uma obsessão instável que colocou sua fortuna em questão, é reconhecimento. Ele quer ser reconhecido, ser visto em um sentido profundo e humano. Era o que Willy Loman queria e foi o que acabou matando-o. Musk gastou 44 bilhões de dólares para comprar para si o que o pobre e patético Willy Loman não pôde ter. No entanto, isso não pode ser comprado por valor nenhum. Ele tentou comprar o reconhecimento dos outros, mas tudo o que conseguiu foi a atenção deles. E até isso desaparecerá em breve.

5

Alienação

Quando o Talibã tomou Cabul e, com isso, o controle do Afeganistão no verão de 2021, deparou-se imediatamente com um problema. Uma organização que havia passado os vinte anos anteriores como milícia insurgente teria de governar uma nação de 40 milhões de habitantes. Eles não foram o primeiro exército insurgente a enfrentar esse desafio: desde a geração fundadora dos Estados Unidos até os bolcheviques, esse é o destino de qualquer movimento militar que consiga derrubar o governo — seus soldados serão necessários como funcionários.

Mas o Talibã se distinguia de outros grupos que passaram por essa transição abrupta em um aspecto fundamental: estava em guerra ininterrupta havia vinte anos. Muitos de seus combatentes não conheciam outra vida. Nunca haviam experimentado qualquer tipo de "normalidade" antes da guerra; a própria guerra era normal.

Isso significava que, quando chegou a hora de governar, eles não estavam apenas se acostumando à vida em tempos de paz e às responsabilidades do governo, mas também ao dia a dia da modernidade urbana. Talvez não seja de surpreender que isso tenha causado uma espécie de trauma. Os guerreiros pastorais que haviam passado a vida adulta em pequenas unidades com seus companheiros, se envolvendo em episódios ultraviolentos, de repente se viram como burocratas recém-formados com empregos administrativos.

Um analista de um *think tank* chamado Afghanistan Analysts Network entrevistou cinco desses combatentes do Talibã para tratar da transição e descobriu um tédio, uma inquietação e uma infelicidade endêmicos. Um combatente reclamou do crime e das multidões na cidade, bem como do estranho anonimato da vida urbana, onde "as pessoas vivem lado a lado, mas não interagem umas com as outras".[1]

Outro ex-combatente criticou o preço dos aluguéis, que o impedia de se mudar com sua família, bem como o congestionamento. A vida em sua nova função era sufocante, disse ele. "No grupo, podíamos decidir aonde ir, onde ficar e se queríamos participar da guerra. No entanto, hoje em dia, você precisa ir ao escritório antes das oito e ficar lá até as quatro da tarde. Se não for, é considerado ausente e [o pagamento daquele dia] é descontado de seu salário. Agora estamos acostumados com isso, mas foi bem difícil nos primeiros dois ou três meses." Além disso, ele não podia mais passar tempo com os amigos com quem antes passava todos os momentos do dia, que agora estavam espalhados pela cidade em diferentes postos. "Os que estão em Cabul, como eu, trabalham das oito da manhã às quatro da tarde. Portanto, na maior parte da semana, não temos tempo para nos encontrarmos."

Somente às sextas-feiras, o shabbat muçulmano, ele e seus amigos podiam se reunir em um parque público e se divertir como nos velhos tempos. Outro reclamou de forma semelhante sobre o trabalho incessante e monótono de sua nova vida como funcionário de um escritório. "Agora ficamos sentados em um único lugar, atrás de uma mesa e de um computador vinte e quatro horas por dia, sete dias por semana. A vida se tornou muito cansativa; você faz as mesmas coisas todo dia. Ficar longe da família só dobrou o problema."

E como esses combatentes que se tornaram funcionários lidam com o tédio induzido pela vida atual? Eles correm, é claro, em direção ao poço de atenção que é a internet moderna. "Às vezes sinto falta da vida na jihad por todas as coisas boas que ela tinha", disse Abdul Nafi, de 25 anos. "Em nosso ministério, tem pouco trabalho a fazer. Portanto, passo a maior parte do meu tempo no Twitter. Estamos conectados a wi-fi e internet de alta velocidade. Muitos *mujahedin*, inclusive eu, são viciados em internet, especialmente no Twitter."[2]

Eu ri ao ler isso porque me lembrei de um meme que vi recentemente. Nele, há uma foto de um homem em um escritório, em traje social, trabalhando desanimado em um computador, com a legenda: "Cansado de olhar para a TELA RUIM". Abaixo dessa imagem, há uma foto do mesmo homem com uma camiseta, sentado na cama, digitando alegremente em seu laptop: "Mal posso esperar para chegar em casa e ver uma TELA BOA". Acontece que a estressante atmosfera de atenção do local de trabalho moderno dá origem a um desejo de alívio saciado pelos mesmos dispositivos com os quais a prisão do tédio é construída. E os violentos jihadistas estavam agora vivendo entre telas boas e ruins.

"Não fomos feitos para viver assim", ouve-se com frequência as pessoas dizerem sobre todo e qualquer aspecto da vida moderna — cubículos iluminados com luz fluorescente, metrôs lotados, fast food em drive-thru — e, de certa forma, suponho que elas estejam certas, pois "feitos para" carrega um senso de propósito que é difícil de entender em um contexto secular. Para os fundamentalistas religiosos devotados, como o Talibã, no entanto, isso significa uma espécie de afastamento do propósito de Deus.

Os combatentes do Talibã estavam experimentando uma aceleração da alienação que vem com a modernidade, especialmente a variedade do século XXI. Depois de anos no deserto, de repente eles foram forçados a lidar com muitos aspectos da vida sob o capitalismo global do século XXI. Só que eles não estão realmente vivendo sob o capitalismo global do século XXI, mas sim sob uma junta religiosa sufocante da qual fazem parte! E mesmo assim, com isso, vêm o tédio, a monotonia e a alienação. Eles venceram a guerra apenas para se tornarem vítimas de um inimigo muito mais poderoso.

Acho que não é possível entender a era da atenção sem lidar com a experiência da alienação. Alienação é um termo escorregadio, em relação ao qual sempre fui um pouco cético. Nomeia algo ao mesmo tempo tão onipresente e amorfo que dá para começar a suspeitar que não está nomeando nada. Mas ao pensar sobre a experiência de vida na era da atenção, voltei várias vezes à alienação como a melhor descrição disponível para algo que não consigo nomear com exatidão, que diz respeito à sensação de estar vivo neste momento.

A essência da alienação é uma experiência subjetiva de algo que deveria ser parte de nós e que nos parece estranho ou alheio. É uma sensação de desintegração, o oposto da totalidade. Ela vai e vem, mas persiste, iminente e onipresente. A ideia é muito antiga. Pode-se dizer que o relato cristão do pecado original no Éden é uma teoria da alienação. O homem e a mulher foram criados inteiros e puros, separados de Deus e de seu espírito divino. Mas a tentação de Eva e o pecado original levam a um estado de divisão interna, o livre-arbítrio humano se volta contra o divino no momento que lança sua sombra sobre toda a vida humana por vir. De acordo com a teologia cristã, o destino inevitável de todos nós é o fato de termos nascido pecadores, alienados de Deus até que Jesus venha para nos curar.

Hegel invocou uma versão da alienação para discutir os obstáculos à verdadeira consciência, enquanto Rousseau apontou para um conceito semelhante para descrever a situação daqueles que eram tão vaidosos que estavam separados de si mesmos. Mas foi Marx quem primeiro elevou o conceito de *Entfremdung* a uma crítica sociológica do capitalismo. *Entfremdung* é um distanciamento, nesse caso de si mesmo, e para Marx foi a experiência definidora dos trabalhadores sob o capitalismo.

Imaginemos um artesão independente, por exemplo, um sapateiro, fazendo seu trabalho antes da industrialização. Ele tem sua loja e faz seus sapatos com cuidado e orgulho. Está presente em cada etapa do processo de pegar o couro cru e transformá-lo em um sapato. Também tem a satisfação de ter uma espécie de télos em seu trabalho; supervisiona um arco de progressão da matéria-prima ao produto acabado. No final, ele produziu um objeto que é de sua autoria. É dele. E então pode vendê-lo, recebendo dinheiro em troca do bem.

Agora compare essa experiência com a de alguém que trabalha em uma fábrica de calçados. O operário da fábrica não tem nenhum controle do processo pelo qual o sapato é feito. Ele aplica relativamente pouca técnica ou habilidade ao fazer o produto. Não pode controlar os desdobramentos e não tem um conjunto progressivo de tarefas que mudam com o tempo, à medida que o sapato passa de matéria-prima a produto acabado. Em vez disso, ele opera uma máquina que faz a mesma coisa — estampar uma palmilha, por exemplo — repetidamente, hora após hora, dia após dia, semana após semana. O que antes era do artesão — sua técnica e sua habilidade, seu objeto — agora é do capitalista. O trabalhador é um mero meio para atingir um fim. "Devido ao uso extensivo da maquinaria e à divisão do trabalho", escrevem Marx e Engels em

O Manifesto do Partido Comunista, "o trabalho dos proletários perdeu todo o seu caráter autônomo e, consequentemente, todo o encanto para o trabalhador. Ele torna-se um mero apêndice da máquina e exige-se dele apenas a habilidade mais simples, mais monótona e mais fácil de aprender."[3]

Para Marx, isso não é um acaso, mas todo o núcleo do capitalismo. A característica central desse sistema é o fato de que ele se torna cada vez melhor ao pegar cada tarefa de produção e reduzi-la a unidades simplificadas de trabalho. "À medida que a divisão do trabalho aumenta, o trabalho é simplificado", escreveu Marx em *Trabalho assalariado e capital*. "A habilidade especial do trabalhador se torna inútil. Ele se transforma em uma força produtiva simples e monótona que não precisa usar faculdades corporais ou intelectuais intensas. Seu trabalho se torna um trabalho que qualquer um pode realizar."[4]

O desenvolvimento do capitalismo industrial transforma o trabalho em uma mercadoria. O trabalho e a técnica do sapateiro artesanal podem variar de sapateiro para sapateiro, mas o objetivo da produção industrial eficiente é reduzir a variação desses fatores e tornar tudo idêntico. Coloque qualquer pessoa na linha de produção estampando solas e ela fará basicamente o mesmo que qualquer outro trabalhador da linha.

Esse processo de padronização é o que Marx chama de mercantilização do trabalho. Uma mercadoria é qualquer recurso que tenha o que os economistas chamam de "fungibilidade substancial", em que cada instância é indistinguível da outra. Cada barril de petróleo bruto é intercambiável com qualquer outro barril de petróleo bruto. O mesmo vale para cada tonelada de madeira ou quilograma de borracha.

Quando algo é transformado em commodity, libera seu potencial para ser negociado em mercados, para ser trocado e transferido, e servir como um instrumento econômico para alavancar apostas em movimentos futuros de preços. Mercantilizar algo é padronizá-lo, abstraí-lo e "desindividuá-lo".

É essa "desindividuação" e, de fato, desumanização que Marx identifica em sua teoria da alienação. Cada sapato feito por nosso sapateiro é distinto para ele, enquanto cada hora de trabalho na linha de montagem, estampando solas em sapatos, pode ser feita por qualquer um. O resultado de tudo isso em um nível psicológico subjetivo é, segundo Marx, a *alienação*. O artesão tem a propriedade do objeto que produz por meio de seu trabalho, mesmo que depois o venda. Seu esforço, sua habilidade e seu trabalho foram empregados no objeto e, no final do processo, ele é o proprietário. Então escolhe vendê-lo como parte de uma troca de mercado e, ao fazê-lo, transfere a propriedade do produto acabado para o cliente em troca de dinheiro. O trabalhador da linha de montagem, por outro lado, talvez nunca veja os sapatos acabados. Talvez ele mesmo jamais tenha um par. E tem pouco ou nenhum orgulho de fabricá-los. "O objeto que o trabalho produz — o produto do trabalho — o confronta como algo estranho, como um poder independente do produtor."

O trabalhador sob o capitalismo é assombrado por um sentimento subjetivo de alienação; aquilo que deveria ser dele, em vez disso, está fora dele, e sua própria humanidade, que deveria ser seu bem mais precioso, lhe é extraída à medida que ele "se vende aos poucos".[5]

Portanto, essa é a experiência subjetiva da alienação em Marx. Mas o teórico também postulou um tipo objetivo de alienação que correspondia à sensação sentida pelo proletariado recém-despojado. Marx diz que o processo de produção capitalista *de fato transfere* o valor do trabalho do funcionário para a posse do proprietário da fábrica. Não apenas o trabalhador da linha de montagem que labuta em uma repetição mental sente como se o produto que ele produz fosse estranho a ele, mas, em um sentido fundamental, ele de fato o é, objetivamente.

Ok, eu sei que isso é o básico de Marx para aqueles que estão familiarizados com sua obra; não estou reinventado a roda. Mas vale a pena estabelecer algumas das características mais marcantes do que ele chama de alienação porque várias delas são relevantes e, em alguns casos, quase diretamente análogas à experiência do que poderíamos chamar de capitalismo da atenção.

A economia da atenção moderna faz com a atenção algo bastante semelhante ao que o capitalismo industrial fez com o trabalho. O "trabalho", no sentido de mão de obra ou labuta, é anterior ao capitalismo. Os seres humanos têm se esforçado, tanto mental quanto fisicamente, em tarefas e projetos para produzir coisas de valor desde que o mundo é mundo. Caçamos, coletamos, cuidamos dos outros, cultivamos o solo, fazemos roupas e assim por diante. O trabalho assalariado, entretanto, é uma forma muito específica dessa atividade, com um conjunto totalmente novo de instituições e práticas que o produzem. É uma mercadoria que pode ser negociada, comprada e vendida.

O mesmo se aplica à atenção. Ela é tão antiga quanto a nossa espécie, e chamar a atenção dos outros para fins sociais é tão antigo quanto xamãs, poetas e conversas. Mas essa atenção agora é mercantilizada e pode ser negociada, comprada e vendida em leilões algorítmicos sofisticados e instantâneos que precificam os segundos do foco de nossos olhos. Isso é novo, transformador e alienante.

Não é preciso ser marxista (e não sou) nem mesmo de esquerda para reconhecer a utilidade dessa ideia. A transição do modo de produção do sapateiro em sua loja para o trabalhador na linha de montagem de sapatos representa uma ruptura profunda na experiência do trabalhador em relação ao mundo, ao seu espaço nele e até mesmo em relação ao próprio tempo.[6] O que é mais útil no relato de Marx para o que estamos discutindo aqui é como ele identifica a raiz da alienação em um conjunto de mudanças tecnológicas e econômicas que transformam totalmente a vida interior e a experiência do mundo.

O trabalho humano sempre existiu, mas o trabalho assalariado é uma criação do capitalismo industrial. A atenção humana sempre existiu, mas os "cliques", o "conteúdo", o "engajamento" e os "globos oculares" são criações do capitalismo da atenção. E ser reduzido a um salário ou a um globo ocular é encontrar-se alienado de alguma parte de si mesmo.

A indústria da atenção moderna é a culminação de um longo processo de comercialização da atenção. Em seu livro *The Attention Merchants* [Os mercadores da atenção], Tim Wu argumenta que as primeiras empresas de mídia a de fato empacotarem e venderem a atenção do público para os anunciantes foram os jornais baratos, começando com o *Sun*, publicado pela primeira vez na cidade de Nova York em 1833. Havia muitos jornais antes dele, mas cuja renda provinha principalmente das vendas da publicação.

Os jornais da época custavam cerca de seis centavos de dólar, mas o fundador do *The Sun*, Benjamin Day, teve uma ideia inovadora: cobrou apenas um centavo por seu jornal, perdendo dinheiro com cada exemplar, mas compensando com o alcance. Ele então monetizou esse alcance vendendo anúncios que prometiam um público leitor mais amplo — tanto em números quanto em penetração de classe — do que seus concorrentes. Sua meta era ambiciosa: "O objetivo deste jornal é apresentar ao público, a um preço acessível, TODAS AS NOTÍCIAS DO DIA e, ao mesmo tempo, oferecer um meio vantajoso para a publicidade".[7] E, como relata Tim Wu, a única maneira de cumprir essa meta era "apresentar histórias das quais ninguém conseguisse desviar o olhar".[8]

Todos os dias, o *Sun* trazia histórias de morte, caos, luxúria e traição. Day descobriu alguns dos primeiros truques de atenção, concentrando-se nos assuntos que hoje descreveríamos como *clickbait*. Tomando emprestada uma ideia dos jornais britânicos, ele contratou um homem para passar o dia inteiro no tribunal criminal e escrever o que via. As reportagens escabrosas se tornaram o carro-chefe do jornal. Em 21 de novembro de 1859, uma matéria de primeira página (com ilustração) detalhava um terrível assassinato a sangue-frio:

> Ele se ajoelhou diante de sua vítima prostrada e passou a mão sobre o corpo dela, procurando o ponto exato e mais fatal para golpear. Por um momento, a lâmina reluzente brilhou acima de sua cabeça e, em seguida, foi cravada no coração do ser que estava diante dele. Ouviu-se um som pesado e monótono, e o sangue quente jorrou no assassino, que retirou a faca do peito da vítima e a arremessou para longe na floresta.[9]

O que hoje consideramos notícias de "tabloides", pelo menos no contexto dos Estados Unidos, foi em grande parte invenção de Day.

A intenção do *Sun* era maximizar o alcance, mesmo ao custo da confiabilidade de seu produto. Afinal de contas, o produto *não era* realmente o jornal, mas sim o público, e Day precisava encontrar a maior audiência possível para que os cálculos de seu novo empreendimento dessem certo.

Ele também pegou emprestado dos britânicos um modelo de negócios que usava estímulos de atenção para vender o próprio jornal. Vendia o *The Sun* em grandes quantidades, com desconto, para os jornalistas que, então, obtinham um pequeno lucro com cada exemplar vendido. E assim nasceu o jornaleiro, que percorria as ruas gritando "EXTRA, EXTRA!".

Dá para ver como esse modelo, uma espécie de esquema de marketing multinível de atenção, criaria os incentivos que levariam os vendedores individuais a divulgar seus produtos aos gritos nas calçadas como sirenes de notícias.[10] E funcionou. A inovação de Day pegou e, ao longo do século XIX, transformou-se em um setor impresso voltado para a publicidade, que foi a base da primeira versão da mídia de massa. Na verdade, esse modelo básico — oferecer o produto ou cobrar um custo nominal e obter lucro vendendo o público para os anunciantes — tornou-se o modelo de negócios dominante para a maioria das mídias nos dois séculos seguintes: impressa, rádio, TV e redes sociais.

Havia, no entanto, uma questão amargamente contestada no centro desse modelo de negócios crescente e bem-sucedido baseado em publicidade: ele funcionava para os anunciantes que estavam comprando acesso ao público? Como seria possível saber quanta atenção você havia comprado?

Os primeiros anos do capitalismo industrial apresentaram um dilema paralelo para aqueles que compravam o trabalho assalariado dos trabalhadores: como ter certeza do que se está recebendo? Em pouco tempo, foram criadas várias inovações para medir e monitorar o trabalho dos trabalhadores, de modo que os patrões soubessem mais ou menos o que estavam recebendo. A produção doméstica — por exemplo, de têxteis — foi substituída por fábricas centralizadas, foram introduzidos turnos para dividir o tempo, e relógios de ponto e cartões de ponto foram usados para monitorar essas horas. As cotas de produtividade permitiram que os gerentes informassem aos proprietários com precisão a quantidade de trabalho que cada equipe estava produzindo. Não demorou muito para que os chefes resolvessem em grande parte o problema de como saber quanto trabalho estava sendo feito.[11]

Isso não aconteceu com a atenção. No decorrer do século XIX, à medida que o setor de jornais e revistas se desenvolvia e se tornava o principal impulsionador da cultura de massa e da captação de atenção, havia um conflito entre editores e anunciantes quanto a como medir e verificar a atenção do público. Se o produto que estava sendo vendido era a atenção do público, tratava-se de fato de um produto estranho. É possível inspecionar um carregamento de petróleo bruto e até mesmo mergulhar o dedo no próprio produto, mas não há como fazer o mesmo com a atenção do público. Você não pode estar presente no momento em que alguém vê seu anúncio. Ou talvez ele nem seja visto, pois muitos que recebem a revista não a leem de fato. Ou talvez estejam distraídos no exato momento em que o anúncio passa por seu campo visual, ou pode ser que o jornal nunca chegue às mãos deles e vá direto para o lixo, embora seja contabilizado nas estatísticas de circulação.

Há um velho clichê em marketing, provavelmente uma citação apócrifa, atribuída a diferentes industriais do século XIX, que diz: "Metade dos meus gastos com publicidade é desperdiçada; o problema é que não sei qual metade". A citação captura duas fontes duradouras de incerteza nos mercados de atenção. Uma delas é a questão mais artística do que científica de quais mensagens funcionam para persuadir as pessoas cuja atenção você captou a comprar seu produto. Mas a outra fonte de incerteza é a questão mais fundamental que vem à tona repetidas vezes durante o crescimento e o desenvolvimento dos mercados de atenção: a simples questão de saber se a atenção que os anunciantes estão comprando está realmente lá, conectada a um ser humano.

Isso tem atormentado o setor de atenção durante toda a sua existência. Os índices de audiências da Nielsen começaram na década de 1930 como um meio de medir o público do rádio.[12] Diários eram emitidos para uma lista de pessoas, que registravam o que ouviam. Na década de 1950, a Nielsen adaptou esse método para a TV, com telespectadores selecionados escrevendo diários sobre o que assistiam.[13] Mas quem poderia dizer quão precisos eram esses diários? A memória humana é uma bagunça. Em 1987, a Nielsen substituiu os diários por dispositivos de medição conectados às TVs reais de sua amostra de público.[14] (Hoje, cerca de 100 mil pessoas.) A medição direta é obviamente um grande avanço em relação aos diários escritos, mas ainda há uma grande margem para erros. O fato de a TV estar ligada e sintonizada em determinado canal em determinado horário não significa que tenha alguém na sala assistindo — ou, se tiver, não significa que esteja prestando atenção.

A Nielsen se transformou em um monopólio, o que faz certo sentido: o setor precisava de uma única forma de medição. Mas, por trás da cortina de seu domínio do setor de índices de audiências, ela empregava todos os tipos de algoritmos e métodos estatísticos que nem os anunciantes, nem as redes podiam ver. E, ao longo de sua história, a Nielsen teve uma série interminável de batalhas com anunciantes e redes de TV quanto à precisão de seus índices. Em 2021, para dar um exemplo recente, um grupo comercial do setor de

TV tomou a notável medida de suspender o credenciamento dos números da Nielsen porque disse ter evidências de que a empresa havia subestimado significativamente a audiência televisiva durante a pandemia.[15] Outro grupo do setor apresentou queixas semelhantes e exigiu da Ernst & Young uma auditoria independente dos dados da Nielsen.[16] E, em 2022, um grupo de redes processou a Nielsen por não contar com precisão sua audiência.[17] Em outras palavras, mesmo duas décadas depois do início do século XXI, ainda não há uma resposta definitiva para a simples pergunta: os índices da Nielsen são precisos?

Seria de pensar que a tecnologia digital moderna resolveu de uma vez por todas esse problema. Quem está pagando por anúncios deve saber exatamente quantas pessoas de fato os veem e quantas clicam neles. E é verdade que a tecnologia ajuda a resolver o problema. Quase toda a internet, como a conhecemos, foi construída com base na "tecnologia de anúncios", o enorme e complicado mercado de atenção digital que se desenvolveu nas últimas décadas e é a conclusão lógica da mercantilização da atenção. Ele é maior e mais rápido do que a Nielsen ou outras formas de medição e vendas de audiência, e rastreia frações cada vez menores de atenção do que qualquer versão anterior desses mercados — qual banner de anúncio você vê é leiloado em décimos de segundo quando carrega uma página da web. Como observa Tim Hwang, um filósofo da tecnologia que trabalhou em diversos lugares, desde o Google até o Substack e Harvard:

> As gerações anteriores de anunciantes compravam e vendiam atenção, mas nunca na velocidade, na escala e no nível de granularidade característicos dos mercados de publicidade programática atuais. O que é diferente no atual sistema de publicidade on-line é a extensão em que ele permitiu o agrupamento de uma infinidade de pequenos momentos de atenção em ativos discretos e líquidos que podem ser comprados e vendidos sem atrito em um mercado global.[18]

Mas se você analisar a superfície do setor global multibilionário de tecnologia de anúncios, que é o motor financeiro de toda a internet moderna, verá que muitas das mesmas questões e dos mesmos problemas que perseguem o setor desde sua criação ainda estão presentes. De fato, argumenta

Hwang, todo o mercado de tecnologia de anúncios tem semelhanças perigosas com o mercado imobiliário dos Estados Unidos logo antes da grande crise financeira de 2008.

O problema da crise de 2008 foi o enorme crescimento dos empréstimos *subprime*, que foram fatiados e divididos em títulos que os bancos e os investidores trataram como sólidos, mas não eram. A mercantilização e a engenharia tornaram-se tão abstratas que os mercados não sabiam mais o que estavam negociando. Construíram edifícios inteiros em cima de uma coisa que pensavam ser uma rocha sólida, mas que acabou se revelando areia movediça.

Hwang argumenta que algo semelhante está acontecendo com o que ele chama de "atenção *subprime*". A mercantilização da atenção se tornou muito difundida e os mercados que a compram e vendem, por meio de transações computadorizadas cada vez mais complexas e opacas, se desvincularam da atenção real de seres humanos reais que, supõe-se, está sendo comprada e vendida. Isso, assim como ocorreu no mercado imobiliário, abriu enormes oportunidades para burlar o sistema. É bastante notório que a Meta — que, junto com o Google, é metade do duopólio de tecnologia de publicidade que captura aproximadamente metade de toda a receita de publicidade na internet — foi flagrada repetidas vezes exagerando suas próprias métricas de medição de atenção para os anunciantes. A famosa "mudança para vídeo" do Facebook (agora do Meta) acabou sendo um enorme fiasco. De acordo com uma investigação independente, os minutos reais que os usuários gastaram em vídeos alcançaram apenas um quinto do que o Facebook alegou aos editores.[19] (O Facebook negou isso, mas acabou aceitando um acordo numa ação judicial sobre a alegação.)

Para deixar claro, esse não é um problema apenas do Facebook. As evidências sugerem que uma enorme parte da atenção comprada e vendida na internet está sendo consumida por *bots* ou outros programas projetados para manipular esses mesmos mercados e métricas. Um estudo de 2018 da Adobe determinou que quase 30% de todo o tráfego da web apresentava o que chamou de "fortes sinais não humanos".[20] Como observa Hwang, é um grau surpreendente de fraude a ser tolerado. "Imagine um supermercado com o nível de fraude de inventário que existe no mercado programático. Em alguns corredores, um em cada cinco produtos nas prateleiras é falso: você voltaria para casa e descobriria que as caixas estão vazias."[21]

Mas digamos que não haja fraude e que não haja globos oculares de robôs fantasmas acumulando visualizações. Digamos que cada visualização ou clique esteja associado a um ser humano real prestando atenção no item em questão. Na medida em que a atenção digital é mercantilizada, ela é padronizada e medida, e não há espaço para variação nas medidas qualitativas. Este é o *objetivo* da mercantilização: substituir os julgamentos qualitativos por julgamentos quantitativos. Cada barriga de porco, onça de ouro e barril de petróleo bruto é igual a todos os outros. Mas será que cada dez segundos gastos olhando para uma tela são iguais a todos os outros dez segundos olhando para uma tela? Parece... improvável. Se pensarmos sobre isso por mais de alguns segundos, com certeza vai parecer falso. Há a rolagem sem sentido e em transe que você faz no TikTok ou nos *stories* do Instagram, e, por outro lado, há o foco intenso e obsessivo que você aplica, por exemplo, a um vídeo do seu filho de oito anos fazendo uma jogada na partida de basquete ou aos últimos segundos do final de um programa que você adora.

As diferenças na qualidade da atenção não passaram despercebidas nem pelos vendedores, nem pelos compradores de atenção ao longo dos anos. Ainda hoje, as taxas de publicidade diferenciadas na TV têm algo a ver com julgamentos sobre a qualidade da atenção dada a determinado programa. Ele pode oferecer em troca o fato de ser popular, e isso lhe permitiria cobrar uma taxa *premium*.

Dito isso, a maior parte da segmentação e dos preços diferenciados no mercado de tecnologia de publicidade contemporâneo tem a ver com a atenção *de quem* está sendo comprada — os jovens, os ricos e assim por diante — em oposição à qualidade da atenção que está sendo capturada. Para que a lógica da mercantilização se mantenha e a mecânica de mercado que ela cria funcione, a intercambialidade da atenção não é negociável. Assim, o conceito de grande parte do universo da tecnologia de publicidade, a infraestrutura tecnológica baseada no mercado que sustenta uma enorme parte da internet, é que cada segundo da atenção dos olhos de alguém é igual a cada segundo da atenção dos olhos de outra pessoa. Tudo isso é uma mercadoria que pode ser embalada e vendida em leilões de nanossegundos para anunciantes que desejam sua atenção.

Agora chegamos à fonte da experiência de alienação da era da atenção. Nossa atenção foi mercantilizada em pequenos fragmentos de tempo e vendida em leilão. Algumas das empresas mais ricas do mundo empregam os melhores engenheiros do mundo na tarefa de obter o máximo possível dessa mercadoria para poder vendê-la. O que significa a própria substância de nossa consciência, o lugar onde nossa mente descansa, ser embalada e vendida como se fosse intercambiável com a atenção de todos os outros? Como é que se chamaria uma commodity dessas?

Em sua excelente história do processo de mercantilização da atenção, a historiadora econômica Zoe Sherman descreve a atenção como uma "commodity fictícia", usando um termo cunhado pelo economista Karl Polanyi. As commodities, diz Polanyi, são "objetos produzidos para venda no mercado".[22] Mas as commodities fictícias (trabalho, por exemplo) são negociadas e precificadas *como* commodities em uma economia de mercado, embora não sejam produzidas *para* o mercado como tal. Nossa atenção e nosso trabalho, ambos mais antigos que qualquer instituição de mercado, foram transformados em mercadorias que podem ser compradas, vendidas e negociadas.

Embora sempre haja algum processo pelo qual as mercadorias se tornam comercializáveis — o petróleo precisa ser extraído do solo antes de ser despejado em um barril —, Polanyi argumenta que o processo para mercadorias fictícias envolve necessariamente um tipo de transformação da sociedade como um todo. Para transformar o trabalho em uma mercadoria, é preciso reordenar a sociedade, criar novos regimes legais, tecnológicos e institucionais que transformem o esforço humano em uma unidade mensurável com um preço.

E por maior que seja essa transformação, observa Polanyi, ela nunca poderá ser total. Não conseguimos transformar *por completo* algo tão humano em sua essência como "o trabalho do nosso corpo e cérebro" em uma mercadoria sem basicamente destruir a própria humanidade. "Permitir que o mecanismo de mercado seja o único fator decisivo do destino dos seres humanos e de seu ambiente natural [...] resultaria no esfacelamento da sociedade", escreve ele.

> Pois a suposta commodity "mão de obra" não pode ser empurrada, usada indiscriminadamente ou mesmo inutilizada sem afetar também o indivíduo humano que por acaso é o portador dessa commodity peculiar. Ao se

> desfazer da força de trabalho de um homem, o sistema estaria se desfazendo da entidade física, psicológica e moral "homem" ligada a essa etiqueta.[23]

É exatamente assim que me sinto com relação à mercantilização da atenção. Claro, nossos globos oculares, alguns momentos fugazes de nosso foco em um anúncio de carro, são uma mercadoria, precificada em um mercado em que vários atores negociam o preço enquanto compram e vendem. Mas na era da atenção, em que essa mercantilização se torna cada vez mais totalizante, em que a captura de nossa atenção se aproxima da desumanização, corremos o risco de nos desfazermos totalmente da "entidade física, psicológica e moral" de nosso próprio eu. Simplesmente não há como separar a atenção como um bem de mercado de nossa experiência subjetiva como a característica constitutiva de nossa vida consciente, o que significa ser um "eu" dentro de um corpo humano movendo-se pelo mundo.[24]

O conceito de "commodity fictícia" é útil para entender por que a era da atenção é tão alienante. Porque é evidente que nossa atenção é valiosa em termos de mercado. Claramente, ela tem um preço, definido em um mercado desenvolvido e sofisticado entre compradores e vendedores de atenção. Mas esse fato econômico nunca pode ser desvinculado por inteiro de uma verdade mais profunda do que é essa commodity fictícia fora de sua função econômica. Assim como o nosso trabalho, ela permanecerá para sempre como algo irredutivelmente diferente para *nós* do que para um participante do mercado que a está comprando a determinado preço.

Trabalho e atenção. Ambos estão presentes onde quer que os seres humanos estejam, ambos devem ser utilizados e direcionados para qualquer projeto social ou civilizacional. Ambos se tornaram mercadorias no atual estágio do capitalismo, com algumas consequências e implicações estranhas.

A experiência definitiva da era da atenção é um tipo específico de alienação. É a sensação de que nossa própria vida interior, a direção de nossos pensamentos, está sendo guiada contra nossa vontade. Isso se deve à sofisticação dos mercados de atenção, que descobriram maneiras de extrair e mercantilizar cada vez mais nossa atenção, de forma cada vez mais eficiente. Mas ela não é como outras commodities, é uma commodity fictícia: um bem de mercado com um preço, mas também algo inseparável de nossa própria humanidade. A alienação que sentimos nasce da tensão entre a atenção como uma commodity de mercado e a atenção como a substância de nossas vidas.

Mesmo como uma commodity de mercado, a atenção se comporta de forma estranha. Em um mercado funcional e líquido, se a demanda, por exemplo, por amêndoas aumentar e a oferta permanecer fixa, os preços aumentarão. Então, com o aumento dos preços, os agricultores são incentivados a começar a cultivar mais amêndoas, trocando suas culturas menos lucrativas para a amêndoa, que é mais lucrativa. E à medida que mais agricultores cultivam mais amêndoas, isso aumenta a oferta e faz com que o preço volte a cair. O mesmo acontece com uma commodity industrial como o lítio. Como a demanda por lítio disparou por causa da produção em massa de baterias elétricas, os investidores correram para investir nas operações de mineração de lítio a fim de aumentar a oferta.

Quando passamos das commodities tradicionais para as commodities fictícias, as coisas ficam um pouco mais complexas, embora a estrutura básica ainda se aplique. Veja o caso da mão de obra. Quando a oferta de mão de obra é limitada e a demanda aumenta, o preço da mão de obra — os salários — também aumenta. Quando isso acontece, normalmente vemos pessoas que antes estavam fora do mercado de trabalho (pois optaram por não trabalhar, ficar em casa) voltarem a ele, induzidas pelo salário mais alto, aumentando assim a oferta.

Mas e quanto à atenção? Obviamente, nenhum fazendeiro pode cultivar globos oculares para assistirem às telas, tampouco há jazidas de atenção humana no solo. Há um determinado número de humanos, com um determinado número de horas de vigília e uma quantidade fixa de atenção a ser capturada. Quando os capitalistas da atenção querem aumentar a oferta, eles não têm meios de criá-la; em vez disso, precisam encontrar novas maneiras de tirá-la de nós.

E eles bem que tentam. Nos últimos quinze anos, especialmente desde o advento do smartphone, aqueles que querem extrair e vender nossa atenção têm trabalhado sem descanso para aumentar a oferta da commodity. O primeiro e mais importante jeito de fazer isso foi ampliar maciçamente o tempo em que nossa atenção poderia ser capturada, o que é, acima de tudo, o que o smartphone fez. O celular nos acompanha a todo momento. Ao contrário do rádio do carro, da TV ou de um outdoor fixo, o telefone está sempre conosco, teoricamente expandindo a oferta de segundos de atenção para todos os momentos em que estamos acordados. (Jornais e revistas costumavam ter essa vantagem da portabilidade em relação à TV e aos filmes, mas os telefones os fizeram comer poeira.)

Agora, após um investimento estimado em 20 bilhões de dólares, a Apple lançou o fone de ouvido Vision Pro, uma tentativa de expandir ainda mais a oferta de atenção. Em vez de exigir que você olhe para o celular, o conceito do Vision Pro, que permite que você veja o mundo à sua frente misturado com aplicativos, é tornar o universo atencional da Apple seu estado de repouso padrão, no qual sua atenção está nas mãos da empresa o tempo todo. Grande parte da repulsa inicial que as pessoas sentiram em relação ao produto foi uma reação ao caráter alienante dessa ambição.

Smartphones e fones de ouvido imersivos representam uma maneira de aumentar a oferta de atenção, ou seja, expandir o potencial total de horas de vigília em que a atenção pode ser extraída. Observe que digo "horas de vigília" porque há outra fronteira para expandir o suprimento de atenção, nosso sono. Qualquer um que já tenha ficado acordado até mais tarde do que desejava navegando pelo celular na cama sabe como os mineradores de atenção têm sido bem-sucedidos em expropriar nosso sono. Em um estudo recente, 93% dos indivíduos da geração Z disseram que ficavam acordados depois da hora de dormir navegando nas redes sociais.[25]

Além de tentar maximizar o número de minutos do dia em que consegue captar a atenção de uma pessoa, você também pode tentar expandir o universo de pessoas cuja atenção você consegue captar. Nos primeiros quinze anos de existência dos smartphones, o crescimento foi rápido. Em 2011, apenas quatro anos após o lançamento do iPhone, 35% dos americanos tinham um smartphone. Uma década depois, esse número saltou para 85%. Mas agora o crescimento se estabilizou.[26] Embora a adoção de smartphones ainda esteja crescendo em todo o mundo, nos mercados maduros ela atingiu seu limite, o que significa que nesses mercados (como os Estados Unidos) simplesmente não tem como criar um suprimento de novos minutos de atenção colocando os smartphones nas mãos daqueles que os querem, mas não os têm.

Outra forma de buscar mais suprimento de atenção é expandir o universo de pessoas das quais se pode extrair atenção, e isso inclui crianças bem pequenas, até mesmo bebês. Qualquer pai ou mãe que tenha sido assombrado pelos sons do CoComelon sabe que há uma infinidade de conteúdo, principalmente no YouTube, para bebês e crianças pequenas.[27] O canal CoComelon no YouTube tem quase 180 milhões de inscritos e 182 bilhões de visualizações.[28]

Em determinado momento, porém, você se depara com os limites da oferta. Isso é particularmente verdadeiro se o público que você está tentando captar tiver determinadas características demográficas — adultos de alta renda nos Estados Unidos, por exemplo. É difícil gerar mais pessoas assim, e todas elas já têm smartphones. Portanto, se a oferta for basicamente fixa, quanto mais atores entrarem no mercado para obter sua atenção, mais competitivo esse mercado se tornará. A maneira de aumentar sua parcela de atenção não é aumentar o bolo, mas sim tirar fatias cada vez maiores de outros que estão tentando fazer o mesmo.

Quanto à mercantilização da atenção, o fato é que a demanda sempre cresce, que diferentes entidades encontram novas maneiras de atrair a atenção e vender essa atenção aos anunciantes, mas sempre há uma consequência perversa para a proliferação das vendas da atenção do público: no conjunto, o crescimento da concorrência na publicidade torna cada anúncio menos valioso.

Isso é bastante intuitivo. Se você dirigisse por uma ilha deserta durante o dia todo, sem nenhum sinal de comércio em lugar algum, e depois encontrasse um único e enorme outdoor da Lexus, ele (a) certamente chamaria sua atenção e (b) ficaria na sua memória. Agora compare essa experiência com a de ver exatamente o mesmo outdoor, do mesmo tamanho, na Times Square. É provável que você nem percebesse.

Um mercado que funciona bem deveria, considerando as condições normais, melhorar com o aumento da concorrência. Se houver alguém em uma cidade pequena vendendo sapatos malfeitos e a preços abusivos, a vinda de uma segunda loja de sapatos com preços mais baixos e produtos melhores deve ter um efeito líquido positivo para os consumidores. Para reter os clientes, o sapateiro estabelecido agora precisa aumentar a qualidade, reduzir o preço ou as duas coisas.

Essa é a lógica básica da concorrência de mercado, que, em teoria e com frequência suficiente na prática, produz bens e serviços melhores e mais baratos para os clientes. Mas quando a competição é por atenção, os resultados são estranhos, às vezes perversos e muitas vezes alienantes.

Durante a criação do capitalismo industrial, quando Marx estava escrevendo sua teoria do valor do trabalho, os trabalhadores eram perseguidos por um paradoxo. Seu trabalho era a coisa mais valiosa que eles tinham no mercado e, no entanto, seu preço de mercado era ridículo. Embora o sistema do capitalismo industrial dependesse inteiramente do trabalho em massa, a participação individual de cada trabalhador nesse valor era minúscula. O trabalho era, ao mesmo tempo, uma fonte de enorme valor e algo quase sem valor nenhum.

A atenção tem algumas características muito semelhantes. Do ponto de vista do preço, os mercados de atenção seguiram a trajetória que se poderia esperar. À medida que a coleta de atenção cresce em escala e eficiência, o preço de cada globo ocular diminui. Agora é possível alcançar muito mais pessoas a um preço menor do que há cem anos. Mas, assim como o trabalhador que vê seu corpo moído em uma linha de montagem em troca de uma ninharia, a coisa que está sendo barateada em um sentido de mercado não é um *widget*, ou petróleo, ou milho, é a coisa mais preciosa para nós: aquilo sobre o que nossa mente repousa, o que ela considera e para onde vai, como falamos com nós mesmos e quais objetos captamos à luz da consciência. Com o tempo, a lógica mercantilizada do mercado da atenção faz com que o preço desse recurso caia, ou seja, a própria substância de nossa vida é barateada.

Mesmo que seu negócio seja colher, vender ou comprar a atenção das pessoas (e cada vez mais gente está fazendo isso hoje em dia), sua principal relação com a atenção é a sua própria. Você vive dentro de sua própria mente em tempo integral e, portanto, quaisquer que sejam os efeitos econômicos da competição pela atenção, a principal experiência dela é o que faz conosco e com nossos sentidos. E desde os primórdios dos mercados de atenção, as pessoas entenderam que eles têm a tendência de nivelar por baixo.

Acho que a maioria das pessoas, se pensar um pouco, entende isso intuitivamente. Se você imaginar um espaço onde há uma batalha hobbesiana por sua atenção, o que lhe vem à mente? Lugares como a Times Square, um cassino ou um parque de diversões. Quando a competição pela atenção é mais acirrada, em meio a um vale-tudo não regulamentado, você tende a ter uma sobrecarga sensorial. Todos estão usando os mesmos truques para invadir nossos sentidos e chamar a atenção — ruídos altos, luzes piscantes, cores brilhantes.

Esses tipos de ambientes têm seus encantos, com certeza, mas apenas em doses homeopáticas. Ninguém quer que todo o seu campo visual seja transformado em um cassino o tempo todo. É o que os mercados competitivos de atenção estão constantemente ameaçando fazer. E na história da economia da atenção, esse problema de nivelar por baixo tem sido um tema recorrente.

Em Paris, na virada do século XX, artistas comerciais começaram a fixar pôsteres pela cidade anunciando locais e shows e coisas do gênero. Isso foi tão eficaz que logo os cartazes estavam cobrindo todas as superfícies da cidade, o que levou a um esforço conjunto dos parisienses para regulamentar e controlar o que havia se tornado uma forma de poluição visual.[29]

Tenho muita experiência com essa dinâmica do ponto de vista de alguém cujo trabalho é manter a atenção das pessoas. Como já observei antes, a pergunta "Em que os humanos prestam atenção?" tem infinitas respostas. É um mistério constante com respostas com frequência surpreendentes, chocantes e deliciosas. Mas quando você está do lado errado dessa pergunta — quando a resposta não é, bem, você —, começa a se sentir desesperado e vacilante.

Em meu ramo de trabalho, temos uma única métrica que é a mais importante: os índices de audiência. Esses índices são enviados para toda a empresa todos os dias mais ou menos no mesmo horário, às 16h15. Em casa, nós as chamamos de "os números", tipo "Como foram os números no bloco A?".

Ou: "Puxa vida, você viu os números ontem à noite?". Os números são o que determinam o sucesso no noticiário. Durante a maior parte do meu tempo no ar, os números eram apresentados em uma planilha com linhas amarelas e brancas. A planilha mostrava os números em incrementos dc quinze minutos para o dia inteiro na MSNBC, na CNN e na Fox. Esses números mostram tanto o total de telespectadores quanto a subseção de telespectadores com idade entre 25 e 54 anos, que são os que mais interessam aos anunciantes.

É como receber uma nota todos os dias, mas uma nota que fica colada na sua testa enquanto você anda pela escola. Todos veem os números e sabem quem está indo bem e quem está indo mal. Quando comecei meu programa das oito da noite, na primavera de 2013, os índices eram ruins. O mais importante era que nossos números estavam caindo em relação à hora anterior e subindo quando Rachel Maddow entrava no ar. Isso é chamado de "rede" por causa da forma como afunda, e salta aos olhos de todos como um sinal de angústia.

A maioria das pessoas que assiste ao meu programa (e todas as que a Nielsen está medindo) está sentada com um controle remoto no sofá e pode clicar a qualquer momento. Sempre que assisto à TV linear, minha mente agitada e inquieta, condicionada pelo constante estado de estímulo, procura o controle remoto ou o telefone no momento em que os comerciais começam. E, de fato, um estudo descobriu que dois terços dos telespectadores pegam o celular durante um intervalo comercial.[30] Em termos reais, isso significa que você está sempre apenas a um segundo de perder as pessoas. A atenção delas sempre pode se desviar.

Além disso, em algum momento me dei conta — provavelmente enquanto eu mesmo estava sentado no meu sofá, assistindo à TV em um projetor, com um jogo de basquete no meu laptop e navegando pelo Twitter — de que, quando faço meu trabalho todo dia às oito da noite, minha concorrência não são apenas duas outras redes de notícias. Esses são os pontos de referência com os quais nos comparamos, as outras colunas da planilha de índices de audiência que é enviada por e-mail para toda a empresa todos os dias. Mas é enganoso, porque cada vez mais, ao longo do tempo em que estou no ar, meus concorrentes não são apenas os outros programas de notícias que estão no ar naquele horário, mas literalmente todo e qualquer conteúdo disponível em qualquer mídia: todos os filmes já feitos, todos os programas de TV já criados, todos os vídeos no TikTok ou no Instagram, todos os aplicativos e games disponíveis.

A maioria das reportagens pelas quais as pessoas criticam os noticiários — o desaparecimento de uma jovem branca padrão, ou um avião desaparecido, ou uma filmagem ao vivo de um pódio vazio aguardando o candidato Trump — é produto de intensas pressões competitivas e do desejo de atrair e prender a atenção do público. Essa é uma explicação para essas escolhas editoriais, não uma justificativa.

Mas, falando por experiência própria, posso dizer que os momentos em que senti a concorrência de forma mais intensa foram aqueles em que provavelmente fiz meu pior trabalho. Quando você está mais preocupado em perder a atenção, fica sedento e desesperado por ela, tenta agarrar os espectadores pelo colarinho. Ouça isto! Isto é uma notícia importante! Você tenta incrementar cada palavra do roteiro — tornar as coisas maiores, mais aterrorizantes, mais surpreendentes — e acaba com matérias de valor editorial talvez duvidoso, porque a corrida desesperada por números se sobrepõe a todos os outros julgamentos e preocupações.

A mentalidade de rebanho da cobertura noticiosa em geral é impulsionada por essa mesma pressão competitiva. A princípio, pode parecer contraintuitivo — seria de pensar que, em ambientes competitivos, os diferentes meios de comunicação procurariam se distinguir e se diferenciar um do outro, em vez de se imitarem. Mas as coisas acabam não funcionando dessa forma. Quando uma emissora encontra um assunto que as pessoas querem ver, tende a continuar com ele até que os telespectadores se cansem. Esse sinal em meio ao ruído é a principal razão pela qual você vê na cobertura o intenso agrupamento que passamos a chamar de ciclo de notícias, processo pelo qual uma reportagem se torna o foco de toda a mídia e depois desaparece tão rápido quanto surgiu.

Em 2014, havia pouquíssimas notícias que faziam aumentar, de forma confiável, o índice de audiência dos noticiários. Estávamos em uma grave queda. E então, em março daquele ano, um voo da Malaysian Airlines de Kuala Lumpur para Pequim desapareceu no mar do Sul da China. Ninguém tinha ideia do que havia acontecido com o avião, tampouco tinham encontrado os destroços. O avião tinha desaparecido.

A absoluta falta de informações sobre o que havia acontecido transformou o avião desaparecido em uma sensação de audiência. Os números da Nielsen são uma medida pouco precisa, mas é possível ver com clareza quando algo está estourando, e todos os noticiários viram que o avião chamou e prendeu a atenção do público. E, de alguma forma, manteve a atenção por semanas. Meu filho nasceu vinte dias após o desaparecimento da aeronave, e eu tirei licença-paternidade por duas semanas, voltei e os noticiários ainda estavam falando sobre o assunto.

Em determinado momento, a cobertura passou a ser um absurdo. Não havia muito a dizer sobre o avião desaparecido. Ele havia sumido e não sabíamos onde estava. Um mistério a ser resolvido, com certeza, uma imensa tragédia para as famílias dos passageiros e, sem dúvida, uma notícia fascinante. Mas, objetivamente, não valia a pena a extensa cobertura que estávamos dando. Nas redes sociais, as pessoas começaram a se rebelar: "Não acredito que vocês estão falando do avião de novo!". A cobertura em si se tornou uma fonte de zombaria, sátira, piadas e contra-argumentos, criando novos ecossistemas de atenção, todos gerados a partir do avião desaparecido.

Essa dinâmica de pessoas assistindo à cobertura e reclamando que é excessiva seria um aspecto característico dos anos Trump, um tipo específico de experiência alienante em que o público se rebelou contra os meios de comunicação que estavam lhes dando o que, de acordo com os números, eles estavam exigindo.

Porque o que chama a nossa atenção — as sirenes, o canto das sereias — e o que nós, como criaturas conscientes, realmente queremos ver ou a que queremos dedicar nosso tempo estão sempre em guerra. A concorrência incentiva aqueles no negócio da atenção a encontrar maneiras engenhosas de arrancar a cera de nossos ouvidos e nos soltar do mastro.

Basta ver a Fox News. Ela está no ar desde 1996 e, durante quase toda a sua existência, tem sido a líder incontestável de audiência no noticiário da televisão a cabo.[31] A razão disso tem menos a ver com qualidade e mais com sua posição no mercado. Em um país com dezenas de milhões de conservadores, muitos dos quais desconfiam cada vez mais e passam longe da grande maioria da chamada mídia convencional (vista pelos conservadores como a "mídia esquerdista"), a Fox tem uma espécie de monopólio. Esse monopólio é extremamente lucrativo, embora a emissora não o considere garantido. Apesar de não ter enfrentado concorrência real por seu público durante décadas, a cultura da rede era obcecada por índices de audiência.

Tão obcecada que os analistas de índices de audiência se tornaram peças-chave na programação, participando de chamadas editoriais e fazendo sugestões de agendamento e cobertura. A emissora estava convencida de que tinha uma vantagem à la *O homem que mudou o jogo* na programação, como a geração de nerds das estatísticas de beisebol que revolucionou o jogo usando cálculos avançados para ver as vantagens que outros não haviam percebido. Os analistas de índices de audiências davam feedback sobre quais convidados eram mais bem avaliados do que outros, bem como sobre os assuntos do segmento. (Isso não acontece de forma alguma em minha experiência na MSNBC.)[32]

Tudo isso estava funcionando muito bem até Donald Trump perder a eleição de 2020. Na noite da eleição, a Mesa de Decisões da Fox, uma pequena unidade dentro da redação isolada desses mesmos cálculos de índices de audiências, deu corretamente o estado do Arizona para Biden antes dos outros concorrentes. Isso enfureceu o público da Fox, que não queria aceitar que Trump havia perdido. Nas primeiras semanas após a eleição, a emissora, pela primeira vez, começou a perder espectadores para os concorrentes novatos de direita Newsmax e One America News, chegando a perder uma hora inteira nos índices de audiência para a Newsmax em 7 de dezembro de 2020.[33]

Esse tipo de perda não tinha precedentes para a Fox. As pessoas dentro do noticiário da televisão a cabo observavam os índices de audiência diários com choque e *Schadenfreude*. Os telespectadores estavam desviando sua atenção e, de repente, a Fox enfrentou, pela primeira vez, uma concorrência genuína pela atenção de seus telespectadores.

As pessoas dentro da Fox entraram em pânico. E-mails e mensagens produzidos durante um processo de difamação movido pela Dominion, fabricante de urnas eletrônicas (que a Fox acabou resolvendo por 787 milhões de dólares), revelam que apresentadores, produtores e executivos estavam apavorados com a perda de telespectadores para a concorrência, e pretendiam fazer o que fosse preciso para recuperá-los. E a resposta para isso era óbvia: eles precisavam dizer aos telespectadores a mesma coisa que os concorrentes — que a eleição havia sido fraudada e que havia ocorrido o maior crime da história da democracia americana.[34] Era uma estratégia consciente. Uma semana após a eleição, quando os índices de audiência da emissora estavam despencando, Sean Hannity enviou uma nota irritada aos seus produtores. "A diferença entre os índices de audiência de terça e quarta é que não tivemos nada de novo e, na minha opinião, fomos menos contundentes", disse ele, apontando para uma queda entre os dias sucessivos. E então sugeriu a solução: "Precisamos dar a matéria da Dominion".[35]

Em muitos casos, talvez na maioria deles, uma mentira atrai mais a atenção do que a verdade, e é por isso que os mercados competitivos de atenção no contexto das notícias sempre ultrapassam os limites da verdade. Pense na fila do caixa do supermercado ou nas bancas de jornal na Inglaterra, espaços visuais intensamente competitivos, onde a publicação que mais chamar a sua atenção naquele momento pode inspirar uma compra. Essas capas são as mais escabrosas e factualmente duvidosas.

Esse fenômeno é tão antigo quanto os próprios mercados de atenção competitiva. Em 1835, o *Sun*, voraz por novos leitores para sustentar suas vendas de publicidade, publicou uma série bombástica de seis matérias de capa sobre a vida na Lua.[36] Alegando serem extraídos de um jornal científico escocês sobre um poderoso telescópio na África do Sul que conseguia ver a vida na Lua, os relatos detalhados de uma vida selvagem abundante — unicórnios e castores, encabeçados por uma raça de alienígenas metade homem, metade morcego — tornaram-se uma sensação. Nos dias sombrios de agosto, quando isso foi publicado, a circulação do *Sun* explodiu. Dado o mercado competitivo de atenção, outros jornais responderam com seus próprios artigos sobre a reportagem do *Sun* buscando reproduzi-la ou refutá-la, mas todos tentando aproveitar a atenção provocada pela história para seu próprio lucro.

A versão contemporânea disso é a publicação de rede social que afirma ter um conhecimento secreto alucinante e que viraliza, mas aí alguém diz: "Bom, isso não é verdade". Talvez o autor da postagem original a exclua.

Talvez não. De qualquer forma, ele alcançou seu objetivo, que era fazer você olhar. No jornalismo, temos uma gíria irônica para isso: "bom demais para ser checado". Algo "bom demais para ser checado" é uma história cujos detalhes chamam tanto a atenção e são tão envolventes que você quase não quer descobrir se são verdadeiros, com medo de que isso estrague o que a torna tão atraente. (É claro que, como jornalistas, nosso trabalho é checar de qualquer forma, mesmo que isso estrague a diversão.) Uma das grandes lições de ser um repórter, em especial no começo, é que a maioria das histórias é mais confusa e complicada, até mesmo banal, do que pode parecer à primeira vista na apresentação mais sensacionalista de, digamos, uma única fonte. E, no entanto, a economia da atenção incentiva o conteúdo bom demais para ser checado, porque esse conteúdo — que costumava ser chamado de notícia de tabloide e agora é conhecido por *clickbait* — é o que atrai a atenção.

A concorrência leva à atenção involuntária, à Times Square e aos pôsteres parisienses que cobrem cada centímetro do espaço público, à tela do iPhone repleta de notificações de dezenas de aplicativos. Também leva ao escandaloso, ao tabloide e, muitas vezes, ao falso. Quanto mais competitivo for o mercado de atenção, mais tenderá a essas características. No conjunto, mesmo que haja uma variação significativa de um meio de comunicação para outro, de uma plataforma para outra, de uma história para outra, essa é a direção para a qual a competição pela atenção tende, uma espécie de gravidade que puxa tudo em sua órbita.

Acho que vale a pena fazer uma pausa para redefinir o ponto em que estamos no argumento que estou tentando apresentar neste capítulo. Comecei com uma discussão sobre alienação e sua forma peculiar, mas onipresente na era da atenção, vivenciada por todo tipo de pessoa, até mesmo membros do Talibã que trabalham em escritórios. Por que essa é a sensação de nossa experiência de modernidade conectada digitalmente? Minha resposta é que se trata de uma consequência da forma como nossa atenção foi mercantilizada. A atenção é um tipo singular de commodity, uma "commodity fictícia", nas palavras de Polanyi. E o processo de sua mercantilização, semelhante, por exemplo, ao trabalho assalariado, transforma uma experiência subjetiva inefável em uma "mera" mercadoria com um preço.

Assim como no relato de Marx sobre o trabalho assalariado, isso resulta em alienação, a sensação de que algo essencial nos foi tirado contra nossa vontade. Além disso, argumentei que a natureza do capitalismo da atenção ao longo do tempo levará a formas cada vez mais alienantes de extração da atenção. Quando a competição pela atenção aumentar, ela levará os concorrentes a praticar jeitos cada vez mais insidiosos de extrair essa atenção, aproveitando-se do fato de que a atenção, por meio do canto da sereia, pode ser compelida e tentar explorar nossas faculdades de atenção involuntária. Essa experiência produz uma espécie de vertigem, uma sensação de deslocamento.

Ao descrever essa experiência, Bo Burnham, artista que fez da crítica da era da atenção o foco de seu trabalho, usa a metáfora da colonização. "Costumávamos colonizar a Terra, que era a coisa para a qual você podia se expandir. E era lá que se ganhava dinheiro", diz ele. "Agora estão tentando colonizar cada minuto da sua vida. [...] Eles estão tomando cada segundo da sua vida."[37]

Um clipe de Burnham fazendo essa afirmação em um evento viralizou na mesma época que Elon Musk comprou o Twitter. O vídeo foi recortado e incorporado em um tuíte, que teve centenas de milhares de curtidas e foi visto por milhões de pessoas, o que significa que gerou uma enorme quantidade de engajamento, que a plataforma poderia então monetizar por meio de anúncios. Cada fatia de nossa atenção é uma oportunidade para promover esse mesmo processo de captura de atenção comercial.

Uma característica crucial da alienação para Marx e muitos dos teóricos que o seguiram é a sensação de isolamento. A experiência de estarmos separados de nosso verdadeiro eu ou da propriedade de nosso próprio corpo também tem o efeito de nos fazer sentir distantes dos outros. Para Marx, isso teve consequências práticas muito imediatas: cada trabalhador entendia sua situação como uma provação individual, não como o resultado do capitalismo. E, assim, a ação coletiva — trabalhadores do mundo inteiro unidos — foi o primeiro passo necessário.

A alienação da era da atenção também tem em seu cerne uma sensação duradoura de isolamento e alienação social. Isso é impulsionado pela forma como as tecnologias de atenção se desenvolveram para individualizar exatamente aquilo em que prestamos atenção, de modo que a cultura de massa — a eletricidade da atenção coletiva — torna-se cada vez mais difícil de sustentar.

A alegria extasiante da atenção coletiva é a alegria do teatro, do show no estádio ou de assistir a um jogo de basquete em uma arena lotada. Não se trata apenas de ter algo em que colocar a atenção, mas também de estar inserido em um mundo social no qual o poder da própria atenção concentrada parece de outro mundo. A maioria das pessoas se lembra de seu primeiro show, e o que é tão sublime nessa lembrança é exatamente esse senso distinto e elevado de atenção: você está concentrado na banda ou no artista no palco e consegue sentir todos os outros ao seu redor concentrados com a mesma intensidade, unidos. É como um local de produção de energia solar, com milhares de painéis, todos refletindo a luz em um único ponto.

Esse também é o poder central do ritual religioso. Durante grande parte da história humana, a observação religiosa, o rito, o ritual e a devoção têm sido o foco da atenção coletiva e do espetáculo compartilhado. É a forma original de "prestar atenção juntos". Como observou Émile Durkheim, uma parte central da prática religiosa é a observação coletiva de rituais. Esses rituais unem as comunidades, consolidam a crença e produzem um senso de companheirismo.[38] Durante os primeiros 99% de nosso tempo neste planeta, a única maneira de vivenciarmos rituais, espetáculos ou competições atléticas era pessoalmente, com outros. Agora, a maior parte de nossa atenção está concentrada em uma tela à nossa frente, na solidão.

A primeira tecnologia de atenção *individual* foi a palavra escrita. A literatura mais antiga começou com histórias orais, transmitidas de pessoa a pessoa, faladas para multidões e compartilhadas de modo coletivo. A escrita e a leitura, no entanto, transformaram essa forma coletiva de comunicação em uma forma individual. Durante os primeiros milhares de anos da palavra escrita, ela era uma tecnologia e um conjunto de habilidades raros.

O surgimento da prensa tipográfica e da publicação em massa é um ponto de inflexão da modernidade, que permitiu que um número cada vez maior de pessoas se ocupasse de algo sem ninguém. Ainda hoje vemos alguém que é "viciado em leitura" — ou seja, que se enterra na palavra escrita longe dos outros — como tímido e antissocial. E por centenas de anos, os livros, depois as revistas e os jornais, se destacaram como uma forma nitidamente solitária de atenção, em contraste com as outras maneiras pelas quais as pessoas ocupavam sua atenção — conversa, socialização, música e apresentações. É claro que há formas de leitura que podem ocorrer coletivamente — orações lidas em conjunto na igreja, por exemplo —, mas a leitura tem sido, durante grande parte de sua história, codificada como uma prática solitária.

E quando a cultura das revistas explodiu na virada do século XIX, muitas das críticas que vemos hoje contra os celulares — com sua capacidade semelhante de prender a atenção do usuário em uma bolha impermeável — foram direcionadas à explosão de materiais impressos que capturaram tanto a atenção dos recém-alfabetizados.

Os jornais e as revistas cresceram naturalmente a partir de uma certa lógica inescapável do mercado de atenção: eram mais baratos de produzir do que os livros e, mais especificamente, projetados para prender e continuar prendendo a atenção do leitor por meio de várias histórias, ilustrações e manchetes. Eram uma tecnologia de capturar atenção aprimorada em relação aos livros, da mesma forma que o Twitter, com limitação de caracteres, era uma forma mais potente de capturar a atenção do que os jornais repletos de artigos de oitocentas palavras.

Mas se a palavra escrita se destacou como uma forma particular e distinta de atenção solitária por vários séculos, o que ficou claro no último século, pelo menos, é que a lógica implacável do capitalismo da atenção leva cada mídia, cada forma de captura de atenção a ser tão portátil quanto um jornal. A cada nova tecnologia e a cada novo desenvolvimento, a experiência do espetáculo compartilhado é substituída pela atenção isolada. O que antes era uma experiência coletiva torna-se solitária.

A música é um meio antigo de facilitar a atenção coletiva — tocar tambores, cantar e dançar juntos —, uma massa de seres humanos concentrados em um só lugar. E permaneceu assim por centenas de milhares de anos — executada ou tocada para grupos tão pequenos quanto uma família ouvindo o pai tocar violino ao luar na pradaria e tão grandes quanto as centenas de milhares de hippies enlameados na fazenda de Max Yasgur ouvindo Jimi Hendrix tocar o hino nacional.

E assim foi até 1979, quando a Sony lançou o *walkman*, o primeiro dispositivo portátil e individual produzido em massa para ouvir música. O *walkman* era uma criação do lendário cofundador da Sony, Masaru Ibuka, que pedira aos engenheiros da Sony que lhe criassem um tocador portátil para ouvir ópera nos voos mais demorados.[39] O sucesso foi imediato. As lojas não conseguiam mantê-los em estoque mesmo custando 150 dólares, muito caro na época. Mas o campo de força atencional isolado que ele criou em torno de seus usuários provocou uma reação negativa. O gerente de uma elegante loja de departamentos de Manhattan o chamou de "a doença dos anos 1980".[40] Um executivo da gravadora CBS declarou que era "o fim de conhecer pessoas. É como uma droga: você coloca o *walkman* e apaga o resto do mundo".[41] "Ao buscar uma espécie de controle climático emocional aonde quer que vamos", perguntou um crítico, "não estamos simplesmente provando mais uma vez nossa crescente determinação em não falar uns com os outros?"[42] Uma cidade de Nova Jersey chegou a proibir o aparelho; a lei permaneceu em vigor até 2016. A Sony estava tão preocupada com a solidão hermética da experiência que seu primeiro modelo tinha dois conectores de fone de ouvido e um botão para falar com a outra pessoa conectada se você se sentisse muito sozinho.[43] O *New York Times* relatou que "o botão laranja era como um botão de pânico, um recurso de 'compartilhar' de emergência", e um cofundador da Sony escreveu mais tarde que "a empresa estava hesitante em lançar um produto que pudesse ser considerado egoísta".[44]

É engraçado, até mesmo fofo, ler essas preocupações agora. Os fones de ouvido se tornaram tão onipresentes que nem achamos mais estranho alguém que está em público, mas cujos sentidos e atenção são dominados completamente por um dispositivo pessoal. A vida é assim mesmo. O *walkman* deu lugar ao iPod e depois ao iPhone. Agora é raro eu passar mais do que alguns minutos andando pelas ruas da cidade de Nova York sem meus fones.

O espetáculo visual percorreu o mesmo caminho, da atenção coletiva à individual. Dezenas de milhares de anos de apresentações ao vivo com multidões fizeram uma transição perfeita, na virada do século XX, para a exibição de filmes, também apreciados com uma multidão concentrada em uma única coisa.

Depois veio a TV. A televisão é a primeira tecnologia a criar a capacidade de as pessoas assistirem a algo sozinhas. Quando a transmissão comercial começou a sério após a Segunda Guerra Mundial, imediatamente passou a roubar negócios de outros comerciantes de atenção que estavam oferecendo espetáculo para multidões. Em 1948, a Comissão Federal de Comunicações dos Estados Unidos, por motivos não relacionados, suspendeu novas licenças, dividindo o país em cidades com TV (aquelas com redes licenciadas) e cidades sem TV. As diferenças eram gritantes. "Em 1951, quase todas as cidades com televisão registraram uma queda de 20 a 40% na frequência de idas aos cinemas. Nas cidades sem televisão, a frequência de ida aos cinemas permaneceu inalterada ou cresceu. Áreas bem providas de televisão registraram ondas de fechamento de salas de cinema."[45]

No entanto, nos primórdios, a TV também era uma experiência comunitária. Na primeira onda, o aparelho era raro; uma ou duas famílias que o possuíam convidavam outras pessoas para assistir. Isso era ainda mais verdadeiro nos países mais pobres, onde a TV era um artigo de luxo. No romance *A amiga genial*, de Elena Ferrante, que se passa em Nápoles, na Itália, quando a melhor amiga da narradora é presenteada com uma TV por um rapaz que quer cortejá-la, sua casa instantaneamente se transforma em uma espécie de minicinema no qual os vizinhos se reúnem todas as noites. "Da caixa saíra um objeto que todos conhecíamos, mas que pouquíssimos no bairro tinham em casa: uma televisão, ou seja, um aparelho com uma tela onde se viam imagens, assim como no cinema [...] e agora meio bairro, inclusive minha mãe, meu pai e meus irmãos, ia à casa dos Cerullo para ver aquele milagre."[46]

Mas mesmo depois que a TV passou de novidade a presente nos lares americanos (em 1970, 95% das casas tinham uma), grande parte, se não a maior, da exibição ainda acontecia em grupos.[47] Na maioria dos lares, assistir à TV juntos era uma das principais atividades familiares, bem como ir à igreja e a reuniões de família. Quando eu era criança, depois de terminar a lição de casa e arrumar a mesa de jantar, eu, meu irmão e meus pais geralmente nos sentávamos na sala de estar e víamos TV: *Law & Order*, *Seinfeld* ou *Os Simpsons*. À medida que fui crescendo, eu assistia aos programas mais adultos até tarde da noite, e via Charlie Rose com meu pai depois que minha mãe ia para a cama.

Essas lembranças são uma fonte de grande carinho: rir das mesmas piadas, conversar durante os intervalos comerciais. Era uma forma de prestar atenção juntos que funcionava como uma espécie de lubrificante social, em especial durante, digamos, a adolescência, quando conversar com os pais pode ser um pouco difícil. Mesmo que nossa atenção estivesse na tela, estávamos juntos.

O advento das telas — tablets, smartphones, TVs de tela plana cada vez mais baratas que podiam ser colocadas em vários cômodos — mudou esse comportamento. Assim como ouvir música no *walkman* e agora em nosso celular, prestar atenção nos filmes deixou de ser uma experiência familiar e passou a ser individual. Hoje em dia, durante o "tempo de tela", cada uma das crianças está em um dispositivo, assistindo a algo diferente, sozinha.

Sei que estou parecendo melancólico, nostálgico e mais do que um pouco parcial com esse papo. E não quero me desviar muito para isso. Porque há outra parte dessa história, que é o fato de que o modelo de "assistir juntos" também foi o que deu origem ao que poderíamos chamar de "cultura de transmissão", referências culturais amplamente compartilhadas por dezenas de milhões de pessoas que estão prestando atenção na mesma coisa. Não é que esse tipo de cultura em si seja superior à cultura de transmissão restrita e, de fato, para uma grande parte dos americanos — pessoas de cor, pessoas queer, famílias de imigrantes —, a quase total falta de representatividade foi, por si só, alienante de uma forma diferente.

A proliferação de telas permitiu uma proliferação de coisas diferentes *para* assistir, ou coincidiu com elas: o que poderia ser viável se você tivesse que fazer com que apenas uma pessoa da família assistisse a alguma coisa, em vez de todos? A lógica inexorável dos mercados de atenção leva à individualização tanto no nível da forma quanto no do conteúdo, o dispositivo físico que age para chamar a atenção e o produto que é exibido nele. Os dois atuam juntos: a mudança da tela de cinema para a tela da TV, para o tablet e o iPhone é o que facilita a mudança da cultura de massa para subculturas cada vez mais balcanizadas.

A conclusão lógica desse processo de individualização é o "*feed*", a experiência algorítmica personalizada de um aplicativo como o TikTok, que não mostra exatamente o mesmo conteúdo para dois de seu 1 bilhão de usuários em todo o mundo. Mesmo que você esteja ouvindo uma música nova em seu *walkman* isoladamente, aquilo em que está prestando atenção é o mesmo que todos os outros que ouvem a música. Isso também acontece com um programa a que você assiste na Netflix em seu iPad. Mas a sequência de coisas em que você presta atenção no seu feed do Instagram ou do TikTok é única.

O nível de individualização é tão extremo que pode variar para o mesmo usuário de momento a momento e de humor a humor. Lembro-me perfeitamente de que, depois de baixar o TikTok pela primeira vez, em parte como pesquisa para este livro, tive uma rara noite sozinho em casa e decidi comer meia balinha de maconha e, em seguida, navegar sem preocupação pelo meu telefone. O que distingue o TikTok é o fato de o algoritmo assumir completamente o controle. Você pode optar por seguir pessoas individualmente, se quiser, mas se apenas abrir o aplicativo ele começará a reproduzir vídeos e, com base no tempo que você assiste, aprenderá do que você gosta e, com uma especificidade de cair o queixo, fornecerá seus gostos, suas preferências e suas aversões. Nessa noite, em algum momento, percebi que havia passado uma hora inteira no TikTok assistindo a vídeos de deliciosos sanduíches sendo preparados e cortados ao meio. E naquele momento percebi que o algoritmo... havia descoberto que eu estava chapado! O lendário autor de ficção científica Arthur C. Clarke escreveu certa vez que "qualquer tecnologia suficientemente avançada é indistinguível da mágica", e esse foi um daqueles momentos que pareciam mágicos.[48] Eu sabia que era apenas um algoritmo, mas parecia que o dispositivo que eu estava segurando nas mãos havia descoberto algo sobre mim que eu nunca dissera a ele.

O desenvolvimento de tecnologias digitais como essa tornou o espetáculo cada vez mais privatizado e solitário. Acho difícil não concluir que há uma relação entre o aumento da solidão na vida moderna e esse processo de individualização de nossa atenção. A fonte central de nossa diversão na era da atenção tornou-se intensamente mais atomizada, mesmo no decorrer de minha vida. E esse processo competitivo, assim como os processos que empurram os comerciantes da atenção a extrair nossa atenção contra nossa vontade, seleciona uma forma de atenção — solitária — que é alienante.

Mas o desejo humano de conexão social, especificamente de espetáculo coletivo, de prestar atenção em conjunto, é tão avassalador que a história não termina aí. As redes sociais são baseadas no conceito de compartilhamento e conexão. E vamos ser sinceros: há uma grande alegria em compartilhar. Passar adiante algo de que você gostou para que outras pessoas que você ama também vejam é uma forma de conexão genuína. É claro que não podemos estar todos na mesma sala, e estamos todos em nossas telas individuais, mas podemos superar essa distância por meio de curtidas, comentários, postagens e o botãozinho de compartilhamento. É uma manifestação do desejo primordial de assistir juntos a alguma coisa, afirmando-se contra as condições tecnológicas cada vez mais atomizadas.

Em 2022, quando morreu a rainha Elizabeth, a monarca que reinou por mais tempo na história britânica, a mídia de língua inglesa em todo o mundo, e não apenas no Reino Unido, lançou-se em uma cobertura saturada do acontecimento. Muitos americanos acharam tudo um pouco exagerado: não tivemos uma revolução para evitar exatamente esse cenário de luto público por um membro da realeza falecido?

Mas uma forma de definir cultura é simplesmente aquilo em que todos prestam atenção, e aquilo em que prestam atenção juntos. Nos Estados Unidos, o Super Bowl atrai mais espectadores do que qualquer outro evento isolado. Se pedissem para mostrar uma única parte representativa da cultura americana para, digamos, um estrangeiro que não conhecesse nenhum outro aspecto da cultura americana, esse provavelmente seria o melhor lugar para começar. Nesse sentido, a cobertura da morte e do funeral de Elizabeth foi uma expressão bastante adequada à essência do que é a monarquia na era da atenção: simplesmente algo em que prestamos atenção juntos. Ela prende seus espectadores em um espetáculo. A monarquia pós-moderna é "conteúdo", para usar o termo corporativo do momento. Na verdade, quando se vê as coisas dessa forma, não é de surpreender que, quando Harry e Meghan abandonaram formalmente suas funções oficiais na realeza, eles tenham ido para os Estados Unidos, onde assinaram uma série de contratos de conteúdo para produzir podcasts e programas de TV.

O capitalismo da atenção pegou a experiência holística do espetáculo de massa, a unidade social de prestar atenção em alguma coisa em conjunto, o êxtase de ser um entre muitos, todos apontados na mesma direção, absorvidos pelos mesmos sentidos, e dividiu em processos compostos, cada um vivenciado individualmente e a sós — assistir a algo e depois compartilhar. Um meme viral é nossa forma atual de "prestar atenção juntos", mas sem essa característica crucial. A adrenalina coletiva de assistir a uma ópera ou a um show, ou de cantar juntos na missa foi decomposta em um processo de duas partes, cada uma solitária. Eu vejo e depois compartilho. E aí rimos juntos, mas separados.

A genialidade dessa inovação, do ponto de vista comercial, está em criar duas oportunidades para que a atenção seja capturada e monetizada. A alegria ou a indignação que o que vemos nos causa e o desejo de compartilhar. Sentimos o desejo de compartilhar porque somos humanos, mas também porque, no momento em que vemos algo que capta nossa atenção, estamos sozinhos, *sobretudo porque o mercado e as tecnologias de atenção nos tornaram solitários* e não queremos ficar sós. Então, enviamos o meme para um amigo e esperamos o "ha, ha" aparecer embaixo. E há alegria aí também. Mas não acho que seja loucura dizer que tudo isso equivale a uma versão sintética de uma força vital que não é totalmente substituível.

A cultura de massa deu lugar a subculturas reproduzidas de forma fractal, um discurso dominado pelo que é tendência e pelo que é viral, uma atenção coletiva que é empurrada, puxada e trabalhada em cada pequena parte de nossas vidas, agregada em um todo que parece ser muito menor do que a soma de suas partes.

6

Os primórdios da era da atenção

Em 1980, o futurista best-seller Alvin Toffler dividiu a história humana em três épocas em seu livro *A terceira onda*.[1] A primeira onda foi a revolução neolítica, que a maioria dos antropólogos concorda ter começado há cerca de 12 mil anos. Foi quando os caçadores-coletores fizeram a transição para sociedades agrícolas que se fixavam em um lugar e cultivavam seus próprios alimentos. Geralmente identificamos esse momento como o início da civilização. A estrutura básica da vida humana — enraizada na agricultura como a atividade humana central, e o sol e o trabalho humano como as principais fontes de energia — perdurou até o século xviii. É nesse momento que começa a segunda onda, a Revolução Industrial. Essa mudança radical no desenvolvimento humano vem da mecanização impulsionada pelos combustíveis fósseis. De repente, o equivalente a bilhões de anos de energia solar armazenada nos foi disponibilizado. Quase tudo o que experimentamos na vida moderna decorre disso.

E então, depois, começando em algum momento do pós-guerra (Toffler diz que no final da década de 1950), temos a terceira onda, a época em que o poder da computação e a manipulação de informações transformam a socioeconomia da vida humana na Terra. Embora outros tenham tentado dar um nome a essa era, Toffler argumentou: "Nenhum desses termos sequer começa a transmitir toda a força, o escopo e o dinamismo das mudanças que se aproximam de nós ou das pressões e conflitos que elas desencadeiam".[2]

A essa altura, essa divisão cronológica grosseira já se tornou senso comum; é como pensamos sobre o progresso humano. Todos nós sabemos que vivemos no que é mais comumente chamado de era da informação,[3] uma época em que a informação está no centro da sociedade humana, e que ela é diferente da era industrial dos motores a carvão e das fábricas de linha de montagem, e também do mundo pré-industrial da civilização agrícola.

A primeira característica que distingue a era da informação é o aumento radical do volume de dados a que temos acesso. Medir e contar informações é uma tarefa um pouco sem sentido; dependendo de como você as define, a qualquer momento nos deparamos com uma quantidade praticamente infinita delas: cada folha das árvores para as quais estou olhando agora, enquanto escrevo este texto, por exemplo. Por esse motivo, "dados" é um conceito útil aqui. Há várias maneiras de entender a diferença entre dados e informações, mas o que faz mais sentido para mim é entender os dados como um determinado tipo de informação — aquela que é gerada ou codificada por seres humanos. Nesse sentido, eles também têm a vantagem de serem contáveis e quantificáveis (gigabytes em um disco rígido, palavras em um livro, fotografias em um álbum), de uma forma que todas as "informações" contidas em um hectare da floresta amazônica não são. E, de fato, se pensarmos em termos de dados, é óbvio que o grande volume deles a que temos acesso e que precisamos processar aumentou exponencialmente entre a era pré-informação e a atual.

Antes da era da informação, o volume de dados a que se tinha acesso era limitado. Se você estivesse em casa, teria acesso às informações físicas armazenadas nela: seus arquivos e seus papéis, seus livros e suas enciclopédias. Você podia acessar o rádio e a TV ou ligar para conhecidos ou para linhas diretas a fim de obter informações atualizadas, como o fechamento de escolas em dias de neve. Na era da informação, a cada momento em que está conectado à internet, você tem acesso funcional a uma quantidade infinita de dados. O que antes era restrito, agora é totalmente irrestrito. Pense em como seria isso em qualquer outro aspecto: se antes você tivesse uma quantia finita de dinheiro e, em seguida, acontecesse algo de modo que você tivesse dinheiro infinito. Ou se tivesse uma casa de determinado tamanho e, de repente, ganhasse um espaço sem fim.

O salto da sociedade pré-industrial para a era industrial deveu-se a uma transformação semelhante no acesso à energia. A energia era escassa — o máximo que se podia obter do sol, da água e do trabalho humano era o suficiente —, mas, com a utilização de combustíveis fósseis, a quantidade de energia acessível cresceu exponencialmente e passou a ser limitada sobretudo pelo preço: o máximo de carvão e petróleo que se podia comprar para fazer o que se desejava A mudança de patamar da era industrial para a era da informação também removeu as restrições anteriores sobre a informação — de limitada para efetivamente ilimitada.

Muito bem, então, essa é a primeira grande mudança que nos trouxe à era da informação: a quantidade e a acessibilidade das informações — infinitas e quase instantâneas para todos.

A segunda grande mudança que acompanhou o acesso ilimitado a todas as informações do mundo foi a centralidade econômica da informação. A principal característica da era da informação é o que poderíamos chamar de produção não material: o foco no fluxo, no processamento e na transformação da informação em vez da matéria. O trabalho de produção industrial envolve um processo que geralmente começa com a extração de matérias-primas — metais, borracha — e, em seguida, o transporte dessas matérias-primas para os locais de produção, onde são combinadas em fábricas para criar produtos. É um ato de conversão física, uma transubstanciação secular que transforma a matéria diante de nós. Esse trabalho é tão sofisticado que parece mais uma forma de conjuração: o carro não existia antes e agora está saindo da linha de montagem. O mesmo acontece com as roupas que vestimos ou os eletrodomésticos que temos em casa. Todos eles são tão complexos em sua transformação que não parecem matéria física convertida, mas sim coisas criadas *ex nihilo*. Este foi o milagre da era industrial: reorganizar os átomos do mundo para fabricar coisas em escala, dobrar a química e a física à nossa vontade coletiva e nos dar voo e velocidade e salas resfriadas mesmo no sol escaldante e miudezas e quinquilharias e apetrechos e brinquedos — coisas, coisas e mais coisas.

Os produtos da era da informação são diferentes. Que parte do mundo físico muda quando você escreve um tuíte, cria uma planilha ou transmite um show? Tudo isso tem um substrato físico, a eletricidade necessária para o seu funcionamento, as matérias-primas dos celulares, dos computadores e das telas que manipulam, retransmitem e exibem informações, mas o trabalho principal da era da informação se resume à manipulação de bits, dígitos binários codificados em circuitos.[4]

É possível ver essa transformação em nossos registros econômicos. Mover átomos requer muito mais energia do que mover bits, e o que vimos na transição da era industrial para a era da informação foi um declínio acentuado na quantidade de energia necessária por unidade de PIB. Intuitivamente, faz sentido. Compare um trabalhador da indústria siderúrgica com alguém que processa sinistros em um grande convênio. O que processa sinistros pode muito bem ganhar mais dinheiro do que o operário da siderúrgica, principalmente se for um gerente, mas o trabalho do operário da siderúrgica requer muito mais energia, enquanto o perito de sinistros fica sentado em um computador o dia todo. Entre 1973 e 2019, a intensidade global de petróleo (quanto petróleo é usado em relação ao PIB) diminuiu em impressionantes 56%.[5] É uma estatística notável, uma vez que não houve praticamente nenhum esforço intencional durante esse período para produzir esse resultado — ele não foi impulsionado sobretudo por ganhos maciços de eficiência no uso de energia ou pela conservação, mas sim pela substituição de tarefas de baixo consumo de energia por tarefas de alto consumo de energia. E, de fato, quanto mais uma economia depende da produção industrial, sobretudo nos países mais pobres muito dependentes da manufatura, mais intensiva em energia ela é.[6]

Também podemos medir a mudança para a era da informação pela composição de empregos e atividades em uma economia. Os muitos campos de manipulação de informações — em termos gerais, o trabalho de escritório, como o do nosso perito de sinistros — expandiram-se radicalmente como parcela do emprego. Em 1980, apenas 40 milhões de americanos estavam empregados no que poderíamos chamar de trabalho do conhecimento. Em 2020, esse número mais do que dobrou, mesmo quando outras formas de trabalho, como a produção manual, permaneceram estáveis.[7]

Eu nasci em 1979 e vivi a mudança para a era da informação, assim como alguém nascido em, digamos, 1880 teria testemunhado a rápida adoção da eletricidade, dos carros, dos aviões, do encanamento doméstico e do ar-condicionado. Quando eu era criança, tínhamos um telefone rotativo; se você ligasse para alguém enquanto a pessoa estivesse na outra linha, recebia um sinal de ocupado. Tínhamos uma TV com sete canais e nenhum videocassete. Porém, mais importante do que tudo isso, vivi a transição, como uma criança curiosa e nerd, de ter apenas as informações contidas nos meus livros para ter acesso a todo o conhecimento humano.

Sinto até hoje a sensação que tive ao passar por esse portal mágico. Eu fazia parte da primeira geração de usuários dedicados e obsessivos da internet, bem no limiar entre um hobby para nerds convictos e uma ferramenta amplamente popular. Tive acesso à World Wide Web por meio de um navegador de interface gráfica em 1992, quando convenci meus pais a abandonar o mundo brega e fechado da AOL em favor de uma conexão direta com um provedor de internet.

Você se sentava diante da tela e procurava uma resposta para a primeira pergunta que surgia na sua cabeça. Isso foi antes mesmo dos primeiros buscadores, antes do Google e da Wikipédia, e a jornada em busca desse conhecimento era sempre uma aventura, como resolver um mistério. Mas o que a tornava tão gratificante era o fato de você saber que a resposta estava lá, em algum lugar. Essa sensação de descoberta era emocionante e viciante de uma maneira completamente diferente, por exemplo, da rolagem interminável do TikTok. As metáforas para a vida digital na época tendiam a ser espaciais — ciberespaço, a superestrada da informação —, captando a sensação de movimento e expedição, muito diferente em textura e sensação da estase zumbificada que agora associamos a longos períodos na rede social.

Deixando de lado a descoberta infantil, havia um entendimento fundamental de que esse acesso à informação era transformador e importante porque informação é poder. Isso se manifestou de inúmeras maneiras: o acesso que os mercados financeiros passaram a ter a informações em tempo real, a capacidade dos consumidores de comparar preços entre fornecedores, hackers disponibilizando códigos para outros usarem. Essa centralidade da informação e, especificamente, a capacidade de computar e processar grandes quantidades dela, veio em parte como herança dos ancestrais da era da informação, que trabalhavam quebrando códigos na Segunda Guerra

Mundial. Não é de forma alguma um acidente o fato de os pais da era da informação terem trabalhado em inteligência e criptografia em prol da guerra. Foram esses pioneiros que desenvolveram grande parte da teoria da informação que fundamenta conceitualmente a computação moderna. Para esses homens e mulheres, decifradores e criadores de códigos, informação *era* poder: o inimigo tinha informações de que você precisava, e extraí-las lhe dava vantagem no campo de batalha.

A emoção de acessar novas informações que você não tinha antes, talvez até mesmo que não deveria ter, era o espírito animador do início da era da informação. A internet era como uma nova terra que se podia explorar, passo a passo, com o pescoço esticado para absorver tudo. Era vertiginoso encontrar tudo tão perto de repente. As informações que costumavam exigir um esforço tremendo para serem acessadas — a média de corridas ganhas de um arremessador de meio de campo dos Cubs de 1984, enterrada em algum índice obscuro da enciclopédia de beisebol do Elias Sports Bureau — agora eram acessíveis, se não instantaneamente, com apenas um pouco de esforço.

A sensação de liberação de dopamina ao encontrar uma pérola de informação ou um novo canto do palácio da mente em construção era real. Se você fosse uma criança curiosa, com uma compulsão de coletar fatos e conhecimento, essa experiência era quase eufórica, como estar em uma doceria onde tudo era de graça e ninguém ia dizer que você já tinha comido o suficiente. Esse acesso instantâneo a todo o conhecimento do mundo ainda está presente, é claro, e na verdade onipresente com a adição dos smartphones. Mas, na era anterior às redes sociais, grande parte do estar on-line era caçar informações como um tesouro e encontrá-las. Acho que é essa sensação que as pessoas da minha geração acabam buscando na forma comercializada e sintética oferecida agora pelas mídias sociais.

Mas não eram apenas as informações que eram poderosas, era a capacidade de compartilhá-las e trocá-las. Combinar quem tinha perguntas com quem tinha respostas. Fazer a correspondência entre pessoas que procuram algo — sexo casual, um colega de quarto, uma gravação obscura de um show do Grateful Dead — e aqueles que podem fornecer esse algo. Entre o grupo mais empenhado dos primeiros nerds da computação e entusiastas da rede, havia uma crença compartilhada, quase religiosa, de que conectar o mundo inteiro a uma rede que continha todo o conhecimento humano daria início a uma nova era de esclarecimento e cooperação global. "Estamos criando um mundo no qual todos podem entrar sem privilégios ou preconceitos de raça, poder econômico, força militar ou status", proclamou o letrista do Grateful Dead e pioneiro da internet John Perry Barlow, em sua "Declaração de Independência do Ciberespaço" de 1996. Um dos primeiros editores da *Wired*, a publicação semioficial da revolução digital, prometeu que a revista traria "uma revolução sem violência que abraça uma maneira nova e apolítica de melhorar o futuro com base na economia além do controle macro, no consenso além das urnas, na cidadania além do governo e nas comunidades além dos limites do tempo e da geografia".[8]

Mas qual é, de fato, o valor da informação? Até mesmo um animal de inteligência razoável, um cachorro, por exemplo, tem, a cada momento, acesso ao que é essencialmente um campo infinito de informações: cada cheiro, movimento, cor e sensação. Nada disso, em um sentido profundo, importa de verdade para a existência do cão. O que importa para ele, e aliás para qualquer animal, é descobrir quais informações são essenciais para a sobrevivência. O excesso de informações — as muitas folhas de uma árvore escondendo um predador — é, inclusive, um perigo sempre presente.[9]

O perigo do excesso de informações é exatamente o problema endêmico da era da informação. Sempre que vemos uma captura de tela do celular de alguém, o pequeno círculo vermelho acima do ícone do correio de voz mostra um número astronômico de mensagens de voz não ouvidas. Toda caixa de entrada está cheia de mensagens não lidas. Mensagens, correios de voz, spams, convites para reuniões no Zoom e assim por diante. Todos trabalham sob a pressão do fato de as informações serem baratas, abundantes e avassaladoras.

A analogia com os alimentos é novamente útil. Durante a maior parte da história da humanidade, o principal desafio alimentar era garantir que houvesse o suficiente: lidar com enchentes e secas, encontrar maneiras adequadas de armazenar os grãos ou curar carnes para os períodos em que o clima impossibilitava o cultivo. Porém, no final do século XX, pelo menos no mundo desenvolvido e rico, a abundância absoluta de alimentos, produzidos a baixo custo, ultraprocessados e carregados de xarope de milho, levou a um aumento acentuado de doenças relacionadas à obesidade. Se os seres humanos sofreram por milhares de anos com a escassez de calorias, eles estavam agora — pelo menos em certas sociedades e classes — sofrendo com os desdobramentos de uma abundância.

O mesmo acontece com a informação hoje: já passamos fome e agora estamos empanturrados. E foi bem no início da era da informação que as pessoas começaram a discutir e nomear este último problema. Em seu best-seller de 1970 *O choque do futuro*, Toffler identifica a "sobrecarga de informações" como um dos principais aspectos psicológicos do fenômeno que deu título ao seu livro. Invocando um conceito central da teoria da informação, a "capacidade de canal", Toffler afirma que os seres humanos têm uma quantidade limitada — podemos processar apenas alguns bits — e que "sobrecarregar o sistema leva a um sério colapso de desempenho".[10] Toffler chega a vincular a experiência dessa sobrecarga a uma espécie de perda da própria sanidade, semelhante aos "sintomas observados entre soldados estressados em batalhas, vítimas de desastres e viajantes com choque cultural".[11]

Embora tenha sido relativamente precoce na identificação desse fenômeno, *O choque do futuro* expõe o que hoje é um conjunto de convicções comuns sobre a crescente abundância e acessibilidade de informações: há um excesso delas, estamos sobrecarregados e distraídos o tempo todo, e isso está nos deixando um pouco loucos.

Ao longo das décadas seguintes, esse fenômeno da sobrecarga de informações tornou-se uma fixação da cultura pop. Em 1990, a banda Living Colour lançou o single "Information Overload", cantando: "*Sometimes I feel/ Like my mind will explode/ Sometimes I feel/ Like I've got no control*".* Em 1992, Bruce Springsteen apresentou no *Saturday Night Live* seu novo single, "57 Channels (and Nothin' On)", sobre o vazio absoluto do entretenimento sem limites. No clipe da música, ele narra a cena em que atira em sua TV com uma pistola calibre .44. Um ano depois, o Duran Duran lançou o single

* "Às vezes sinto/ Que minha cabeça vai explodir/ Às vezes sinto/ Que não tenho controle." (N. T.)

"Too Much Information" [Informação demais], o título condenava diretamente o bombardeio de mensagens comerciais em diferentes plataformas: "*Hey* TV *child/ Look into my eyes/ Here by intervention/ I want your attention*".*

Foi no contexto das crescentes demandas de um mundo com informações ilimitadas que as pessoas começaram a pensar seriamente sobre nossa capacidade de processar as informações. O que nos leva de volta ao poder da atenção.

Naquela palestra, agora famosa, de 1971, "Designing Organizations for an Information-Rich World" [Projetando organizações para um mundo rico em informações], mencionada no capítulo 2, o economista Herbert Simon, ganhador do Prêmio Nobel, argumentou que a atenção era a chave para entender a era da informação. A passagem mais citada dessa palestra contém sua principal ideia:

> Em um mundo rico em informações, a riqueza de informações significa a escassez de outra coisa: escassez do que quer que seja que a informação consome. E o que a informação consome é bastante óbvio: a atenção de seus destinatários. Portanto, a riqueza de informações cria uma pobreza de atenção e uma necessidade de alocar essa atenção de forma eficiente entre a superabundância de fontes de informação que podem consumi-la.[12]

O que Simon identificou muito antes da maioria é que, por uma questão lógica, o aumento da importância da informação em determinada sociedade implica necessariamente um aumento no valor da atenção. Ou seja: *a era da informação também é a era da atenção*. As duas são inseparáveis porque a informação consome atenção. Quanto mais informações houver, maior será a concorrência pela atenção, que, por definição, é escassa. Quanto mais demanda houver por um recurso escasso, mais valioso ele será.

* "Ei, criança da TV/ Olhe em meus olhos/ Estou aqui por intervenção/ Eu quero sua atenção." (N. T.)

Com frequência credita-se a Simon a expressão "economia da atenção", e seu artigo é tomado como fundamental no estudo da área. Mas a preocupação de Simon era bem diferente de nossas preocupações atuais com a forma como várias forças de mercado — grandes corporações, plataformas e empresas de tecnologia — tentam capturar nossa atenção. Seu artigo breve e elegante apresenta um argumento muito mais profundo, que explica por que a era da informação é e sempre foi a era da atenção.

O problema de processamento de informações que Simon identifica é um problema que atormenta organizações de todo tamanho, de um restaurante familiar a uma empresa da lista das quinhentas maiores dos Estados Unidos, de uma associação de bairro à Marinha. A capacidade de processar informações de um computador parece oferecer a qualquer organização uma ferramenta incrivelmente útil para este problema assustador: a automação do processamento de informações deve tornar as organizações mais eficientes e liberar recursos para outras áreas. Mas quase nunca funciona assim. A proliferação da capacidade de computação tende a aumentar a necessidade de processamento de informações em uma espécie de máquina de movimento perpétuo.

Esse é o problema que Simon identifica em seu artigo. Em determinada organização, a questão do processamento de informações não é realmente a quantidade de informações que determinado sistema pode processar — seja ele um computador ou um grupo de humanos. Trata-se, na verdade, de saber se determinado sistema de processamento de informações de fato *reduz* as demandas de atenção da organização como um todo:

> Um subsistema de processamento de informações (um computador ou uma nova unidade organizacional) só reduzirá a demanda líquida sobre o restante da atenção da organização se absorver mais informações previamente recebidas por outros do que produz, ou seja, *se ouvir e pensar mais do que falar*.[13] (grifo meu)

É uma daquelas ideias que parecem óbvias depois que você a articula, mas trata-se de uma sacada fundamental. O que torna determinado sistema de processamento de informações útil para uma organização não é a quantidade de informações que ele gera ou mesmo a quantidade bruta de informações que consegue processar. Em vez disso, "a questão crucial é a *quantidade de informações que ele permitirá que sejam retidas da atenção de outras partes do sistema*". Em outras palavras, "para conservar a atenção de uma organização, um sistema de processamento de informações (IPS, na sigla em inglês) deve ser um condensador de informações".[14]

Essa estrutura é o oposto de como muitas organizações pensam sobre informações e recursos organizacionais. Simon usa o exemplo de um Ministério das Relações Exteriores cujo objetivo é processar informações de inteligência. O problema, na visão desse ministério hipotético, é que não há comunicação *suficiente*, não há informações *suficientes* sendo transmitidas.

> Quando os acontecimentos no mundo estavam agitados, os teletipos que transportavam os despachos recebidos frequentemente ficavam para trás. A solução: substituir os teletipos por impressoras de capacidade muito maior. Aparentemente, ninguém (incluindo o ministro das Relações Exteriores) se perguntou se os IPSs que recebiam e processavam as mensagens dos teletipos estariam prontos, dispostos e aptos a processar o volume muito maior de mensagens das impressoras.[15]

Simon deve ter tido experiência em primeira mão com esses tipos de dilemas organizacionais, pois fez trabalho de campo em uma agência governamental sob os auspícios do Departamento de Estado.

Todas as organizações em um mundo rico em informações estão trabalhando em tempo integral para resolver o problema da escassez de atenção. O projeto de todos os sistemas, em especial à medida que a capacidade de comunicação e geração de informações aumenta, deve, quer queiram, quer não, resolver o problema da atenção. Isso é verdade mesmo quando não percebemos que é isso que estamos fazendo.

Tomemos, por exemplo, a organização mais poderosa do mundo: o governo federal dos Estados Unidos. Quando todo o poder executivo é administrado por uma única pessoa, o tempo e a atenção dessa pessoa serão o recurso mais precioso do governo. A Casa Branca funciona (ou deveria funcionar) por meio de delegação e de proteção do tempo do presidente, de modo que apenas uma pequena fração das informações reais processadas pela organização chegue até ele.[16]

O limite rígido da atenção do presidente contrasta com o crescimento exponencial da quantidade de informações que o governo tem de processar ao longo do tempo. Havia um presidente no governo federal magricela e esfarrapado que George Washington supervisionou, e ainda há um presidente hoje. Por mais complexo que o mundo se torne, por mais informações que o governo norte-americano possa processar, há apenas um presidente.[17] Ele só pode ter um certo número de reuniões, tomar um certo número de decisões, processar um certo número de briefings. Tudo na Casa Branca deve girar em torno da conservação da atenção do presidente, que é um recurso extremamente valioso. É por isso que há muitas camadas entre qualquer problema específico e o fato de ele chegar à mesa do presidente.

Ironicamente, Steve Jobs, o homem que ajudou a inventar o dispositivo que mais distrai na história, o iPhone, entendeu essa ideia talvez melhor do que qualquer outro empresário. Ao refletir sobre o tempo em que trabalhou com Jobs, o lendário designer da Apple, Jony Ive, disse que Jobs protegia a todo custo sua própria atenção, certificando-se de que ela fosse administrada e alocada apenas nas tarefas mais importantes. "Steve era a pessoa mais focada que já conheci na vida. [...] Uma das coisas que Steve dizia — porque acho que ele se preocupava com o fato de eu não estar [concentrado] — era: 'A quantas coisas você já disse não?'."[18] Atenção é negação. Em um ambiente organizacional, Simon entendia isso como a quantidade de informações que determinado sistema *não transmitia*. Jobs conceituou como dizer não a projetos e ideias.

Dizer não às coisas, sobretudo a novas informações, é uma habilidade difícil de aprender se você estiver condicionado à escassez de informações. Simon, que nasceu em 1916, observou que, para as pessoas de sua idade, a escassez de informações era uma herança geracional. "A maioria de nós é, em essência, incapaz de jogar um volume encadernado no cesto de lixo."[19] Muitas vezes tive a oportunidade de observar que os *boomers* do meu convívio parecem muito menos dispostos a selecionar informações do que as pessoas da minha própria idade, que nasceram na era da atenção. Os celulares dos mais velhos tocam toda hora — nunca estão no silencioso — e todos os seus aplicativos, via de regra, apitam com notificações, de modo que o telefone parece mais um show de fogos de artifício no feriado da independência dos Estados Unidos. As gerações anteriores cresceram em ambientes de escassez de informações — se alguém quisesse saber de notícias importantes enquanto estivesse fora de casa, não conseguiria. E se você está condicionado à escassez de informações, é provável que tenha mais dificuldade de reconhecer quanto a atenção é preciosa.

Entender que a atenção é um recurso finito e escasso ajuda a explicar um dos grandes mistérios econômicos dos últimos cinquenta anos, o motivo pelo qual a produtividade não cresceu mais. Na década de 1980, nos primeiros anos da revolução da informação, o economista Robert Solow fez a famosa observação: "É possível ver a era do computador em todos os lugares, menos nas estatísticas de produtividade".[20] Isso se mostrou um pouco prematuro, pois, no final do século XX, vimos uma explosão de produtividade que claramente decorreu da adoção em massa de computadores em rede. Porém, tanto antes desse período relativamente curto quanto desde então, o crescimento da produtividade não tem sido nada satisfatório e não chega nem perto das taxas explosivas de meados do século XX, em especial de 1920 a 1970. O que tem sido alardeado como uma revolução acaba se mostrando, quando comparado à era anterior, um pouco decepcionante — pelo menos no que diz respeito ao crescimento.

Os economistas medem a produtividade de várias maneiras, contudo a mais abrangente é a "produtividade total dos fatores", que mede não apenas a produtividade da mão de obra — quantos componentes por hora um determinado trabalhador pode produzir —, mas toda a produtividade de todos os fatores de produção: quantos componentes por hora a fábrica inteira pode produzir. Durante a década mais produtiva da era da informação, de 1994 a 2004, a taxa de crescimento anual foi de pouco mais de 1%. Na década seguinte, ela caiu para 0,4%. De 1920 a 1970, foi de quase 2% ao ano. A taxa de crescimento anual da produtividade em meados do século passado foi duas vezes maior do que a da década de pico da revolução da informação, e se manteve assim por cinquenta anos.[21]

Entre 1920 e 1970, tanto o nosso mundo físico quanto as atividades cotidianas nele realizadas foram transformados com a adoção generalizada de sistemas de encanamento, eletricidade, telefones, estradas, carros, ar-condicionado, voos comerciais, calefação, máquinas de lavar e TVs. Todas as conveniências da vida moderna surgiram durante esse período. Agora compare isso com o período de 1970 a 2020. Houve incrementos na qualidade de carros, aviões, ar-condicionado, encanamento interno, eletricidade e eletrodomésticos, mas nenhuma mudança importante de fato entre a infraestrutura básica de 1970 e a atual. Se tirarmos os computadores e os celulares, não houve muita novidade.

Embora atravessar o Atlântico de avião hoje leve o mesmo tempo que levava em 1970, os computadores ficaram mais rápidos — muito, muito, muito mais rápidos.[22] Mas não importa quanto um computador seja rápido, quanto possa processar, ele ainda está interagindo conosco. Nós somos o presidente de nossa vida. Nossa atenção é a condição limitante, e não houve avanços reais que ultrapassassem esse limite fixo.

Pense na empresa indiscutivelmente mais bem-sucedida e transformadora da história da era digital: o Google. Encontrar coisas na internet antes do Google era bastante difícil. Havia muita informação e nenhuma maneira de conservar sua atenção. "Navegar" na internet, termo cunhado nos primórdios dela, capta o fato de que se mover pelo espaço digital era difícil, extenuante e recreativo. Era preciso um pouco de prática para dominar, mas podia ser estimulante quando se conseguia.

A pesquisa é o principal método de concentrar a atenção na internet. Desde o início da internet, houve muitas tentativas, e nenhuma funcionou muito bem até o Google. O que diferenciou o site foi a codificação de decisões humanas reais sobre relevância e importância no próprio algoritmo de pesquisa. O Google fez isso por meio de um truque simples e elegante. Como a web é conectada por meio de hiperlinks, e os hiperlinks são codificados em sites por pessoas que fazem seus próprios julgamentos sobre o que deve ser vinculado, é possível usar esses links como uma espécie de indicador contável de relevância e confiabilidade.

Vou simplificar um pouco, mas basicamente é assim que funciona. Digamos que existam duas ESPNs: a famosa rede de esportes e a Erickson

Sewer and Plumbing de Nashville, uma empresa de encanamento e esgoto. Os mecanismos de pesquisa anteriores, acredite ou não, poderiam ter dificuldade de distinguir as duas se ambas fossem nomeadas e indexadas como ESPN. Mas o que o Google descobriu como fazer foi procurar quantas outras páginas estavam vinculadas a determinado site — ESPN.com (rede esportiva global) versus ESPN.net (a empresa de Nashville) — e usar isso como um indicador confiável da relevância da pesquisa.[23] Os detalhes técnicos são um pouco mais complicados, mas isso desencadeou uma espécie de mudança radical na confiabilidade da pesquisa. O Google rapidamente se tornou, de longe, o melhor buscador da internet. E transformou a própria internet quase que sozinho. Passamos a ter, efetivamente, todo o conhecimento do mundo disponível em um instante.

Voltando à estrutura de Simon, o Google era o sistema de processamento de informações definitivo; era onipresente, gratuito e, o que é mais importante, recebia uma enorme quantidade de informações como entrada e emitia uma quantidade muito pequena de informações como saída, conservando assim *a atenção do usuário*.

Mal dá para dizer quanto isso transformou a internet. A missão do Google resumia perfeitamente seu objetivo: "Organizar as informações do mundo e torná-las universalmente acessíveis e úteis".[24] Parece grandioso, mas foi exatamente o que a empresa fez.

Mesmo que o produto fosse revolucionário, não estava previsto que ele fosse lucrativo. Mas o Google também desenvolveu um modelo de negócios engenhoso. O que o torna tão valioso como uma empresa com fins lucrativos é que, ao conservar sua atenção, ele também a captura. Você vai ao Google para filtrar informações irrelevantes e se concentrar de forma confiável nos resultados que o sistema de processamento de informações do site lhe entrega. Isso lhe dá acesso exclusivo ao recurso mais precioso, que é a sua atenção. E como eles têm sua atenção, podem vendê-la a partes interessadas.

Assim nasceu o AdWords, principal produto de publicidade da empresa. O Google começou a leiloar espaço em sua página de resultados para quem desse o maior lance e, em seguida, colocou um pequeno anúncio, identificado como tal, ao lado dos resultados orgânicos. E ao contrário de grande parte da publicidade do século anterior, em que aqueles que compravam os anúncios nunca conseguiam distinguir causa e efeito, o Google desenvolveu um modelo em que cobrava dos anunciantes somente se o usuário clicasse no link.[25]

Algumas buscas valiam muito mais para os anunciantes do que outras, porque a própria busca sinalizava em que o pesquisador estava prestando atenção. Por exemplo, alguém que pesquisa por "mesotelioma" — uma forma de câncer de pulmão ligada à exposição ao amianto — tem grande probabilidade de estar sofrendo com isso ou de conhecer alguém que esteja. E a atenção dessa pessoa é extremamente valiosa para os advogados de ações coletivas que buscam casos de exposição a amianto, de modo que o preço de um clique nessas palavras do anúncio chega a 233 dólares.[26]

Mas essa é apenas uma palavra. Pense em quantos termos de pesquisa existem e em quantas empresas diferentes estão procurando captar a atenção de potenciais clientes que estão concentrados em um produto ou em um serviço que eles têm a oferecer: "academias de ginástica perto de mim", "melhores restaurantes em Tofino, Canadá", "tabela de preços Ford Fiesta 1996". Quando o AdWords (mais tarde, Google Ads) começou a funcionar, foi incrivelmente lucrativo. Em 2004, quando a empresa abriu seu capital, 99% da receita de 3,2 bilhões de dólares do Google vinha da publicidade.[27]

O Google tem sido basicamente uma máquina de imprimir dinheiro desde o momento em que abriu seu capital. Na verdade, ele de fato estruturou a internet moderna, em termos tanto da perspectiva do usuário final — como vivenciamos a web — quanto da forma como o negócio de *back-end* da internet ganha dinheiro, usando cada vez mais informações sobre seus usuários para direcionar anúncios. A teórica digital Shoshana Zuboff chama esse modelo, a espinha dorsal de grande parte da internet moderna, de "capitalismo de vigilância". Ela argumenta que "o Google inventou e aperfeiçoou o capitalismo de vigilância da mesma forma que, há um século, a General Motors inventou e aperfeiçoou o capitalismo gerencial".[28]

Mas, inevitavelmente, chegamos a um confronto entre a força imparável do capitalismo e o objeto imóvel da atenção humana. No capitalismo contemporâneo, as empresas de capital aberto precisam crescer. Em geral, os acionistas estão comprando crescimento futuro mais do que estão comprando renda confiável de, no caso do Google, uma das maiores máquinas de imprimir dinheiro já inventadas. O Google tem todos os incentivos para continuar vendendo cada vez mais a atenção do usuário, mas quanto mais a vende, menos conserva essa atenção, que é o que torna o produto tão valioso em primeiro lugar.

Quando abriram o capital da empresa em 2004, os fundadores Sergey Brin e Larry Page pareciam entender bem essa tensão. Seu prospecto S-1 para investidores explicava que eles fundaram o Google "porque acreditávamos que poderíamos prestar um ótimo serviço ao mundo — fornecendo instantaneamente informações relevantes sobre qualquer assunto. Servir nossos usuários finais está no centro do que fazemos e continua sendo nossa prioridade".[29] Mas, ao listar os possíveis riscos comerciais que enfrentavam, eles voltaram várias vezes a diferentes desenvolvimentos que poderiam de diversas maneiras colocar em risco o serviço principal que ofereciam — preservar a atenção por meio da pesquisa. "Somos suscetíveis a *spamdexing*, o que pode prejudicar a integridade de nossos resultados de pesquisa na web", escreveu o Google. "Levamos esse problema muito a sério porque fornecer informações relevantes aos usuários é fundamental para o nosso sucesso." Se isso não acontecesse, "nossa reputação de fornecer informações relevantes poderia ser prejudicada. Isso poderia resultar em um declínio no tráfego de usuários, o que prejudicaria nossos negócios".[30]

À medida que o Google foi se tornando cada vez maior, seu produto principal foi ficando cada vez pior. Há várias razões para isso, algumas das quais têm a ver exatamente com a manipulação de resultados com a qual eles se preocuparam em seu S-1. Na verdade, a "SEO" ou "otimização de mecanismos de busca" é agora um setor multibilionário por si só e, justamente porque a atenção de quem pesquisa é tão valiosa, há um enorme incentivo financeiro para descobrir como hackear as buscas de modo a colocar o que se deseja no topo das pesquisas.

Mas o maior problema é um problema criado pelo próprio Google. Se eu pesquisar, como fiz recentemente, por um "EV de três bancos" — ou seja, um veículo elétrico com três bancos —, as primeiras QUATRO respostas são todas anúncios pagos de várias montadoras que gostariam de me vender um veículo elétrico de três bancos. Só que a primeira sugestão é um modelo

Subaru Solterra que, na verdade, não tem três bancos. E o próximo anúncio é um modelo Nissan Ariya de um veículo elétrico que... também não tem três bancos! O terceiro anúncio é, finalmente, de um Infiniti QX80, que de fato tem três bancos, mas... não é elétrico. Em seguida, outro anúncio da Polestar, uma nova startup de veículos elétricos que não oferece um carro com três bancos. Depois de rolar a tela um pouco além dos quatro primeiros resultados exibidos, chego a um link real não patrocinado: "Estes são todos os EVs de três bancos que você pode comprar, agora e em breve".[31] Finalmente, a informação que eu estava procurando.

Isso, para mim, resume o paradoxo da era da informação e da economia da atenção. O Google é o produto definitivo da era da informação, e todo o valor do Google é que ele pode filtrar as informações e, em seguida, fornecer o pequeno fragmento de informações relevantes nas quais você pode se concentrar. Mas é justamente o valor desse curto intervalo em que sua atenção está concentrada que eles monetizam de forma tão prodigiosa. E há uma troca de soma zero entre monetizar esse espaço e usá-lo para os fins que você precisa. Eles precisam manipular sua atenção para ganhar dinheiro, mas, se o fizerem em demasia, se passarem da manipulação para o abuso, destroem a utilidade do produto subjacente que mantém sua atenção para começo de conversa. Embora os fundadores do Google tenham entendido muito bem que o spam, em geral, era o problema que seu principal produto foi projetado para resolver, em sua busca por lucros a empresa acabou entregando spam para seus próprios usuários.

Na verdade, eu diria que o spam, entendido de forma ampla, é o problema que define a era da atenção, assim como a poluição das chaminés e os céus cheios de fumaça foram para a Revolução Industrial. É o pior pesadelo de Herbert Simon. Como o limite rígido para todas as tecnologias de informação é a quantidade fixa de nossa atenção, aqueles que querem monetizá-la e aqueles que querem fornecer um serviço para conservá-la (às vezes a mesma empresa, como o Google) acabam em uma briga de soma zero, geralmente com os incentivos monetários vencendo. É um tipo de drama de espião contra espião que ocorre dia após dia dentro da arquitetura mais fundamental da internet. Qualquer produto ou serviço que capte nossa atenção de forma eficaz é suscetível a essa dinâmica: se for bom em conservar nossa atenção e manter nosso foco, também é bom para tentar roubar nossa atenção para outros fins, o que significa que acabará sendo um vetor de spam.

É meio que uma lei da física na era da atenção: você nunca conseguirá derrotar o spam, apenas gerenciá-lo. E isso porque o spam existirá onde quer que a atenção se acumule, da mesma forma que as ervas daninhas crescerão onde houver condições adequadas para algum cultivo: eles se desenvolvem no mesmo solo.

Finn Brunton, autor de uma fascinante história do spam, define spam como "o uso da infraestrutura de tecnologia da informação para explorar as agregações existentes de atenção humana".[32] O termo não vem do infame produto de carne processada, mas de um esquete do *Monty Python* de 1970 a respeito desse produto.[33] É um esquete absurdista de dois minutos em que um casal entra em um restaurante para pedir café da manhã. O chef atrás do balcão lista as opções do cardápio, começando com as normais. "Bom, tem ovo e bacon; ovo, salsicha e bacon; ovo e Spam", mas rapidamente tem mais e mais Spam e menos de todo o resto: "Spam, bacon, salsicha e Spam; Spam, ovo, Spam, Spam, bacon e Spam; Spam, salsicha, Spam, Spam, bacon, Spam, tomate e Spam". No final, tanto os outros clientes do restaurante (vikings, inexplicavelmente) quanto a garçonete estão gritando "SPAM! SPAM! SPAM!" com um vigor singular. Quanto mais eles gritam "SPAM!", mais a conversa se transforma em um absurdo total.

Nos primórdios da computação em rede, em meados da década de 1970, os usuários de grandes redes que passavam muito tempo em grandes salas de bate-papo baseadas em texto uma hora ou outra se deparavam com outros usuários tentando chamar a atenção alheia e até mesmo abusar dela. Um método era usar grandes blocos de texto para ocupar a tela inteira, o equivalente a gritar "OLHA PARA MIM" em uma sala lotada. A referência ao esquete do *Monty Python* ao fazer isso se tornou uma espécie de piada interna na cultura do quadro de mensagens. "Por ser uma piada cujo humor se baseia na repetição e porque os nerds adoram *Monty Python*, ela se tornou uma piada corrente bastante tediosa na cultura inicial dos computadores em rede."[34]

Os usuários podiam simplesmente digitar "SPAM" em letras maiúsculas, usar um atalho de teclado para repetir isso e criar um enorme bloco de texto que passava pela tela de todos, apagando todo o restante e consumindo os preciosos recursos de rede da época. Assim nasceu a conotação moderna do termo "spam", que, segundo Brunton, "serviu para identificar uma maneira de pensar e agir on-line preguiçosa, indiscriminada e um desperdício do tempo e da atenção dos outros".[35] No entanto, o mais importante é que, nos primeiros anos, o spam era feito apenas pela emoção e pela atenção, não com algum objetivo comercial. Era "irritante, mas brincalhão e malicioso em vez de maligno, como soprar de repente uma vuvuzela no meio de uma conversa".[36]

Mas, se a internet pré-comercial tinha spam pré-comercial, não demorou muito para que os *spammers* entendessem que havia um enorme potencial comercial na exploração das vastas reservas de atenção nos computadores em rede. Em 12 de abril de 1994, dois advogados de imigração casados do Arizona inventaram o spam comercial.[37] Os dois estavam procurando clientes para seus serviços, imigrantes com experiência em tecnologia nos Estados Unidos com vistos de trabalho e desesperados por um *green card*. A loteria do *green card* era aberta a todos, e tudo o que os candidatos precisavam fazer era enviar uma simples solicitação ao governo pelo correio, mas os advogados de imigração podiam ganhar um bom dinheiro cobrando uma "taxa" para processar as solicitações, embora o processamento em si fosse dispensável. O casal, Laurence Canter e Martha Siegel, contratou um programador para criar um script simples que publicaria um anúncio de seus serviços em cada um dos 6 mil quadros de avisos ativos do grupo de notícias Usenet. Esses quadros eram mantidos de forma cooperativa, não faziam parte de nenhum serviço corporativo como a AOL e eram segmentados por interesse: de filmes a notícias e colecionadores de cartões de beisebol. Basicamente, uma versão colaborativa e não comercial do Reddit, muito antes de o Reddit existir.

Em 12 de abril de 1994, a seguinte mensagem apareceu em todos os grupos de notícias da Usenet, independentemente do assunto: "A loteria do *green card* 1994 pode ser a última! / O PRAZO FOI ANUNCIADO... PRAZO ESTRITO ATÉ JUNHO. A HORA DE COMEÇAR É AGORA". Os advogados incluíram suas informações de contato. Mais tarde, alegaram que as publicações geraram 100 mil dólares em negócios.

A reação foi rápida e severa, com vários nerds criando rapidamente meios de fazer justiça digital: ligar automaticamente para a caixa postal dos advogados e derrubar o provedor de internet bombardeando-o com e-mails. O casal não se abateu e se declarou a favor da liberdade de expressão. Eles publicaram um livro intitulado *How to Make a Fortune on the Information Superhighway: Everyone's Guerrilla Guide to Marketing on the Internet and Other On-Line Services* [Como fazer fortuna na superestrada da informação: Um guia de guerrilha para marketing na internet e outros serviços on-line]. Em 1997, Canter havia sido expulso da Ordem dos Advogados por, entre outras coisas, práticas de publicidade enganosa.[38]

Canter e Siegel não eram nada de extraordinário. Mas o que eles tinham a seu favor, e que veremos ser uma qualidade essencial na era da atenção, era a falta de vergonha. Quando se tornaram o inimigo público número um na internet, eles aceitaram o fato. Pareciam gostar da controvérsia, convocando as hordas on-line para a briga. A maioria das pessoas se esquivaria de algo que irritaria e enfureceria milhares de pessoas em uma comunidade unida e autorregulada com normas de comportamento bem estabelecidas. Mas Canter e Siegel disseram: que se dane. Nada disso importa. O que estamos fazendo não é ilegal e, se incomoda as pessoas, bem, significa apenas mais atenção.

Para os que estavam nos grupos de discussão, o aparecimento desse anúncio em letras maiúsculas era o equivalente a alguém que irrompe em seu clube do livro para vender facas de carne. Mas, para Canter e Siegel, os grupos de discussão da Usenet eram simplesmente parte da infraestrutura pública, como paredões vazios que pediam para serem cobertos com pôsteres. Como eles argumentariam mais tarde em seu livro de conselhos para enriquecer rapidamente com marketing na internet, não havia uma comunidade real ali, apenas pessoas e suas reservas coletivas de atenção.

Infelizmente, esse é um fato fundamental que tem se demonstrado repetidas vezes, já que a esperança da era da informação deu lugar à realidade da era da atenção, que é seu alter ego. A história da origem do que hoje reconhecemos na hora como spam comercial — APELOS URGENTES EM LETRAS MAIÚSCULAS COM VÁRIOS PONTOS DE EXCLAMAÇÃO!!!! — é instrutiva porque foi criada por duas pessoas aleatórias com algo para vender e um entendimento de que o custo marginal de postar na internet era basicamente zero, enquanto a atenção que se poderia captar era valiosa.

Hoje em dia, o spam ganhou escala e funciona sobretudo por meio de *botnets*, computadores conectados entre si, sem o conhecimento de seus proprietários, usando malware para enviar silenciosamente milhões de mensagens por dia. Dependendo da estimativa, algo entre 50 e 90% de todo o tráfego diário de e-mail no mundo é spam.[39]

Ele transformou a experiência e a utilidade da internet. O e-mail já foi uma tecnologia quase mágica que reduzia instantaneamente a distância geográfica e tornava fácil manter contato imediato com amigos e familiares em grandes extensões. E embora isso ainda seja verdade até certo ponto, também se tornou um rio poluído. Ele ainda está lá, mas você precisa se esquivar de todo tipo de lixo que flutua por ali se quiser entrar.

Vemos esse mesmo fenômeno em todos os lugares: uma vez que algum método de chamar a atenção funciona, ele se torna aberto a spam, pois cada vez mais pessoas, empresas e entidades tentam usá-lo para capturar uma quantidade fixa de atenção, pressionando cada vez mais o que quer que seja sobre o meio ou a plataforma que atraiu as pessoas para ele no início.

Os primeiros anos da captação de recursos políticos por e-mail tiveram uma taxa de sucesso impressionante. Em apenas oito dias, em outubro de 2003, a campanha presidencial de Howard Dean, que estava na reta final, arrecadou 3 milhões de dólares, o que lhe deu uma vantagem de arrecadação de fundos em relação a todos os outros candidatos.[40] Em 2012, quando Barack Obama estava concorrendo à reeleição, conseguiu arrecadar 690 milhões de dólares on-line, a maior parte por meio de e-mails de arrecadação de fundos.[41]

Mas é claro que, depois que o setor entendeu como era fácil chamar a atenção de possíveis doadores com "TERMINA HOJE!!! SOMENTE VOCÊ PODE SALVAR NOSSA CAMPANHA", todo mundo começou a fazer o mesmo. Todas as caixas de entrada foram invadidas por solicitações, e a eficácia delas entrou em colapso. O mesmo ciclo se repetiu com as solicitações de doação de campanha por mensagem de texto, que a princípio se destacavam na confusão do e-mail, mas agora se juntaram à categoria do spam.

Vemos o mesmo fenômeno no ambiente organizacional. O Slack é um software de mensagens de grande sucesso utilizado por empresas para permitir que suas equipes se comuniquem de forma rápida. Grande parte da adoção do Slack aconteceu como uma espécie de rebeldia em escritórios que estavam frustrados com os meios de comunicação existentes, na maioria das vezes o e-mail. Inclusive, o Slack se autodenominou "o assassino do e-mail", destacando em seus materiais de marketing que "colaborar por e-mail aumenta o risco de spam e *phishing*".[42]

O Slack surgiu como uma solução para o custo de atenção do e-mail tradicional, que havia deixado de ser um IPS útil para muitas pessoas porque estava produzindo informações demais e consumindo atenção demais. Mas, à medida que o Slack crescia em uso e volume, ele começou a reproduzir o problema que deveria resolver. Em um ensaio publicado no Medium chamado "Death by a Thousand Pings: The Hidden Side of Using Slack" [Morte por mil *pings*: o lado oculto do uso do Slack], um dos primeiros usuários descreveu a trajetória inevitável de quem economiza tempo para quem o desperdiça, de um software que conserva a atenção para um software que a consome: "Eu me via checando o Slack compulsivamente, mesmo quando não tinha necessidade. E como resultado, estava em um constante estado de distração".[43] O problema, explica o autor, é que "como o Slack é muito fácil de usar, a barreira para iniciar uma comunicação é muito menor". Assim, você acaba rapidamente com um sistema de processamento de informações que está consumindo atenção demais.

Esse não é um problema **apenas** das tecnologias digitais ou da internet. Entendido corretamente, o spam, a exploração da atenção acumulada, é anterior ao próprio termo e à internet. De fato, desde que existe uma escala suficiente de atenção agrupada, sempre houve spam. Lembra-se da proliferação de pôsteres na Paris da virada do século? Um observador contemporâneo notou que a Cidade Luz havia se tornado "pouco mais do que uma imensa parede de pôsteres espalhados desde as chaminés até as calçadas, com quadrados de papel de todas as cores e formatos aglomerados, sem mencionar as simples inscrições".[44]

Os pôsteres se tornaram spam. E assim como nós odiamos spam, uma parcela crescente dos cidadãos parisienses também odiava e começou a se organizar em várias frentes civis com nomes como Sociedade para Proteção da Paisagem e da Estética da França. Por fim, esses grupos venceram: os pôsteres passaram a ser rigorosamente regulamentados, e essas regulamentações continuam em vigor.[45]

O correio seguiu uma trajetória semelhante, embora sem a parte da regulamentação. O Serviço Postal dos Estados Unidos é uma das grandes conquistas da humanidade em termos de comunicação, e há uma atenção presumida que costumava ser atribuída a tudo o que passava pelo escaninho do correio. Afinal, cada pacote era para você: contas, correspondências, tudo o que exigia sua atenção. É claro que não demorou muito para que marqueteiros, arrecadadores de fundos, políticos e afins começassem a tirar proveito disso com o envio de correspondências em massa. Em 1972, o lixo eletrônico constituía um quarto de toda a correspondência entregue, mas em 2019 era quase dois terços. Uma análise de 2015 feita pelo inspetor-geral do Serviço Postal constatou que os americanos recebiam dezoito correspondências publicitárias para cada correspondência pessoal.[46]

Mesmo esses exemplos de *spammers* do passado não capturam por completo o alcance do fenômeno. Brunton diz que a maneira como os *spammers* usam nossa atenção "é exploradora não porque eles extraem algum valor dela, mas porque, ao fazer isso, a desvalorizam para todos os outros — ou seja, em linguagem simples, eles desperdiçam nosso tempo em benefício próprio".[47]

Eles desperdiçam nosso tempo em benefício próprio. Quando se entende dessa forma, o spam não é um problema secundário ou trivial; é *o problema* do nosso tempo. Spam são todas as coisas nas quais não queremos prestar atenção e que querem nossa atenção. O spam surge da tensão entre os dois fatos fundamentais da era da atenção: a informação é infinita, a atenção não. Ou, em termos mais econômicos, o custo marginal de solicitar atenção se aproxima de zero, enquanto o custo para nós, pessoalmente, de ter nossa atenção tomada aumenta à medida que o valor da atenção como recurso também aumenta. Não custa nada para o *spammer* nos distrair. Custa muito para nós nos distrairmos.

Em dado momento, quase todas as interrupções, solicitações e atrativos que tentam chamar a nossa atenção são coisas que queremos ignorar. Esse sentimento, a experiência de vagar por uma feira livre lotada, cercado pelas constantes solicitações de comerciantes que não aceitam um "não" como resposta, é uma experiência essencial da vida contemporânea. Estamos defendendo o que é nosso e mais precioso para nós quase que o tempo todo, enquanto os *spammers* tentam tirá-lo de nós, muitas vezes conseguindo contra nossa vontade devido à natureza diabólica da atenção pré-consciente.

Você talvez imagine que se trata de um problema temporário e que, assim como a internet antes do Google, ainda não encontramos a solução para ele. Talvez o problema do spam possa ser superado com uma nova tecnologia suficientemente sofisticada. No momento em que escrevo este texto, há um sem-fim de debates sobre o papel da inteligência artificial de modelos de linguagem de grande escala em apontar uma saída desse limite fixo. E, nesse sentido, não é surpreendente que um dos primeiros e principais usos dos módulos interativos de IA de grande modelo de linguagem seja como uma espécie de suplemento para uma função de pesquisa. A Microsoft apresentou, com grande alarde, uma versão com IA de seu mecanismo de busca Bing, prometendo "reinventar o futuro da busca".[48] Atualmente, não é possível ir a lugar nenhum na internet sem que lhe sejam oferecidos alguns truques de produtividade usando o outro grande produto da OpenAI, o ChatGPT.

Como IPS, o ChatGPT é de fato impressionante. Quando o instruo a resumir em uma frase o artigo de Simon sobre organizações em um mundo rico em informações, ele responde: "O artigo de Herbert Simon propõe que o design organizacional eficaz diante da crescente disponibilidade de informações envolve a criação de estruturas e processos que priorizam a alocação da atenção, a eficiência da tomada de decisões e os mecanismos de filtragem de informações para gerenciar e utilizar as informações de forma eficaz". Nada mau.

Se você acreditar no hype em torno dessa forma de IA, poderá imaginá-la como o maior IPS já concebido, um aprimoramento revolucionário em nossa capacidade de processar instantaneamente enormes quantidades de informações e reduzi-las a extratos pequenos e digeríveis que preservam nossa atenção. Mas há um problema. Por mais que esses modelos sejam bons em sintetizar informações, a IA generativa também é muito boa em, bem, *gerar* informações. Se você quiser que ela gere resumos jurídicos, documentos, artigos de opinião ou petições muito longas de reclamação para os membros do conselho municipal local sobre um novo empreendimento, ela também pode fazer isso instantaneamente.

É fácil imaginar um mundo com a IA atuando em ambos os lados dessa batalha de atenção — geração de spam por IA e filtros de spam alimentados por IA, um pouco como o final da era dos esteroides no beisebol, quando tanto os rebatedores quanto os arremessadores estavam completamente doidões. Jonathan Frankle, cientista da computação da empresa de IA Databricks, descreveu esse cenário para Ezra Klein, do *New York Times*, como o "apocalipse entediante" para a IA: "Usamos o ChatGPT para gerar e-mails e documentos longos e, em seguida, a pessoa que os recebeu usa o ChatGPT para resumi-los a alguns pontos, e há toneladas de informações mudando de mãos, mas todas elas são só encheção de linguiça. Estamos apenas inflando e comprimindo o conteúdo gerado pela IA".[49]

Quase todas as tecnologias que são boas na triagem de informações para preservar nossa atenção também serão boas na geração de coisas que tentam capturar e explorar essa atenção. Isso surge como uma espécie de lei da tecnologia na era digital. E a pressão do lado da geração e da captura de atenção é incessante, uma tensão inerente e irresolúvel do capitalismo de atenção: a atenção é fixa e finita, enquanto o capitalismo exige crescimento ilimitado. O que acontece na prática é que esse crescimento continuará esbarrando no limite da atenção: só podemos nos concentrar — por definição — em uma coisa de cada vez. O Google não pode criar mais espaço na tela; não pode expandir o número de resultados de pesquisa nos quais somos capazes de nos concentrarmos. Quando a busca por um crescimento cada vez maior da receita esbarra em nossos limites humanos, é preciso fazer alguma coisa.

Há aqui um paralelo entre uma tensão semelhante que gerações de ambientalistas identificaram na necessidade incessante de crescimento econômico do capitalismo industrial. Os fundamentos do problema seguem as mesmas linhas: o capitalismo exige crescimento infinito, mas requer da terra recursos e insumos — petróleo, madeira, cobre e assim por diante — que são finitos. Em algum ponto, haverá um acerto de contas, seja por escassez em massa, aumento dos custos, colapso ambiental ou alguma combinação cataclísmica dos três fatores.

O manifesto mais famoso dessa perspectiva, *Os limites do crescimento*, publicado pelo *think tank* internacional Clube de Roma em 1972, usou modelos sofisticados de computador para projetar um futuro de preços em alta, escassez em massa e desastres. A lógica era simples: o desenvolvimento econômico global estava impulsionando o crescimento exponencial da demanda por todos os tipos de recursos, enquanto a oferta desses mesmos recursos estava aumentando apenas de forma linear. Mais cedo ou mais tarde, isso causaria picos nos preços das commodities e outros problemas, incluindo o colapso de todo o sistema global de produção. "Se as tendências atuais de crescimento da população mundial, industrialização, poluição, produção de alimentos e esgotamento de recursos continuarem assim", escreveram os autores, "os limites de crescimento deste planeta serão atingidos em algum momento nos próximos cem anos. O resultado mais provável será um declínio repentino e incontrolável da população e da capacidade industrial."[50]

A corrente dos "limites do crescimento" acabou acertando metade de suas previsões. A quantidade de destruição causada na Terra pela disseminação global do capitalismo industrial foi, de fato, assustadora — plásticos no oceano, áreas úmidas destruídas, espécies extintas, 17% da Amazônia aniquilada.[51] Mas as alegações mais específicas associadas à sua escola de pensamento — escassez mundial, fome em massa e extinção da população — não se concretizaram, felizmente, pelo menos por enquanto. Nos países ricos, os mecanismos de preços capitalistas funcionaram bem o suficiente para impulsionar a inovação e contornar, superar e atravessar os obstáculos e as restrições físicas que poderíamos ter imaginado. Embora o relatório tenha previsto que "a grande maioria dos recursos não renováveis importantes hoje será caríssima daqui a cem anos", na verdade, a maioria das commodities ficou mais barata nos cinquenta e tantos anos desde sua publicação.[52] Para citar um exemplo particularmente engenhoso e destrutivo, o fraturamento hidráulico, que dispara líquido de alta pressão em camadas de rocha para forçar a saída do gás natural e extraí-lo, liberou bilhões de galões de petróleo e metros cúbicos de gás que eram inacessíveis. Melhorias semelhantes na extração fizeram o mesmo com determinados metais e minerais preciosos.

Tudo isso ocorreu a um enorme custo ecológico, social e humano. A mudança climática representa o maior desafio para o atual modelo de capitalismo industrial global, uma vez que temos apenas uma atmosfera, e ela só consegue suportar uma certa quantidade de carbono antes de aquecer nosso planeta a níveis catastróficos. Nesse sentido, a ideia do pessoal dos limites do crescimento sobre a rota de colisão entre o capitalismo global e a Terra se provou não apenas profético, mas o desafio central de toda a história humana. Porém, em termos de previsões estritas sobre o fornecimento de recursos e a capacidade da Terra de produzi-los, a aplicação da engenhosidade humana encontrou maneiras de extrair cada vez mais.

E quanto à atenção? A quantidade do recurso é mesmo fixa ou também se mostrará muito mais ampla em resposta à força incessante da inovação capitalista? Acho que todos nós sentimos no dia a dia as maneiras pelas quais o capitalismo de atenção extrai mais do recurso do que antes parecia ser possível, ao fragmentar nossas mentes, na memorável frase do teórico da atenção D. Graham Burnett.[53]

Todos nós experimentamos uma séria expansão em nossa atenção, mesmo que a qualidade dela tenha se degradado, junto com o aumento do número de coisas nas quais prestamos atenção. Na época em que o automóvel surgiu, por volta da virada do século XX, a ideia de prestar atenção ao mesmo tempo em dirigir e no rádio parecia absurda. Mas, na década de 1930, os rádios automotivos eram amplamente disponíveis e gerações de motoristas passaram a achar inconcebível dirigir sem eles. Há uma geração, eu teria dito que só se pode assistir a uma coisa de cada vez; na verdade, isso pareceria quase tautológico. Mas agora é comum sentar e assistir a um programa de TV ou um filme enquanto se mexe no celular. Uma geração inteira de crianças não vê nisso nada de extraordinário.

Portanto, é evidente que os "limites rígidos" da atenção não são completamente fixos. Mas eles existem. Como seres humanos, somos processadores em série, só conseguimos nos concentrar — isto é, realmente nos concentrar — em uma coisa de cada vez e, mais cedo ou mais tarde, todos os sistemas que visam melhorar nosso desempenho em qualquer ato cognitivo esbarram nesse limite.[54]

Simon mostra por que, em conjuntos organizacionais — trabalho, escolas, instituições, burocracias, empresas —, o que chamamos de era da informação é mais bem compreendido como era da atenção. Mas grande parte de nossa vida, os momentos mais preciosos, íntimos e emocionantes, acontecem fora do contexto das organizações, durante o tempo que passamos com família, amigos e vizinhos. No contexto dos relacionamentos humanos que dão sentido à vida, a questão central de Simon sobre como uma organização processa as informações parece remota. Se a atração inescapável de informações e atenção definiria a vida organizacional, por que deveria definir também a vida social?

Em 1997, quando a internet estava decolando, 26 anos depois de Herbert Simon ter dado sua palestra sobre a economia da atenção, um físico teórico que se tornou filósofo da internet, Michael Goldhaber, deu sua própria palestra, chamada "The Attention Economy and the Net" [A economia da atenção e a rede], que ampliou significativamente a percepção central de Simon para o âmbito social.[55] Goldhaber palestrou em uma conferência intitulada Economics of Digital Information [Economia da informação digital] e, verdade seja dita, apesar de toda a literatura subsequente sobre o assunto, as ideias de Simon e Goldhaber, expressas de forma elegante e sucinta, ainda são a melhor base para se pensar sobre essa era hoje.

Os primeiros passos de Simon em direção ao conceito de uma economia da atenção vieram da percepção de que a informação consome atenção e que a atenção é um recurso limitado. Toda economia é, em última análise, um estudo de como os recursos escassos são racionados. Mas a principal contribuição de Goldhaber a essa estrutura é demonstrar que a atenção não é apenas um recurso finito dentro de nós que pode ser extraído. Não, *a atenção é um recurso que pode ser movimentado*: trocado, presenteado e comercializado.

O que Goldhaber reconhece é que a questão da atenção se refere não apenas a em que estamos prestando atenção, mas, como discuti no capítulo 4, ao fato de que também podemos prestar atenção em outras pessoas, e elas em nós. A atenção social é a chave para entender como a atenção pode ser movimentada, distribuída, compartilhada, presenteada, trocada — como pode *fluir*.

Goldhaber afirma que uma conversa, uma das formas mais básicas de comunicação humana e vínculo social, é em essência uma troca não de informações (que em geral são secundárias), mas sobretudo "uma troca de atenção":

> Se eu quiser sua atenção por qualquer motivo, posso começar pedindo-lhe informações, como quem você é e o que faz, não necessariamente porque isso seja de grande interesse para mim, mas porque é uma boa maneira de chamar a sua atenção. As crianças fazem inúmeras perguntas com esse motivo, muitas vezes óbvio, e os adultos não são necessariamente diferentes. [...] Portanto, o que importa de verdade em toda conversa é a troca de atenção — uma troca que em geral deve ser mantida mais ou menos igual se uma das partes não quiser perder o interesse.[56]

Esses fluxos de atenção, que vão e voltam de forma recíproca em uma conversa, também podem assumir diversas outras formas. Se um palestrante em uma conferência pede a alguém da plateia que se levante, para contribuir com a palestra que está ouvindo, esse palestrante está usando a atenção que captou para distribuí-la em outro lugar. "Uma verdade fundamental é que, se você tem a atenção de um público, pode passá-la para outra pessoa", diz Goldhaber, e "o fato de que a atenção pode ser passada de alguém que a tem para outra pessoa e assim por diante, é obviamente uma característica vital para que haja algo parecido com uma economia".[57]

Goldhaber previu que, à medida que uma sociedade se tornasse mais rica e as preocupações materiais imediatas diminuíssem para parcelas cada vez maiores dela, capturar a atenção se tornaria cada vez mais importante e serviria como um motivador fundamental da ação humana:

> À medida que avançamos em direção a uma economia da atenção em um sentido mais completo, o éthos da velha economia, que faz com que buscar atenção conscientemente seja de mau gosto ou uma estratégia ruim, parece estar dando lugar a uma atitude que faz com que ter muita atenção seja admirável e buscá-la não seja de todo reprovável. [...] As energias liberadas pelo sucesso do que chamo de economia industrial do dinheiro vão cada vez mais na direção de obter atenção. E isso leva a uma competição crescente pelo que é cada vez mais escasso, que é, obviamente, a atenção. Assim, cria-se uma disputa interminável, que também aumenta as exigências de cada um de nós para prestar a atenção escassa que pudermos.[58]

O que Goldhaber profetizou, bem antes do advento da moderna economia da atenção, foi que a atenção logo seria a moeda de troca. Entendê-la como um tipo de riqueza que poderia ser acumulada paralelamente à riqueza monetária real explica muito sobre os contornos de nossa era pós-industrial, tanto na vida organizacional quanto em nosso mundo social. Por que a internet tem conteúdo interessante? Por que é um lugar onde, desde a minha primeira conexão on-line aos catorze anos de idade, em 1993, eu podia perder horas? Porque as pessoas, sem nenhuma compensação monetária, gastam muito tempo e esforço criando coisas que querem que os outros vejam — postando em grupos de notícias da Usenet, escrevendo blogs, conversando em salas de bate-papo e criando páginas de piadas bobas. Toda essa criatividade, esse humor e esse conhecimento, tudo isso está sendo empregado, em algum nível, em busca de atenção, tudo faz parte de uma economia de atenção amplamente não comercial, em que as pessoas trocam sua atenção de um lado para outro.

Goldhaber acaba fazendo previsões ainda mais ambiciosas que não se concretizaram, pelo menos por enquanto: que a atenção é tão valiosa que substituirá o próprio dinheiro. Que, embora pools suficientemente grandes de atenção possam ser trocados por dinheiro e riquezas, a troca não funciona da mesma forma na direção oposta: "O dinheiro flui para a atenção, já a atenção não flui tanto para o dinheiro". Isso significa que, se você é bom em chamar a atenção, como Marjorie Taylor Greene, pode trocar isso por dinheiro (no caso dela, na forma de arrecadação de fundos), mas a troca não ocorre na direção oposta. Se você tiver uma grande quantidade de dinheiro, não poderá comprar atenção para si.

Há alguma verdade nesta afirmação: o fato de alguém pagar para colocar um anúncio na sua frente não significa necessariamente que você o notará ou se lembrará dele. E, no entanto, o capitalismo e a troca de mercado se mostraram mais flexíveis (ou insidiosos) do que Goldhaber previra. Grande parte da economia da atenção agora gira em torno exatamente dessa troca de dinheiro por atenção. Ou seja, o comércio entre dinheiro e atenção flui de fato nos dois sentidos. As pessoas acumulam atenção e a transformam em dinheiro — a exemplo de influenciadores do Instagram que assinam contratos lucrativos com marcas — e, da mesma forma, podem usar dinheiro para comprar atenção, como Elon Musk gastando 44 bilhões de dólares para nos fazer ler seus tuítes ruins.

Até agora, estou argumentando que devemos pensar na atenção como um recurso, uma substância extraída por seu valor de mercado, e que esse recurso tem aumentado de valor e agora é o mais importante de todos. Essas são as duas alegações gerais deste livro. Este capítulo tem o objetivo de desenvolver o segundo ponto: na natureza do que muitas vezes é considerado a era da informação, a atenção *deve*, inevitavelmente, ser o recurso mais importante em uma sociedade e em uma economia dominadas pela informação.

Mas acho que devo dedicar algum tempo para discutir um contra-argumento que se esconde nas margens: há muitas pessoas, organizações, corporações e instituições com enorme poder e riqueza que operam em grande parte fora de nossa atenção e da economia da atenção. Claro, podemos citar políticos e bilionários, mas a grande maioria dos que detêm o poder nos escalões superiores do que o sociólogo C. Wright Mills chamou de "a elite do poder" é relativamente anônima.[59] Eles escapam da nossa atenção e obtêm seu poder de outras fontes que não a atenção.

Há, por exemplo, mais de oitocentos bilionários nos Estados Unidos e, se lhe apresentassem uma lista com os nomes, você provavelmente reconheceria no máximo algumas dezenas. Da grande maioria, nunca ouvimos falar, e suspeito que quase todos gostariam que continuasse assim.

Isso também se aplica aos funcionários do governo, dos quais apenas um grupo relativamente pequeno é bem conhecido. É improvável que o principal responsável pelas apropriações de recursos da Câmara — o chefe do Comitê de Formas e Meios — seja conhecido ou seguido pelos paparazzi. Muitos senadores dos Estados Unidos são relativamente anônimos, mesmo que ocupem cargos de enorme influência. Há também centenas de funcionários de subgabinetes, diretores do Sistema de Reserva Federal, lobistas influentes e sócios de firmas de advocacia que não atraem a atenção nem pessoal, nem profissionalmente e que, no entanto, são muitíssimo poderosos, ainda que não tenham nenhuma conexão real com o recurso da atenção — eles não a atraem, nem a compram ou vendem. Levam uma vida anônima e exercem seu poder longe dos olhos do público. Podem ser objeto de muita atenção em seu mundo, mas não para o público em geral.

Inclusive, pode-se dar um passo adiante e dizer que a atenção é ouro de tolo. Que apenas as pessoas mais necessitadas e psicologicamente comprometidas com poder ou riqueza real a buscam, porque as mais estáveis entendem que, na verdade, ela não é um recurso tão valioso, apesar de sua aparente conveniência.

Também é possível — e aqui vou me arriscar e argumentar por um momento contra mim mesmo — que toda a minha visão do valor da atenção seja irremediavelmente tendenciosa. Fica claro que sou uma pessoa que valoriza a atenção de outras, como mostra o fato de você ter este livro nas mãos e toda a minha vida profissional. Sou alguém que trabalha no setor de atenção, portanto, é claro que, como recurso, ela é importante para mim. Talvez minha visão de seu valor derive principalmente do quanto eu a valorizo, e eu não consiga enxergar isso por estar imerso por completo na economia da atenção.

Ok, agora quase me convenci, mas vou dar um passo atrás e dizer por que acho que isso não é verdade. Sim, existem inúmeras pessoas, corporações e instituições poderosas e ricas que prosperam fora de nosso foco de atenção e exercem poder de forma invisível. Mas acho que, se olharmos com atenção, podemos perceber que está ocorrendo uma espécie de mudança geracional. A natureza da era da atenção é que ela é moldada por um conjunto de processos e desenvolvimentos ao longo do tempo, em oposição a um equilíbrio estático: o mesmo vale para todos os novos sistemas de relações sociais e materiais. No momento, é possível observar uma verdadeira ruptura entre os elementos da sociedade que são nativos da era da atenção e os que não são.

Por exemplo: na terceira década do século XXI, Elon Musk era o homem mais rico do mundo. Os rankings das pessoas mais ricas do mundo (invariavelmente homens) são flutuantes, sobem e descem com as marés do mercado de ações, mas o patrimônio líquido estimado dele em 2023 era algo em torno de 240 bilhões de dólares. Não havia nenhum item material na Terra que Musk não pudesse ter. Ele tinha riquezas além de qualquer imaginação — carros, casas, iates etc.

O que Musk queria, no entanto, era atenção. Não no início — durante boa parte do começo de sua carreira, ele era relativamente tímido com relação à imprensa. Mas depois, como muitos, entrou para o Twitter, e lá a dinâmica do desejo de reconhecimento de Alexandre Kojève, a Estrela e o Fã, começou a se impor e ele foi postando cada vez mais, com graus maiores de um desespero patético, até que fez a compra por impulso mais cara da história, adquirindo o Twitter pelo preço superinflado de 44 bilhões de dólares.[60]

Talvez tendo percebido quanto havia pagado a mais, Musk tentou voltar atrás. Mas, diante de uma ação judicial do Twitter e de um julgamento potencialmente desastroso, ele foi quase forçado a concluir a venda. Embora tenha feito todos os tipos de comentários sobre liberdade de expressão e diversidade de pontos de vista, logo ficou claro, por meio de suas incessantes e compulsivas postagens e trolagens, que o que ele queria mesmo era ser o protagonista do Twitter.

Quando conseguiu virar esse personagem, ele impulsionou teorias da conspiração sobre um ataque selvagem ao marido da presidente da Câmara dos Deputados, zombou da ideia de que um atirador em massa com tatuagens de suástica fosse um supremacista branco e alimentou publicações racistas sobre a criminalidade inerente aos negros, além dos tuítes degradantes sobre pessoas trans.

Isso conseguiu chamar atenção para Elon Musk: ele sempre foi uma das principais figuras do Twitter, e suas palhaçadas chegaram a se tornar uma fixação da cobertura jornalística convencional. Mas tudo isso foi um pouco demais para muitos usuários do Twitter. Crucialmente, os anunciantes começaram a se retrair e, depois, a fugir em massa. Em maio de 2023, sete meses após Musk ter comprado a plataforma por 44 bilhões de dólares, a Fidelity Investments estimou que seu valor total era de apenas 15 bilhões.[61] Para a maioria dos observadores, parecia que Musk havia queimado quase 30 bilhões de dólares, mas ele os havia usado para comprar algo, que era a atenção do mundo. Isso era mais valioso para ele do que literalmente qualquer outra coisa. Quando um entrevistador da CNBC perguntou por que ele vivia postando tuítes que diziam coisas como "George Soros 'odeia a humanidade'", Musk — com uma pequena pausa para suspense — disse: "Tem uma cena em *A princesa prometida* — um ótimo filme — em que ele confronta a pessoa que matou seu pai. E diz: 'Me ofereça dinheiro. Me ofereça poder. Não me interessa'. [...] Vou dizer o que quero dizer e, se a consequência disso for perder dinheiro, que assim seja".[62] Embora mascarado com o manto dos princípios, o que Musk estava realmente dizendo era: a atenção vale a pena para mim. Não tem nada que eu valorize mais.

Musk é tão obcecado por atenção que, mesmo quando a lucratividade e o valor da empresa que ele comprara despencaram, exigia que os funcionários dedicassem seu tempo para garantir que ele recebesse bastante atenção. De fato, no início de 2024, de acordo com um relatório, Musk instituiu uma reunião diária às onze horas da noite, na qual os engenheiros tinham a tarefa de aumentar o engajamento dele no site, que havia rebatizado de X. "O problema que estamos resolvendo é simples", disse um programador ao *Business Insider*. "Por que a contagem de tuítes de Elon está caindo? É isso e só isso — não tem a ver com outras contas."[63]

Musk é um exemplo extremo, mas não está sozinho. O que se pode ver em sua coorte geracional é a mesma voracidade por atenção: bilionários do Vale do Silício iniciando seus próprios podcasts ou postando compulsivamente, como o bilionário de fundos de hedge Bill Ackman. Os novos plutocratas desta era são obcecados por atenção.

Essa trajetória é uma fábula perfeita para a era da atenção. Ali estava um homem, Musk, que tinha todos os recursos materiais e financeiros, tudo o que a totalidade da história humana até aquele momento poderia produzir para ser comprado ou possuído por uma única pessoa. E ainda assim, ele estava disposto a trocar tudo isso por atenção.

A relação de Musk com a atenção é o oposto da do presidente da Ucrânia, Volodimir Zelenski. Antes de entrar para a política e se tornar um líder em tempos de guerra, Zelenski foi um comediante e artista de grande sucesso. Usou as habilidades que havia aperfeiçoado ao longo dos anos, a capacidade de atrair e prender a atenção, e as empregou para manter os olhos do mundo na difícil situação de seu país e converter essa atenção em recursos materiais: dinheiro e armas. Parte do motivo pelo qual a atenção é um recurso tão potente é o fato de que ela *é* negociável: se você for tão bom em capturar e manter a atenção quanto Zelenski, poderá converter esse recurso em outros, como ele fez de forma tão eficaz. Musk é um exemplo desse fluxo na direção oposta. Se Zelenski é um artista natural, Musk é o oposto: um buraco negro de carisma negativo. Mas deseja tanto a atenção que está disposto a pagar muito caro por ela. Zelenski trocou atenção por recursos materiais, enquanto Musk trocou recursos materiais, dezenas de bilhões de dólares, por atenção. Não há nada que ele valorize mais.

7

Atenção pública

No outono de 1858, enquanto os Estados Unidos se recuperavam de uma crise financeira e mergulhavam em uma de suas crises intermitentes de fervor espiritual, dois homens se enfrentaram em uma disputa pelo Senado que se tornaria a mais famosa disputa política estadual da história da república norte-americana. O deputado de Illinois Abraham Lincoln, representando o recém-formado Partido Republicano, que se opunha à decisão do caso Dred Scott e à expansão da escravidão para novos territórios, desafiou o senador democrata Stephen A. Douglas, que havia ajudado a elaborar o Compromisso de 1850, consagrando a Lei do Escravo Fugitivo, que criminalizava o ato de abrigar escravos fugitivos e impedir sua captura. A lei também defendia a ideia de "soberania popular", ou seja, permitir que cada estado decidisse se permitiria a escravidão, o que Douglas defenderia ao longo de sua carreira política. Os dois candidatos debateram sete vezes em sete cidades diferentes ao longo de dois meses e, embora os debates tenham ocorrido antes do advento da mídia de transmissão moderna, foram sensação nacional. Um jornal de Dallas chamou a disputa de "uma das disputas políticas mais emocionantes já ocorridas".[1] O correspondente de um jornal de Richmond, Virgínia, escreveu que "raramente uma eleição local foi aguardada com tanto interesse, raramente os políticos de tantas localidades diferentes tomaram partido com tanto afinco e se manifestaram de forma tão decidida a favor de um ou outro candidato".[2] "Illinois", declarou o jornal abolicionista *The Liberator*, "está em polvorosa neste momento".[3] Os debates atraíram tanta atenção nacional que, apenas dois anos depois, os dois homens seriam os indicados de seus respectivos partidos para a eleição presidencial.

De uma perspectiva moderna, os debates entre Lincoln e Douglas parecem impressionantes e estranhos. Em primeiro lugar, eram espetáculos, uma forma de entretenimento de massa mais parecida com uma batalha de rap do que com uma palestra em uma faculdade. As pessoas se aglomeravam nos locais para ver os dois grandes oradores e reagiam com um entusiasmo estrondoso. As interjeições são registradas nas transcrições, e a capacidade de Lincoln de falar com a multidão era um de seus talentos mais marcantes.

E, no entanto, o formato em si era, de acordo com nossas expectativas modernas, de dar sono. O primeiro orador fazia um discurso de uma hora. O segundo respondia com uma réplica de noventa minutos, seguida por uma tréplica de trinta minutos do primeiro. Isso dava três horas de discurso direto, mais do que a maioria dos filmes e jogos de futebol. Em sua crítica contra a cultura de entretenimento da TV dos Estados Unidos do final do século XX, Neil Postman apresenta esses debates como exemplo de uma preciosa cultura democrática de comunicação — "um tipo de oratória que pode ser descrita como literária" — que se perderia completamente no século XX.[4]

Embora, muitos anos mais tarde, a perspicácia, a inteligência e o talento retórico de ambos os homens estejam claros nas transcrições aproximadas desses debates, é inegável que a densidade da linguagem e da argumentação pareceria bastante impenetrável hoje em dia.[5] Veja, por exemplo, como Stephen Douglas articulou o que se tornaria conhecido como a doutrina Freeport, sua visão de que os cidadãos de um novo território fronteiriço poderiam optar por proibir ou permitir a escravidão como bem entendessem:

> Não importa o que a Suprema Corte decida daqui em diante sobre a questão abstrata de a escravidão poder ou não entrar em um território de acordo com a Constituição, o povo tem os meios legais para introduzi-la ou excluí-la como desejar, porque a escravidão não pode existir por um dia ou uma hora em qualquer lugar a menos que seja apoiada por regulamentos policiais locais. Esses regulamentos policiais só podem ser estabelecidos pela legislatura local e, se o povo se opuser à escravidão,

elegerá para esse órgão representantes que, por meio da legislação, impedirão efetivamente a introdução da escravidão em seu meio.[6]

Não é ininteligível, mas é muito mais complexo e tem muito mais camadas, em nível de frase, do que praticamente qualquer pronunciamento de qualquer político hoje em dia. Ao ler as transcrições, é impressionante ver como os debates estão repletos de orações entre parênteses e subordinadas, com ideias que são visualizadas no início de uma frase, deixadas um pouco de lado e retomadas mais tarde. É mais parecido com algo escrito do que com algo falado, o que Neil Postman já havia destacado: trata-se de comunicação de massa em uma sociedade definida pela palavra escrita em oposição à imagem.[7] E assim como na escrita, os debates estão repletos de citações de outras fontes, referências ao debate nacional mais amplo sobre a escravidão e a muitas disputas e conflitos menores dentro dele. Tudo isso, para um leitor moderno, pode tornar a discussão extremamente difícil de acompanhar. Eis Lincoln no quarto debate:

> Percebe-se que o juiz Trumbull mostra que o senador Bigler, no plenário do Senado, declarou que houve uma conferência entre os senadores, na qual foi determinada a aprovação de uma Lei de Habilitação para que o povo do Kansas formasse uma Constituição e, nessa conferência, foi acordado entre eles que era melhor não haver uma disposição para submeter a Constituição ao voto do povo depois que esta fosse formada. Em seguida, ele apresenta-se para mostrar que o juiz Douglas relatou o projeto de lei de volta ao Senado com tal cláusula suprimida. Em seguida, mostra que havia no projeto de lei uma nova cláusula inserida cuja natureza impediria que a Constituição fosse referida de volta ao voto do povo — se, de fato, com base em um mero silêncio na lei, fosse possível presumir que tinham o direito de votar nela.[8]

As pessoas ficavam extasiadas por três horas ouvindo isso!

É em grande parte devido a essa complexidade de pensamento e retórica que, mais de um século e meio depois, os debates Lincoln-Douglas ainda servem como modelo de discurso democrático em sua melhor forma.

Gerações de secundaristas competiram nos debates à la Lincoln-Douglas, ainda hoje um dos formatos mais populares de debate competitivo.

Quando falamos sobre como uma sociedade democrática se expressa na esfera pública, quase sempre usamos o modelo de debate. Nossos órgãos parlamentares funcionam com base neste modelo: um orador sobe ao púlpito e fala por um tempo determinado, seguido por outros oradores, geralmente com pontos de vista opostos. Os dois lados vão e voltam apresentando argumentos e contra-argumentos. Também modelamos assim o discurso público. Há uma "questão" (digamos, imigração); em seguida, diferentes lados (a favor e contra, restrição ou expansão etc.); e na esfera pública — na TV, na internet e até mesmo em grupos de igrejas ou bares — as pessoas discutem esses lados. Programas de assuntos públicos como *Crossfire*, *The McLaughlin Group* e o equivalente a incontáveis horas de noticiários ao longo dos anos (alguns dos quais eu participei!) usam essa estrutura robusta.

Um debate é um tipo de *regime de atenção*, um meio formal de regular para onde e como a atenção fluirá. Qualquer tipo de discurso, desde a conversa em um primeiro encontro até os diálogos socráticos de Platão, exige um regime de atenção explícito ou implícito. O regime de atenção pode assumir uma variedade de formas, desde que prescreva onde a atenção repousa a cada determinado momento. As tribos indígenas do noroeste do Pacífico usavam um "bastão falante" como meio de regular a atenção durante bate-papos e sessões deliberativas. Congressos acadêmicos apresentam um palestrante e os entrevistados posicionados na frente da sala, enquanto os seminários menores permitem que qualquer pessoa levante a mão para ser adicionada a uma lista de palestrantes. As reuniões têm uma pauta e, geralmente, alguém as preside. Clubes, organizações e comitês de todos os tipos tendem a usar alguma versão das *Regras de ordem de Robert*, um conjunto de diretrizes para se reger reuniões que foi criado por um general de brigada da Guerra Civil chamado Henry Martyn Robert. O livro de regras nasceu quando Robert foi convidado a presidir uma reunião em uma igreja local em New Bedford, Massachusetts e, sem nenhuma experiência em tal empreendimento, logo se viu sobrecarregado:[9]

> Meu constrangimento foi supremo. [...] Mergulhei de cabeça, confiando na Providência de que a assembleia se comportaria bem. Mas com o

mergulho veio a determinação de nunca mais participar de outra reunião até que eu soubesse algo sobre [...] lei parlamentar.[10]

O que Robert compreendeu no primeiro contato com o problema foi que, sem algum regime estabelecido e compartilhado para regular a atenção do grupo, ela era como uma borboleta, voava para cá e para lá, e todos na reunião estariam fadados a persegui-la sem sucesso.

Ou seja, algum regime de atenção é essencial para qualquer tipo de comunicação em grupo. É tão necessário para um empreendimento humano colaborativo que, entre as primeiras coisas que se ensina a crianças em um ambiente escolar, está o regime de atenção: não fale quando o professor ou outras crianças estiverem falando, levante a mão se quiser fazer uma pergunta. Esses comportamentos são ensinados desde muito cedo porque as regras para regular a atenção em grupos não são necessariamente "naturais" ou intuitivas. De fato, na liberdade do parquinho, pode se estabelecer todo tipo de regimes de atenção.

Mas as regras de distribuição da atenção também são ensinadas às crianças porque, sem elas, a sala de aula vira um caos. Se todos estiverem falando e gritando ao mesmo tempo, é difícil ensinar e até aprender. As crianças precisam aprender as normas e as regras de atenção da sala de aula como parte de um processo mais amplo de aculturação à sociedade humana, pois todas as interações sociais são orientadas por um conjunto de regras de atenção.

Esses regimes de atenção são tão onipresentes que são amplamente adotados. Mas são como a fundação de um edifício sob a linha de congelamento do solo: sem ela, tudo o que é significativo — apuração de fatos, deliberação, decisão — entra em colapso. Como acontece com frequência com a atenção, ela é necessária, mas não suficiente, ao mesmo tempo indispensável e reles.

Então, vamos voltar ao deputado Abraham Lincoln, ao senador Stephen Douglas e aos debates que consideramos um modelo de discurso democrático. Há algumas camadas no regime de atenção que sustentaram o empreendimento. As mais óbvias são as regras básicas do debate: uma abertura de sessenta minutos, uma réplica de noventa e uma tréplica de trinta minutos. Os dois alternavam os papéis de cidade em cidade, abrindo em uma cidade e respondendo na seguinte.

Como vivemos na era do vídeo de dez segundos e da rolagem interminável, não há dúvida de que parte do nosso espanto e da nossa admiração por esses debates é a resistência absoluta do foco que exigiam tanto dos oradores quanto dos espectadores. Quando o tempo inclemente forçou a apresentação de Douglas em Springfield, em 3 de outubro, a ser realizada no salão principal do Capitólio do estado, "de 1.100 a 1.200 pessoas" se aglomeraram no local, deixando o espaço "lotado ao máximo".[11] Quando Lincoln anunciou que daria sua resposta no dia seguinte, uma multidão de tamanho semelhante compareceu.

Mas não se trata apenas de resistência. Trata-se também da relação entre a duração dos discursos e das réplicas e a sofisticação do pensamento e da retórica que esse formato facilitava. Todos nós entendemos intuitivamente que certas ideias, em especial as complexas ou com nuances, exigem mais tempo para serem comunicadas e analisadas do que as simples. E, por outro lado, que as pequenas porções frenéticas e cada vez mais curtas de comunicação que consumimos hoje degradam nossa capacidade de manter o foco e a qualidade do pensamento que está sendo comunicado e compreendido.

Noam Chomsky argumentou que a natureza da TV comercial e, em particular, a necessidade de inserir conteúdo entre os intervalos comerciais, tem um efeito ideológico sobre a substância, embora seja uma restrição puramente formal. "Você precisa atender à condição de concisão", disse ele certa vez. "É preciso dizer as coisas entre dois comerciais ou em seiscentas palavras. E esse é um fato muito importante. A beleza da concisão é que você só pode repetir pensamentos convencionais."[12] Porque, de acordo com Chomsky, pronunciamentos não convencionais, como "A pior campanha terrorista do mundo, de longe, é a que está sendo orquestrada em Washington", exigem muito mais elaboração e argumentos do que essas restrições permitem e, portanto, normalmente nunca vão ao ar.[13]

Tenho minhas dúvidas quanto a isso: Chomsky parece achar que é algo mais intencionalmente engendrado pelos poderes corporativos do que de fato é. Mas a tese básica — de que restringir o tempo dedicado à discussão de um tópico tem um efeito substancial sobre as ideias apresentadas — é verdadeira.

É uma área que conheço bem. Ao longo de minha carreira em radiodifusão, apresentei: um programa de uma hora no horário nobre, em que os segmentos duravam entre dois e quinze minutos; um painel de duas horas em que os blocos às vezes se estendiam por trinta minutos de conversa prolongada; e um podcast semanal, em que tenho uma única conversa que dura cerca de uma hora. Há muitos assuntos — por exemplo, como a rede elétrica funciona em detalhes e como ela deve ser repensada para uma era de energia de carbono zero ou como, de acordo com um filósofo renomado, as pessoas seculares devem pensar sobre o sentido da vida se não houver um céu ao qual aspirar — que deram origem a episódios fantásticos de podcast e que não teriam qualquer efeito como segmentos de sete minutos de notícias no horário nobre.

Quando celebramos os debates Lincoln-Douglas, o que estamos celebrando é o fato de os dois homens estarem absortos o tempo todo. Eles vão e voltam sem esforço entre princípios abstratos (igualdade humana) e questões legislativas específicas (o Compromisso do Missouri). Respondem aos pontos de vista um do outro, não importa quanto sejam minuciosos ou específicos. Compare isso com o que aconteceria no mesmo debate, com os mesmos palestrantes, no formato moderno de TV: "Senador Douglas, o senhor tem noventa segundos para explicar a soberania popular". "Deputado Lincoln, nós lhe daremos trinta segundos para responder ao sr. Douglas sobre o caso Dred Scott." Seria, inevitável e inescapavelmente, um debate muito, muito mais superficial.

Mas as regras básicas dos debates Lincoln-Douglas, a quantidade de tempo em que os homens falavam, é apenas a primeira camada do regime de atenção que os regulamentava — e, de certa forma, a menos importante. O aspecto essencial dos debates foi a atenção que os dois homens deram exclusivamente à questão da escravidão. Muitos assuntos subsidiários eram envolvidos nesse foco: as virtudes relativas do meio-termo pragmático versus a visão moral; a questão da igualdade racial e a natureza da escravidão; o status da revisão judicial e as opções para uma política democrática em face de uma Suprema Corte cujas decisões-chave muitos consideravam intoleráveis.

Mas o foco dos debates, hora após hora, dia após dia, cidade após cidade, era a escravidão. Novamente, vale a pena comparar os debates Lincoln-Douglas com a forma como esses debates aconteceriam em um contexto contemporâneo. Seria impensável e praticamente impossível dedicar um debate entre dois candidatos a um cargo a um único assunto. Os moderadores sentiriam a necessidade de garantir que houvesse perguntas sobre outras questões importantes e urgentes da época.

Os debates Lincoln-Douglas são um testemunho da atenção e do foco contínuos em uma única questão de grande relevância e, como essa era a questão mais importante da época, e sem dúvida de toda a história americana, o foco contínuo nela é justificado.[14]

Considere o fato de que, embora esses dois homens fossem concorrer à presidência apenas dois anos depois, nessa disputa eles concorriam a uma cadeira no Senado. E sua eleição não dependia dos cidadãos, mas sim dos deputados estaduais da legislatura de Illinois, já que os senadores ainda não eram eleitos diretamente. Eles representariam o estado de Illinois e seus interesses no Congresso. É extraordinário que esses dois homens tenham basicamente dedicado toda a sua campanha a uma única questão — em especial porque estavam concorrendo para representar Illinois, cujo status oficial como estado livre não estava em discussão.

Eu diria que esse é o aspecto mais importante da base de atenção sobre a qual esses debates foram construídos. A atenção da nação, dos candidatos, das multidões e dos jornais se concentrou em uma única questão. Nenhum assunto da vida americana jamais dominou a atenção nacional da mesma forma que a escravidão nos anos imediatamente anteriores à Guerra Civil.

O motivo pelo qual a atenção nacional recaiu quase que exclusivamente sobre a questão da escravidão em 1858 é tema de um debate acadêmico contínuo e robusto, e não há uma resposta definitiva. Houve uma confluência de fatores: a tensão inerente à fundação da nação, entre sua visão arejada de autodeterminação e a horrível tirania multigeracional dirigida a milhões de seres humanos em uma das mais horríveis instituições já criadas no mundo. Havia o mecanismo forçado da expansão para o oeste, que exigia um conjunto de decisões favoráveis à expansão da escravidão, não permitindo mais que os políticos simplesmente vissem a questão como um equilíbrio estabelecido. Depois, houve as tentativas de chegar a meios-termos a respeito dessa questão: o Compromisso do Missouri e a Lei Kansas-Nebraska, que só serviram para exacerbar as contradições e tensões. Fundamentalmente, é claro, nenhum meio-termo jamais poderia ter encoberto o crime contra a humanidade que era a escravidão.

Mas o mal da escravidão no continente americano não era novidade. Grande parte do motivo pelo qual dois candidatos ao Senado dos Estados Unidos debateram essa questão nas planícies de Illinois foi o fato de o movimento abolicionista, pequeno entre os americanos brancos, ter conseguido captar a atenção da nação e concentrá-la na escravidão. No primeiro verdadeiro movimento multirracial de igualdade da nação, os abolicionistas negros e brancos conseguiram forçar o país a lutar contra seu pecado original. Usaram uma variedade de ferramentas para conscientizar o público e colocar o assunto na pauta nacional, de panfletos a jornais, passando por turnês de palestras e uma obra de ficção polêmica, *A cabana do pai Tomás*, um best-seller que hoje chamaríamos de viral. (James Baldwin disse que era um fracasso como romance, reconhecendo, com razão, que se tratava de um *agitprop*,* mas como *agitprop* foi extremamente eficaz.)[15]

Quer tenham concebido isso nesses termos ou não, os abolicionistas entendiam um modelo básico de duas etapas do discurso público, um modelo que compartilhamos até hoje. O primeiro passo para vencer um debate público — na verdade, o primeiro passo em qualquer comunicação eficaz, desde a propaganda de um produto até o fim da escravidão — é chamar a atenção para a sua mensagem. Não importa quanto você seja persuasivo e eficaz, nada importa se ninguém estiver ouvindo. Mas isso, por si só, não é suficiente. Como sempre, a atenção é necessária, mas não suficiente. Para fazer qualquer outra coisa, você precisa tê-la, mas ela por si só não dá conta de tudo. No contexto dos abolicionistas, ou de qualquer causa, a atenção é o meio, não o fim, porque o fim é a persuasão. *Depois* que você tiver a atenção das pessoas, poderá tentar persuadi-las. Esse modelo básico desmoronou na era da atenção. Está se esfarelando diante de nossos olhos, embora tenha-

* Refere-se à intencional e vigorosa propagação de ideias políticas. O termo tem origem na Rússia soviética e se aplicava aos meios de comunicação populares, incluindo literatura, peças teatrais, panfletos, filmes e outras formas de arte, com uma mensagem política explicitamente em favor do comunismo. (N. T.)

mos dificuldade de aceitar sua obsolescência. Nos debates Lincoln-Douglas, havia dois regimes de atenção em ação: um formal e outro substantivo. O regime formal eram as regras dos próprios debates, quanto tempo cada participante tinha para falar e em que ordem. O regime substantivo era o foco não diluído de ambos os homens e, de fato, da própria nação, na questão da escravidão. Ainda concebemos e esperamos coletivamente que o discurso público seja apoiado por alguns regimes de atenção subjacentes — tanto formais quanto substantivos — mas, quando tentamos nos manter firmes sobre eles, caímos.

A realidade da era da atenção é que, para onde quer que se olhe, os regimes formais e substantivos de atenção entraram em colapso. E onde não há um regime de atenção, nenhum conjunto formal de instituições para chamar a atenção pública a um assunto, nenhuma regra básica para quem falará, quando e quem ouvirá, a necessidade de atenção se torna exclusiva; ela engole o debate, engole a persuasão, engole o discurso inteiro. A atenção deixa de ser um meio para atingir um fim e passa a ser o próprio fim. Se não der para eu ouvi-lo, não importa o que você diga. E neste momento é mais fácil do que nunca gritar e mais difícil do que nunca ser ouvido. A era da atenção cria um novo modelo de debate público no qual a atenção é o seu próprio fim, a ser conquistado por qualquer meio necessário.

Essa transformação vem ocorrendo há muito tempo, e vários críticos ao longo dos anos identificaram e descreveram sua trajetória. Antes da era digital, havia a era da TV, que por si só representou uma revolução na forma como a atenção era regulada no discurso público. Em *Amusing Ourselves to Death*, publicado em 1985, Neil Postman argumenta que, em seus primeiros 150 anos, os Estados Unidos foram uma cultura de leitores e escritores, e que a mídia impressa — na forma de panfletos, jornais, discursos e sermões escritos — estruturou não apenas o discurso público, mas também o pensamento e as instituições da própria democracia. De acordo com Postman, a TV destruiu tudo isso, substituindo nossa cultura escrita por uma cultura de imagens que, em um sentido bem literal, não tinha significado. "Os americanos não conversam mais uns com os outros, eles se divertem", escreve ele. "Eles não trocam ideias; trocam imagens. Eles não discutem com proposições; discutem com aparência, celebridades e comerciais."[16]

Postman tratou disso pela primeira vez enquanto trabalhava em um ensaio sobre duas visões distópicas do futuro que haviam sido oferecidas em meados do século XX: *Admirável mundo novo*, de Aldous Huxley, e *1984*, de George Orwell. Segundo Postman, esses dois livros, embora muitas vezes considerados semelhantes, retratam visões essencialmente opostas da distopia da informação.[17] Na visão de Orwell, todas as informações são controladas pelo Estado, e as pessoas têm acesso apenas à propaganda estreita e contundente que lhes é impingida: os dois minutos de ódio, GUERRA É PAZ e assim por diante. Orwell se baseou nos ambientes de informação rigidamente controlados dos regimes totalitários, especialmente a URSS de Stálin.[18]

A visão de Huxley era o oposto. Em *Admirável mundo novo*, o problema não é a falta de informação, mas o excesso, ou pelo menos o excesso de entretenimento e distração.[19] A população é domesticada e anestesiada por um fluxo constante de prazeres hedonistas e diversões que estimulam o cérebro. "O que Orwell temia", escreve Postman, "eram aqueles que proibiriam os livros. O que Huxley temia era que não houvesse motivo para proibir um livro, pois não haveria ninguém que quisesse lê-lo. Orwell temia aqueles que nos privariam de informações. Huxley temia aqueles que nos dariam tanta informação que seríamos reduzidos à passividade e ao egoísmo. Orwell temia que a verdade fosse escondida de nós. Huxley temia que a verdade fosse afogada em um mar de irrelevância."[20]

A principal percepção que impulsiona o trabalho agora clássico de Postman (escrito em 1984) é que Huxley descreveu o futuro muito melhor do que Orwell. Em especial no Ocidente, estávamos caminhando em direção à visão de distopia de Huxley, em vez da de Orwell.[21]

Postman não estruturou bem seu argumento em termos de atenção, mas o que deduzo dele é que, em mercados competitivos de atenção, a diversão supera a informação e o espetáculo supera os argumentos. Quanto mais facilmente algo atrair nossa atenção, quanto menor for sua carga cognitiva, menos atrito haverá para que sejamos atraídos por isso. Por que ler um livro se você pode assistir a um filme? Por que ler um jornal quando se pode jogar um game?

Tem uma boa dose de esnobismo do tipo "eu nem tenho TV" no argumento de Postman, sem dúvida. Mas também é indiscutível que o poder de atenção da TV e sua base elementar transformaram completamente o discurso público e o funcionamento da democracia americana. Na década de 1980, o modo dominante de comunicação política era o anúncio de trinta segundos, e o argumento central de Postman, de que há um longo caminho desde os debates entre Lincoln e Douglas e o comercial "Manhã na América" de Reagan, parece irrefutável.

A TV tem mais meios de chamar a atenção do que a palavra escrita: imagens e texto falado, luzes e cores, toda a produção visual. Como qualquer mídia, ela pode ser usada para o bem ou para o mal, mas, do ponto de vista da atenção, suas vantagens fazem com que os produtores de TV precisem competir mais ferozmente.

Pouco mais de duas décadas depois da publicação do livro de Postman, o brilhante escritor americano George Saunders desenvolveu alguns de seus temas em um ensaio sobre a idiotice da mídia de massa americana na era pós-Onze de Setembro e a preparação para a Guerra do Iraque.[22] Nele, Saunders oferece um experimento mental que lhe soará familiar, pois já foi mencionado neste mesmo livro. Imagine, diz Saunders, estar em um coquetel, com pessoas gentis e informadas conversando. E então "entra um cara com um megafone. Ele não é a pessoa mais inteligente da festa, nem a mais experiente, nem a mais articulada. Mas ele tem um megafone".

O homem começa a dar suas opiniões e logo faz todos gravitarem em torno do que diz. Saunders afirma que isso estraga a festa rápido. E se o cara do megafone for particularmente acéfalo, terá um discurso que não apenas é burro, mas também deixa todos na sala mais burros:

> Digamos que ele não tenha considerado com cuidado as coisas que está dizendo. Basicamente, ele está apenas falando o que lhe vem à cabeça. E, mesmo com o megafone, precisa gritar um pouco para ser ouvido, o que limita a complexidade do que pode dizer. Por achar que precisa ser divertido, ele pula de um assunto para outro, preferindo o conceitual-geral ("Estamos comendo mais cubos de queijo — e adorando!"), aquilo que provoca ansiedade ou controvérsia ("O vinho está acabando devido a uma conspiração sombria?"), as fofocas ("Há boatos de uma rapidinha no banheiro!") e trivialidades ("Qual quadrante do salão de festas VOCÊ prefere?").[23]

Sim, Saunders escreveu isso em 2007 e, sim, soa estranhamente como o discurso de um certo presidente americano recente, não é mesmo? Mas a crítica de Saunders é mais profunda do que a insidiosa trivialidade e o barulho dos principais noticiários televisivos, tanto antes quanto depois do Onze de Setembro. Ele defende que as formas de discurso moldam nossa arquitetura conceitual, que a sofisticação de nosso pensamento é determinada em grande parte pela sofisticação da linguagem que ouvimos ser usada para descrever nosso mundo.

Não é uma afirmação nova: a ideia de que a mídia burra nos emburrece ecoa desde as primeiras críticas aos jornais, panfletos e tabloides nos Estados Unidos, no final do século XVIII, até o discurso de 1961 do então presidente da Comissão Federal de Comunicações, Newton Minow, que disse à Associação Nacional de Emissoras que, de forma resumida, o produto deles era uma porcaria, que a TV era um "vasto terreno baldio".[24]

Eu achava, assim como muitos de nós, que a internet resolveria esse problema. Agora, todos poderiam falar por si, sem mais guardiões que mantivessem as barricadas com suas concepções obsoletas e entorpecentes sobre quem poderia falar. Não dependeríamos mais dos cálculos comerciais grosseiros das megacorporações que determinam o que o público deseja. Nós, o público em geral, retomaríamos os meios de comunicação. Recriaríamos o mundo por meio de conversas globais radicalmente democratizadas. Agora, a sabedoria das multidões reinaria.

Não foi isso que aconteceu. A internet realmente trouxe novas vozes para um discurso nacional que, por muito tempo, foi controlado por um grupo muito restrito (muito branco, muito masculino, muito rico). Mas ela não restabeleceu nossa cultura democrática e nossos modos de pensar ao logocentrismo pré-TV. O renascimento das longas discussões em blogs e fóruns teve vida curta. Os textos ficaram mais curtos e as imagens e vídeos, mais abundantes, até que a internet deu origem a uma nova forma de discurso, uma combinação de palavra e imagem: a cultura de memes. Um meme pode ser inteligente, até mesmo revelador, mas não é um discurso do modo que Postman desejava.

E o cara com o megafone tagarelando sobre os cubos de queijo? Bem, em vez de tirar o megafone daquele cara, simplesmente demos um megafone para cada um na festa. E adivinhe só: isso não melhorou muito as coisas! Era preciso gritar para ser ouvido, e a conversa se transformou em um telefone sem fio, com todos gritando variações das mesmas frases, dos mesmos slogans — uma sala de espelhos auditiva sem fim. O efeito é tão desorientador que, após um longo período rolando pelas redes sociais, é provável que você tenha uma profunda sensação de vertigem.

E não é só isso: as pessoas que gritam mais alto ainda recebem mais atenção, em parte porque se destacam do ruído que agora é nossa vida mental coletiva. Basta dizer que o resultado não foi uma festa melhor nem a conversa entre iguais que muitos de nós esperávamos.

E foi nesse cenário que o cara com o megafone mais barulhento, com a necessidade de atenção mais desesperada e aguçada talvez em toda a história dos Estados Unidos, subiu ao poder.

Infelizmente, é neste ponto do livro que sou forçado a falar um pouco sobre Donald Trump. Passei mais de oito anos de minha preciosa vida cobrindo-o em tempo integral. Ele não é mesmo alguém sobre quem se *queira* passar muito tempo pensando. O que torna a presença dele na psique americana enlouquecedora e exaustiva é que, o tempo todo, você tem plena consciência de que, ao lhe prestar atenção, está dando o que ele quer. E, ainda assim, ele faz coisas — como tentar derrubar a república constitucional dos Estados Unidos — que não podem ser ignoradas. Tenta intimidar testemunhas e juízes, fala de imigrantes como se fossem vilões e de seus oponentes políticos como se fossem vermes, e propõe um tipo de plano pós-democrático para uma América autoritária. Quem está comprometido com a preservação de nossa ordem democrática e constitucional (como eu) e trabalha cobrindo as notícias e direcionando a atenção das pessoas para onde acha que ela deve ir não pode ignorar isso.

E simplesmente não dá para escrever sobre como a vida pública e o discurso público funcionam na era da atenção, como a ascensão da atenção a recurso mais valioso mudou nossa política, sem escrever sobre Trump. Ele é a figura política que mais explorou as novas regras da era da atenção. Ele parece ter aprendido, a partir de uma combinação de sua experiência com os tabloides de Nova York e suas próprias necessidades psicológicas irrazoáveis, que a atenção é a única coisa que importa. Conduziu sua campanha de acordo com as regras do lendário showman americano P. T. Barnum, que (de forma apócrifa) disse certa vez a uma mulher que lhe contara que estava escrevendo um livro sobre ele e que parte do livro seria negativo: "Não importa, senhora, [...] diga o que quiser sobre mim, mas escreva meu nome corretamente [...] e eu ficarei satisfeito de qualquer forma".[25]

Barnum tinha ingressos para vender: quanto mais pessoas soubessem sobre seu circo, melhor, independente do que pensassem dele como pessoa, ou pelo menos esse era seu cálculo. Isso não costuma acontecer com os políticos.[26] O emprego dos políticos depende de serem bem-aceitos, de terem altos índices de aprovação. É verdade que eles precisam atrair atenção para que seu nome seja reconhecido, mas esse é apenas o primeiro passo. Como os abolicionistas da época de Lincoln reconheceram, era preciso primeiro chamar a atenção do público e *depois* persuadi-lo. Um político precisa de atenção como *meio* de fazer com que as pessoas gostem dele e queiram votar nele.

Mas, se você estiver preocupado apenas em maximizar a quantidade de atenção que recebe, há todo tipo de coisa que pode fazer para conseguir isso. Lembre-se de todas as formas como nosso participante fictício de um coquetel no capítulo 2 poderia atrair a atenção: disparando uma arma para o alto, gritando, jogando copo após copo no chão. Um candidato a um cargo local focado *exclusivamente* em maximizar a atenção que recebe poderia correr nu aos berros pela vizinhança e quase com certeza acabaria no noticiário noturno. Ele seria o assunto da cidade, sem dúvida. Mas essa abordagem está obviamente fora de cogitação para os políticos, porque eles não querem *atenção negativa*. De modo geral, não desejam que muitas pessoas prestem atenção neles por serem detestáveis ou aparentemente perturbados.

Portanto, não apenas no modelo tradicional, há um processo de duas etapas para o discurso público — chamar a atenção e, depois, persuadir as pessoas —, mas também há, de forma crucial, compensações entre esses dois objetivos. Existem maneiras de chamar a atenção — correr nu pelo seu bairro — que são infalíveis para o objetivo limitado de chamar a atenção, mas provavelmente o prejudicariam na tentativa de convencer seus vizinhos a votar em você.

A política de Trump desde o verão de 2015, quando ele entrou na corrida presidencial, é o equivalente a correr nu pelo bairro: repulsiva, mas chamativa.

Seus concorrentes acharam o espetáculo exaustivo e irritante. Não importava o que fizessem — revelar um novo plano para a política tributária, fazer um discurso sobre o papel dos Estados Unidos no mundo, aparecer em uma fábrica para divulgar sua agenda de competitividade —, as perguntas que enfrentavam eram sempre sobre Donald Trump. Tim Miller, que trabalhou na campanha de Jeb Bush, conta que pediu a um membro da equipe que registrasse em uma planilha todas as menções a Bush na mídia e que a maior categoria de menções, de longe, eram as de Bush reagindo a Trump.[27] Trump era o sol da atenção em torno do qual todos orbitavam, e eles sabiam disso. Não havia como escapar da atração gravitacional, independente do que fizessem. E, é claro, o que quer que você dissesse sobre Trump — fosse algo crítico, sarcástico, elogioso — apenas direcionava ainda mais a atenção para ele.

Ao contrário do amor ou do reconhecimento, a atenção é neutra em termos de valor. Pode ser positiva ou negativa; pode ser a base para adoração ou repulsa. Trump se preocupa profundamente em ser admirado, com certeza, mas é uma pessoa tão problemática e suas necessidades psicológicas são tão profundas que ele aceita qualquer atenção. Aceita condenação, repreensão, repulsa, desde que você esteja pensando nele. Estar disposto a atrair atenção negativa *à custa de* persuasão é o truque de Donald Trump para invadir o discurso público da era da atenção.

Por trás de seu caos superficial, essa abordagem tinha uma lógica. Trump intuiu que, se ele chamasse a atenção para determinados assuntos, mesmo que de forma alienante, os benefícios de aumentar a importância de questões em que ele e o Partido Republicano tinham uma vantagem nas pesquisas superariam os custos. Eis um exemplo concreto: em 2016, as pesquisas tendiam a mostrar que os republicanos tinham mais confiança na questão da imigração do que os democratas. Trump queria aumentar a importância da imigração, ou seja, a quantidade de atenção dada à questão e, para isso, não parava de dizer coisas absurdas, bizarras e odiosas sobre o assunto. Nos primeiros minutos de seu primeiro discurso, ele acusou o governo mexicano de "enviar" estupradores e outros criminosos para os Estados Unidos, uma acusação ridícula e ofensiva que fez com que imediatamente várias empresas e organizações (inclusive a NBC, que exibia *O aprendiz*) cortassem relações com ele. Mas era apenas o começo. Ele passou a repetir que construiria um muro em todos os 3 mil quilômetros da fronteira entre os Estados Unidos e o México e, de forma ainda mais absurda, afirmava que faria o México pagar por isso. Em junho daquele ano, uma pesquisa da Gallup revelou que 66% dos americanos se opunham à construção desse muro.[28]

Considerando esses números das pesquisas, seria de esperar que Trump não continuasse a bater nessa tecla. Mas sua insistência atraiu a atenção para a questão da imigração, na qual, de modo geral, os republicanos tinham uma vantagem sobre os democratas.[29] Quando ele atacou a ascendência mexicana-americana de um juiz federal que estava à frente de um processo, foi uma atitude desprezível e intolerante, mas também outra oportunidade de chamar a atenção para a imigração.[30]

O mesmo valeu para sua proposta de campanha vil, inconstitucional e totalmente impraticável de proibir a entrada de todos os 2 bilhões de muçulmanos do mundo nos Estados Unidos. Essa proposta teve cerca de 50% de apoio nas pesquisas (incluindo, de acordo com uma pesquisa, quase metade dos eleitores de Obama!), o que é bastante deprimente, portanto, não o prejudicou politicamente (embora devesse).[31] Mas também foi um grande chamariz. Ele anunciou a proposta de restrição aos muçulmanos após um tiroteio em massa cometido em San Bernardino por dois muçulmanos, e essa proposta dominou a cobertura jornalística. Todas as respostas à proposta, as críticas e as discussões serviram mais uma vez para concentrar a atenção na imigração.

A atenção do público, sobretudo em uma campanha, é um jogo de soma zero: os eleitores só terão algumas coisas em mente ao considerar os candidatos, e as questões que eles estão analisando serão tão poderosas para orientar seus votos como quanto seus pontos de vista combinam com um determinado candidato. No final da campanha de 2016, quando a Gallup pediu aos eleitores que indicassem voluntariamente palavras que associassem a cada candidato e depois apresentou as respostas como nuvens de palavras com o tamanho da palavra correspondente à frequência da resposta, a nuvem de palavras de Hillary Clinton foi dominada inteiramente por E-MAILS, enquanto a de Trump apresentava MÉXICO e IMIGRAÇÃO entre as principais respostas.[32] Foi assim que Trump obteve sua vitória apertada no Colégio Eleitoral, por (entre muitos outros fatores) conseguir a improvável troca de persuasão por atenção, simpatia por saliência.

Não quero exagerar o caso aqui. Quando opta, como Trump, por buscar constantemente a atenção às custas da persuasão e da simpatia, você se torna uma das figuras mais insultadas da vida americana. Os índices de aprovação de Trump são bastante baixos.[33] Ele perdeu o voto popular por 3 milhões de votos em 2016, depois perdeu por 7 milhões em 2020 e deixou o cargo com uma média de aprovação mais baixa do que qualquer outro presidente na história das pesquisas Gallup.[34] As contrapartidas são reais.

Muitos dos que tentaram seguir seu modelo, o que poderíamos chamar de modo P. T. Barnum/radialista polêmico da política, tiveram pouco sucesso ou fracassaram completamente. Em 2022, um grupo de caçadores de atenção ao estilo Trump, de Blake Masters a Kari Lake, Doug Mastriano e Herschel Walker, conseguiu dominar o espaço de atenção de suas disputas, dizendo e fazendo coisas controversas, atraindo manchetes, mas, ao fazerem isso, acabaram no lado errado do comércio de atenção/persuasão de Trump.[35] Eles pagaram por essa atenção alienando tantos eleitores que perderam disputas que poderiam ser vencidas.

No Arizona, a adversária de Kari Lake, a secretária de Estado democrata Katie Hobbs, recusou-se até mesmo a debater com Lake e manteve um posicionamento discretíssimo, parecendo em poucas palavras evitar a atenção.[36] Foi o oposto da estratégia de Trump, usada contra Lake, ex-apresentadora de TV local que sempre se sentiu bem em frente a uma câmera. A abordagem de Hobbs funcionou, e ela conseguiu uma vitória apertada. Nas primárias republicanas de 2024, Vivek Ramaswamy entrou em cena para ocupar o centro do palco no primeiro debate do Partido Republicano graças a uma estratégia de aparecer constantemente na mídia dizendo coisas provocativas e ofensivas.[37] O problema foi que, embora ele sem dúvida tenha chamado a atenção nos debates, sua personalidade era tão asquerosa que as intenções de voto nele despencaram e ele logo foi considerado carta fora do baralho. "Ramaswamy é bom em chamar a atenção", comentou um observador, "mas chamar a atenção não é a mesma coisa que ter tino político."[38]

Portanto, buscar sem descanso a atenção não é, de forma alguma, uma maneira infalível de obter vitória política. Aliás, acho que o sucesso de Trump (por mais misto que tenha sido) ensinou a toda uma geração de candidatos em potencial, sobretudo os republicanos, o que não fazer em termos de campanha. Mas, mesmo que não seja um bom conselho de campanha em todos os casos, ou mesmo na maioria deles, o domínio da atenção de Trump decorre da percepção simples e verdadeira de que esse recurso nunca foi tão importante quanto hoje em dia, e é preciso estar preparado para fazer qualquer coisa para obtê-la.

À medida que os regimes atencionais se desgastam, ficamos com uma luta pela própria atenção, uma guerra de todos contra todos em todos os momentos, para sempre.[39] Isso significa que o "debate" — uma conversa, uma discussão ou qualquer outro modelo que usamos e que opere sob regimes atencionais funcionais — não consegue captar o que está de fato acontecendo. Trump entendeu isso em um nível celular.

Quando os abolicionistas tentavam chamar a atenção do público para a escravidão por meio de jornais, panfletos, discursos e romances, estavam fazendo isso em um mercado de atenção extremamente subpovoado em comparação com o que temos hoje. O mesmo aconteceu com o movimento pelos direitos civis da segunda metade do século XX, quando a TV passou a dominar o discurso público. Martin Luther King Jr. e seu grupo compreendiam a importância de seu movimento ter uma cobertura televisiva a fim de trazer a opinião pública a seu favor. Mas o regime de atenção do noticiário noturno da rede diminuiu de forma drástica. Onde antes governava um vasto império, agora existe outra cidade-Estado cercada de rivais.

Apesar de estarmos inseridos na era da atenção, apesar de nossas lamentações sobre seus efeitos, de nosso vício em celular e de nossos estados mentais viciados e distraídos, arrebatados, mas nunca realmente concentrados, acho que todos nós ainda mantemos um modelo desatualizado de como as conversas públicas acontecem nos Estados Unidos. Continuamos pensando em termos de debate. Esperamos ou antecipamos algum regime de atenção que sustente a conversa pública, de modo que, dentro das regras e restrições desse regime, possamos ter um debate genuíno.

Mas não é isso o que está acontecendo. Trump é um péssimo debatedor em qualquer entendimento clássico do termo. Quando pôde, não compareceu aos debates e, naqueles em que apareceu, não chegou a de fato debater. Sua retórica é o oposto dos debates Lincoln-Douglas. Ele não se envolve, não entra em detalhes, não constrói refutações e réplicas longas e lógicas. Chega a ser impressionante, quando se transcreve qualquer coisa dita por ele, como é sintaticamente estranho, cheio de elipses e desvios, muitas vezes no nível da palavra e da frase, quase desprovido de conteúdo propositivo. O que ele faz é apelação, conversa fiada de vendedor, comédia de insultos do Cinturão de Borscht e slogans publicitários. O que ele quer, acima de tudo, é que você preste atenção nele e que tenha de lidar com a mensagem que ele deseja, por mais ridícula ou vil que essa mensagem seja.

Durante o primeiro debate com Joe Biden em 2020, Trump interrompeu Biden incessantemente quase todas as vezes que este tentava falar, levando-o a dizer com exasperação: "Dá para você calar a boca, cara?". A interrupção constante foi um exemplo da abordagem de "atenção acima de tudo" de Trump para a comunicação pública. O regime de atenção mais básico é a alternância de quem está falando em uma conversa. Ele orienta quase todas as interações humanas. Interromper outra pessoa sempre atrairá atenção, mas ao custo de violar essa norma básica subjacente e fazer com que você pareça detestável, desequilibrado ou coisa pior. As constantes interrupções de Trump foram a conclusão lógica de sua percepção central: não existe mais um regime de atenção. Não há um meio central de fixar o foco em determinada questão ou polêmica que possa ser debatida.

Ao longo deste capítulo, tenho usado o termo "regime atencional" para descrever um conjunto de regras, normas ou estruturas que governam a atenção em determinado ambiente. Podem ser o regime mais básico de revezamento em uma conversa ou as regras mais complexas do tempo de palavra no Senado dos Estados Unidos. Mas, sejam quais forem, os participantes têm algum conhecimento das regras e algum nível de aceitação de sua autoridade.

A época em que vivemos é semelhante à vida em um Estado falido, uma sociedade com algum regime de governo que se desintegrou e caiu em uma espécie de beligerância atencional. Em uma sociedade em que o monopólio do governo sobre o uso legítimo da força se desintegrou, diferentes facções e centros de poder surgem com base na capacidade de conquistar e impor sua vontade por meio da coerção e da violência. Enquanto em um governo em funcionamento o caminho para o poder pode estar na persuasão, no carisma, na mobilização da massa ou na capacidade de manipular habilmente as estruturas e alianças dos partidos de elite, nos Estados falidos, o poder tende a ser reduzido aos seus aspectos essenciais mais brutais, sobretudo o uso da força.

Na era da atenção, a característica mais importante é a capacidade de chamar a atenção acima de tudo. A falta de vergonha de interromper. Embora, em um regime de atenção funcional, outras habilidades possam distinguir uma pessoa na esfera pública, à medida que esses regimes entram em colapso, a capacidade de chamar a atenção torna-se cada vez mais essencial. E assim como a violência em um Estado falido, não há equilíbrio estático. A competição pela atenção é incessante, constante, dinâmica e sempre em fluxo. A qualquer momento, a atenção pode ser puxada em uma direção ou em outra. Os centros de poder e as alianças mudam.

Essas condições básicas têm consequências revolucionárias para o discurso público na era da atenção, uma era em que o modelo de debate foi quase totalmente destruído e substituído pela versão atencional do que Thomas Hobbes descreveu como o estado de natureza, em que nos encontramos "naquela condição que é chamada de guerra; e uma guerra de todos os homens contra todos os homens".[40]

Há nessa caracterização uma observação importante: o papel das empresas de mídia social, muitas vezes chamadas coletivamente de "as plataformas" — Google, Facebook, X, TikTok e similares. Na medida em que existem regimes de controle para a atenção nesta era, são as plataformas que cumprem esse papel. Mas suas fronteiras são porosas, seu poder é real, mas circunscrito, e elas existem em competição e tensão umas com as outras. Não é bem um estado de natureza, é mais como uma terra feudal de cidades-Estados em guerra.

O próprio nome "plataforma" mostra a verdadeira face dessas empresas: meios de regular e controlar a atenção. Uma plataforma é uma das tecnologias mais antigas para atrair e distribuir atenção. Basta elevar alguém um ou dois metros acima da multidão para que sua voz seja transmitida mais longe e todos consigam vê-la. Apenas essa pequena e simples peça de arquitetura cria um regime de atenção. E é isso que as plataformas de nossos dias fazem, embora com tecnologias muito mais sofisticadas e de maneiras muito mais complexas.

Todos nós reconhecemos que as plataformas são uma forma de governança. Elas têm regras e práticas que regulam a atenção e são alvo de lobbies e petições de todos os lados, da mesma forma que se pode fazer lobby com legisladores ou com o executivo de um Estado de verdade. Inclusive, a Meta se viu sujeita a tanta controvérsia e sob tanta pressão por suas decisões de governo que criou sua própria corte suprema, chamada de Conselho de Supervisão, que reúne intelectuais, juristas e acadêmicos de todo o mundo para decidir como regular a atenção na plataforma mais poderosa do mundo.[41]

Em nosso mundo feudal de atenção, as plataformas agem como soberanas controladoras dos territórios sob seu controle, com regras de conduta, mecanismos de aplicação (muitas vezes medíocres) e punições para violações. Mas para que servem essas regras? Há uma enorme literatura sobre como as plataformas — que remontam aos primeiros quadros de mensagens na ARPANET — tentaram moderar o conteúdo dos usuários. Normalmente, essa empreitada é entendida como uma questão de discurso, mas acho que isso obscurece a realidade. As plataformas estão tentando regulamentar a atenção porque é isso que elas monetizam.

E essa é a fonte de muita confusão. As plataformas regulamentam a atenção para maximizar sua monetização. É algo muito diferente de outros regimes de atenção, nos quais a regulamentação da atenção *é um meio para algum outro fim*: o debate vigoroso necessário para a deliberação democrática ou a administração ordenada da tomada de decisões em grupo, e assim por diante. As plataformas regulamentam a atenção para manter sua atenção ali. Não há outro objetivo além desse. Essa é a política delas.

Uma esfera pública totalmente dominada por plataformas comerciais que buscam maximizar a quantidade agregada de atenção que atraem para monetizar essa atenção produzirá um público que terá dificuldade em manter o foco. Voltemos ao exemplo das crianças em seus primeiros anos na escola. Toda boa professora de jardim de infância começa, desde o primeiro momento de seu trabalho, a ensinar às crianças as regras para regulamentar a atenção. Ela estabelece hábitos, regras, costumes e normas sobre em que a turma deve prestar atenção e quando: quem pode falar durante a apresentação, como a turma homenageia o aluno aniversariante, quem fala quando é chamado porque levantou a mão, quando a turma precisa ficar quieta e se concentrar na professora porque ela bateu palmas três vezes, e assim por diante. As crianças são, de modo geral, muito melhores do que os adultos em aderir a essas regras (compare o foco arrebatado de um grupo de crianças de cinco anos de idade durante a hora da leitura com os olhares atordoados e a navegação ociosa no celular de uma plateia de acadêmicos em um congresso ou de executivos em uma grande reunião corporativa).

Mas agora imagine que entre na sala de aula alguém cuja remuneração dependa do quanto consegue fazer com que os alunos prestem atenção nela em vez de em qualquer outra coisa em que eles deveriam prestar atenção. Ela faz barulhos engraçados, começa a exibir um filme no canto do seu celular, monta um console de video game. E agora imagine que há várias pessoas fazendo isso na sala, competindo entre si. Obviamente, o professor não teria nenhuma chance e não haveria aprendizado. Parece um experimento mental ridículo, eu sei, mas também é algo semelhante a como conduzimos nosso discurso público atualmente.

Por ser cada vez mais difícil sustentar o foco na era da atenção, ele é, portanto, cada vez mais importante. Quais histórias, polêmicas e questões conseguem obter atenção desproporcional do público é algo que terá enormes consequências para o funcionamento do governo e para as escolhas políticas e administrativas de nossos representantes eleitos. E embora isso sempre tenha sido verdade — era verdade na época de Lincoln com a escravidão, era verdade quando Walter Lippmann estava escrevendo *O público imaginário* —, é mais verdade agora do que nunca. Com uma competição cada vez maior pela atenção, com um colapso quase total dos regimes de atenção não comerciais e com tecnologias cada vez mais sofisticadas para capturar e monetizar nossa atenção, a questão de em quais assuntos prestamos atenção determina mais do que nunca a trajetória de nossa democracia e cultura.

Essa simples verdade tem implicações profundas para nossa saúde cívica. Porque, em termos reducionistas, o que chama a atenção é uma categoria muito diferente daquilo que é importante para sustentar uma sociedade próspera. Essa tensão é o desafio central de quem, como eu, trabalha com atenção, especificamente no jornalismo. Nós, no setor de notícias, temos, para usar a frase empregada para descrever o trabalho do Sistema de Reserva Federal (ou simplesmente Fed), um mandato duplo: precisamos manter a atenção das pessoas e dizer a elas coisas que são importantes para a autogovernança em uma sociedade democrática.[42] E assim como o Fed tenta manter a inflação e o desemprego baixos, precisamos tentar fazer as duas coisas, mesmo quando há uma contrapartida direta entre elas.

Eis apenas um exemplo do desafio, retirado aleatoriamente e repetido de uma forma ou de outra quase todos os dias dos treze anos em que apresento um programa de notícias.

Em 18 de junho de 2023, um pequeno submersível de águas profundas chamado *Titan* perdeu a comunicação cerca de 105 minutos depois de partir para uma visita aos destroços do *Titanic* na costa canadense, no Atlântico Norte.[43] Os cinco passageiros dentro da cápsula do tamanho de uma minivan tinham cerca de 96 horas de oxigênio e, rapidamente, uma grande missão multinacional de resgate partiu para encontrá-los antes que o ar acabasse.

Percebi de imediato que seria uma grande reportagem, principalmente nos noticiários da TV. O acontecimento tinha um conjunto de características que, de forma confiável, atrai e prende a atenção das pessoas. Primeiro, havia o suspense e a tensão narrativa inerentes à situação dos cinco passageiros: o que aconteceria com eles? Situações em que as pessoas ficam presas vivas e os socorristas correm para resgatá-las sempre atraem grandes audiências, não importando quem esteja preso, desde a bebê Jessica, uma criança que caiu em um poço em Midland, Texas, e foi retirada de lá ao vivo pela TV dois dias depois, aos 33 mineiros chilenos que ficaram presos em uma mina após um desmoronamento e foram resgatados 69 dias depois, e os doze adolescentes e seu técnico de futebol que passaram duas semanas presos em uma caverna inundada na Tailândia e tiveram de ser resgatados por mergulhadores.[44]

Além disso, há sempre, pelo menos quando se trata de notícias, o fascínio por desastres de meios de transporte — navios afundados, acidentes aéreos —, sem mencionar o fato de que tudo isso estava ocorrendo em torno dos destroços do *Titanic*, provavelmente o desastre mais emblemático da história. Reconheci na hora que isso geraria uma enorme demanda de público e uma cobertura completa em muitos meios de comunicação, e foi o que aconteceu.

Mas, à medida que a busca se arrastava e a cobertura se expandia, as pessoas começaram a se rebelar contra a desproporcionalidade da cobertura. Aconteceu que, naquela mesma semana, houve outro terrível desastre marítimo: um barco de pesca com centenas de imigrantes do Paquistão, do Egito e da Síria virou no Mediterrâneo enquanto tentava chegar à Itália. Centenas de homens, mulheres e crianças morreram, tudo isso enquanto um navio da guarda-costeira grega se negava a resgatá-los.[45] Não foi, de forma alguma, o primeiro incidente desse tipo; na verdade, isso se tornou uma ocorrência regular e horrível no Mediterrâneo à medida que as pessoas que solicitavam asilo e estavam desesperadas se aglomeravam em barcos frágeis conduzidos por traficantes de pessoas que prometiam uma nova vida na Europa.

E, no entanto, o barco cheio de centenas de migrantes recebeu uma ínfima parte da cobertura das cinco pessoas dentro do *Titan*, que, ao que parece, morreram quando o barco implodiu no início da viagem. Conforme a cobertura do submersível tomava conta do ciclo de notícias, surgia outro subgênero de artigos de opinião que defendiam exatamente este argumento: havia algo profundamente desumanizador e errado no fato de tanta atenção ser dada à situação de cinco turistas ricos enquanto centenas de imigrantes desesperados se afogavam em silêncio.

Visto friamente (e com tantos anos no ramo da atenção como eu tenho, não consigo me conter), os artigos sobre o duplo padrão da cobertura eram, eles mesmos, artigos sobre o submersível, uma tentativa de capturar o vento da atenção que soprava em direção àquela história e depois usá-lo para impulsionar o interesse em outra direção. Quando o *The New Republic* publicou um das dezenas desses artigos — "The Media Cares More About the Titanic Sub Than Drowned Migrants" [A mídia se importa mais com o submarino do *Titanic* do que com os imigrantes afogados] —, as pessoas notaram que o próprio *The New Republic* não havia publicado, até aquele momento, nenhuma outra reportagem sobre o barco cheio de imigrantes.[46]

A atenção não é uma faculdade moral. Sem esforço conjunto, hábito e treinamento, aquilo em que somos levados a nos concentrar e aquilo que acreditamos ser importante e digno não têm relação intrínseca entre si. Às vezes, podem se sobrepor por um feliz acaso, mas, na maioria das vezes, são tão distantes quanto o id e o superego. Temos um vocabulário robusto para descrever a categoria de coisas que achamos cativantes, mas moralmente duvidosas: "titilante", "sensacional", "pruriente". E é exatamente essa categoria que ocupa uma enorme quantidade da economia de atenção em determinado momento. O lúdico e o excitante eram o que compunha quase toda a imprensa barata do editor Benjamin Day, o que tende a impulsionar o noticiário noturno e o que hoje chamamos de *clickbait* e costumava ser chamado de "tabloide".

É difícil quantificar com precisão, mas também é o que constitui uma enorme parte da internet. Para citar um exemplo, a melhor estimativa é que cerca de 10% de todo o tráfego on-line seja pornografia.[47] Isso não quer dizer que a pornografia seja necessariamente imoral, mas sim que bilhões de horas são gastas por milhões de pessoas em todo o mundo assistindo a coisas das quais mais tarde se arrependem ou se envergonham, para depois voltar a fazer igual. E esse é apenas um exemplo. Há muitos outros buracos negros nos quais as pessoas caem e depois saem com a sensação de que desperdiçaram horas de sua vida.

Essa lacuna entre o que chama a atenção e o que, em algum sentido mais ponderado, acreditamos ser realmente importante é pelo menos tão antiga quanto a mídia moderna. E para a constante frustração dos críticos ao longo das décadas, o superficial superou o profundo quando se trata daquilo em que o público presta atenção. Walter Lippmann achava enlouquecedor o fato de os próprios interesses do público serem tão infantis, uma atenção voltada a assuntos triviais em vez de substantivos.

Uma criança tem, por exemplo, um grande interesse nos negócios de seu pai. Eles determinarão muitas de suas oportunidades na vida. Mas a criança não está nem um pouco interessada em qualquer discussão sobre os negócios de seu pai. Da mesma forma, o povo dos Estados Unidos tem um enorme interesse no acerto das indenizações alemãs, mas estava muito mais interessado em ler sobre o vestido de noiva da princesa Mary.[48]

Há enormes consequências para o fluxo da atenção pública. Voltando aos dois desastres no mar, assim que a história da perda de comunicação do *Titan* se tornou pública, um enorme esforço de busca e resgate foi empreendido pelos governos dos Estados Unidos, do Canadá e da França. É difícil chegar a uma estimativa sólida de quanto dinheiro os governos gastaram, mas certamente foram milhões de dólares. São compromissos materiais reais que surgem como resultado direto dos imperativos de atenção. Nenhum esforço conjunto de resgate desse tipo alcançou o barco de imigrantes que virou.

É apenas um exemplo, mas serve como uma espécie de alegoria. Em quase todas as áreas da política, desde o menor município até o governo federal, o dinheiro segue a atenção, e o custo literal de uma vida depende, em grande parte, do quanto a morte chamou a atenção.

No entanto, nossos maiores problemas e desafios muitas vezes são invisíveis, silenciosos ou acontecem em segredo e nas sombras, produzindo o oposto do espetáculo. Enquanto escrevo estas palavras, no verão de 2023, o mundo está passando pelo verão mais quente já registrado na história. De acordo com nossas melhores estimativas, é provavelmente o mais quente já registrado no planeta em 150 mil anos.[49] Além do calor recorde, houve vários outros desastres climáticos, desde incêndios em Maui até inundações no Vale da Morte, quando uma tempestade tropical atingiu o sul da Califórnia pela primeira vez em oitenta anos.[50]

Os efeitos da mudança climática são visíveis, às vezes de forma bem clara, mas a mudança climática em si — o acúmulo lento, constante e invisível de carbono na atmosfera — é imperceptível para as faculdades humanas. É quase o oposto de uma sirene ou do canto de uma sereia. Ela evade nossa atenção em vez de atraí-la. Nenhum de nossos cinco sentidos consegue detectá-la. É surpreendente que, quando o cineasta Adam McKay quis fazer um filme de grande orçamento e sucesso de bilheteria em Hollywood sobre a mudança climática, um filme que tinha de prender a atenção dos espectadores por mais de duas horas, tenha optado por contar a história por meio de uma alegoria sobre um cometa que se aproxima rápido da Terra e que destruirá o planeta e extinguirá toda a vida humana.[51]

Um dos momentos mais dramáticos do filme é quando o cometa, até então alertado pelos cientistas e descartado pelos céticos, aparece no céu. As pessoas o veem, o trânsito para e os motoristas e passageiros saem de seus carros para olhar para cima com admiração e terror. Eu adorei esse filme, me senti tomado de emoção, mas o problema da mudança climática é justamente que ela nunca nos dá esse momento específico. Temos gráficos para analisar e fotos de secas, fumaça de incêndios florestais e geleiras desaparecendo. Ondas de calor fecham aeroportos e matam pessoas dentro de casa. Mas não podemos ver nem ouvir *o fato em si*. Não há um momento único, como aquele que o cometa aparece no céu e que o segundo avião voou contra as Torres Gêmeas, que será o momento em que perceberemos que houve um desastre.

Os ativistas climáticos de todo o mundo têm tomado medidas cada vez mais desesperadas para produzir o tipo de espetáculo capaz de despertar a atenção do público. Alguns têm se postado no meio de uma estrada, prendendo-se uns aos outros com os braços em tubos, recusando-se a se mover. O trânsito aumenta, as pessoas ficam irritadas e, por fim, as câmeras dos noticiários aparecem. As imagens de pessoas irritadas gritando com os ativistas se tornam virais. Há também os protestos em museus, nos quais alguns ativistas climáticos entram e jogam tinta em uma obra de arte famosa, o que parece ter sido pensado para criar uma sensação de choque e repulsa.

Outros protestos interromperam competições ou apresentações esportivas. Durante a semifinal feminina do US Open de 2023, quatro manifestantes começaram a entoar palavras sobre as mudanças climáticas durante uma breve pausa na ação, e um deles se colou ao chão. Foram necessários mais de 45 minutos para removê-lo, durante os quais o jogo foi interrompido. Coco Gauff, o fenômeno feminino americano que viria a ganhar o US Open naquele ano, demonstrou notável equanimidade quando perguntada sobre a interrupção e o atraso. "Eu não fiquei chateada com os manifestantes. Sei que o estádio ficou, porque interromperam o entretenimento", disse ela na coletiva de imprensa após o jogo. "Eu sempre falo sobre pregar o que você sente e no que você acredita. Obviamente, não quero que isso aconteça quando estou ganhando. [...] Mas se é isso que eles acham que precisam fazer para que suas vozes sejam ouvidas, não posso ficar chateada."[52] No mesmo ano, um lendário maestro da Ópera Estatal da Baviera, ao ser confrontado por ativistas climáticos suíços que subiram ao palco para interromper uma apresentação e pedir que o governo declarasse emergência climática, interrompeu a apresentação e permitiu que os dois falassem com a plateia antes de continuar.[53]

Essas foram as exceções. A reação a esses esforços é quase sempre negativa: isso não ajuda a causa! Só afasta as pessoas, que os veem como esquisitos e malucos, polarizando negativamente justo aquelas que você quer persuadir! Verdade. Claro. Mas o impulso puro, desesperado, o *cri de coeur*, O PELO AMOR DE DEUS PRESTE ATENÇÃO dessas manifestações capta algo verdadeiro — estamos nos precipitando em direção a um desastre e ninguém parece estar prestando nem perto do nível de atenção que *deveríamos* prestar.

Essas interrupções são projetadas para fazer o mesmo tipo de troca que Trump fez com tanto sucesso. De que serve a persuasão se ninguém está prestando atenção? Quem se importa se a reação das pessoas é negativa, desde que elas tenham *alguma* reação? Você pode ser educado, modesto, civilizado e ser sumariamente ignorado ou pode estragar tudo e fazer com que as pessoas prestem atenção. Essas são as opções na guerra hobbesiana de todos contra todos na era da atenção, e é muito difícil para mim culpar essas pessoas por escolherem a última opção.

Todos os que trabalham na vida pública na era da atenção — na política, nas relações públicas, em eventos, no jornalismo ou em qualquer coisa que tenha a ver com o que chamamos de ciclo de notícias — sentem que estão perseguindo a atenção em vez de a impor. Isso se aplica até mesmo àqueles que, como eu, têm um poder muito desproporcional de direcioná-la.

Vemos isso o tempo todo entre os políticos. Obviamente, eles têm poder de decisão sobre o que chama a atenção do público, mas sempre se sentem vítimas dos caprichos da atenção da mídia. De fato, Abraham Lincoln fez essa mesma observação durante seu primeiro debate com Douglas, quando disse que "o sentimento do público é tudo. Com o sentimento do público, nada pode fracassar; sem ele, nada pode ter sucesso".[54]

Lincoln disse essas palavras durante uma longa crítica ao papel negligente de Douglas na formação da opinião pública. A posição de Douglas durante os debates sobre a questão da escravidão era que o Compromisso de 1850 e o caso Dred Scott eram a lei do país e, bem, gostando ou não, era preciso conviver com essas que eram verdades estabelecidas. O argumento de Lincoln, entretanto, era que leis como o Compromisso do Missouri eram produto da opinião pública e que políticos proeminentes como Stephen Douglas tinham um papel na formação dessa opinião. Não bastava dizer "as coisas são assim e não há nada que possamos fazer para mudá-las"; os políticos tinham a oportunidade e o dever de usar sua influência para mover a opinião geral na direção que considerassem melhor para a união. "[Aquele] que molda o sentimento público vai mais fundo do que aquele que promulga estatutos ou pronuncia decisões", argumentou Lincoln. "Isso deve ser levado em conta, assim como o fato adicional de que o juiz Douglas é um homem de grande influência, grande a ponto de muitos professarem acreditar em qualquer coisa depois que descobrem que o juiz Douglas professa acreditar nisso também."[55]

No período que antecedeu o primeiro processo de impeachment de Donald Trump, Nancy Pelosi invocava com frequência a citação de Lincoln sobre o sentimento público bastar para explicar por que estava levando adiante o inquérito de impeachment no ritmo em que estava, ou seja, devagar demais para seus críticos. Ela chegou a exibir uma placa com a citação gravada em seu escritório. Pelosi tinha razão: era politicamente perigoso e, inclusive, até mesmo um pouco arriscado do ponto de vista democrático, apresentar algo tão grave como um impeachment contra um presidente eleito e em exercício sem a força do sentimento público por trás. Mas a invocação de Pelosi também foi mais do que um pouco exagerada: ok, vocês querem o impeachment do presidente, então é seu trabalho mudar o sentimento público e aí nós faremos o impeachment.

Os políticos adoram essa citação de Lincoln porque podem usá-la para justificar o oposto do que Lincoln pretendia: em vez de expressar a opinião de que os políticos têm responsabilidade sobre como moldam o sentimento do público, muitos deles veem esse sentimento como uma força exógena, algo que surge como o clima e com o qual eles precisam lidar. É uma posição conveniente para um político assumir porque, assim como a posição de Douglas na Suprema Corte, isenta-o de responsabilidade. Um político pode dizer: bem, veja, o sentimento público não está ao meu lado, então o que posso fazer?

Mas, mesmo que seja uma desculpa, posso dizer que é uma sensação genuína. A experiência de ser político gira, em grande parte, em torno de navegar pelas realidades nítidas de um cenário de atenção que parece totalmente alheio à sua própria criação. Como jornalista que entrevista políticos todas as noites, posso dizer quanto eles se sentem frustrados e confinados pelos caprichos do ciclo de notícias e da atenção. Mais vezes do que posso contar, entrevistei um político sobre alguma questão difícil e aparentemente intratável — os altíssimos índices de violência armada nos Estados Unidos, por exemplo — e perguntei o que ele poderia fazer com o poder que tinha como senador, deputado, prefeito ou governador, ouvindo como resposta que tudo depende da atenção da mídia. Mas você também é um líder eleito com poder, eu digo. Sim, eles concordam, mas não podemos fazer nada se o público não olhar para essa questão.

A atenção é tão forte na mente dos políticos de países democráticos como os Estados Unidos que eles às vezes perdem de vista seu próprio poder. Sentem-se impotentes e dependentes dos caprichos de um público cuja atenção flutuante é difícil de captar e ainda mais difícil de reter. Entendo a sensação, porque nós da mídia nos sentimos da mesma forma. É a experiência central dos envolvidos em setores de atenção ou em debates públicos na era da atenção, sempre, sempre perseguindo a atenção e nunca a impondo.

Nessas condições, a linha entre a figura midiática e o político fica cada vez mais tênue. Depois de ganhar o controle da Câmara em 2022, a maioria republicana criou um site que servia como um portal para os membros de sua bancada. Um dos links era para os podcasts dos membros, e havia vários.[56] Matt Gaetz tem seu próprio estúdio de podcast e, de vez em quando, apresenta programas como convidado no canal Newsmax.[57] Em geral, os políticos, assim como quem trabalha no show business, sempre quiseram a atenção alheia. Mas quanto mais avançamos na era da atenção, mais a atenção primária se torna o negócio da política. Por que escolher entre ser apresentador de podcast ou político se você pode ser os dois? E qual é a diferença entre as duas coisas, afinal?

Na era dos doadores de pequenos valores, chamar a atenção é uma das principais habilidades necessárias para conseguir arrecadar fundos suficientes para manter seu emprego. Marjorie Taylor Greene — cujos pontos de vista são extremos, ridículos e perigosos — é uma das mais prodigiosas captadoras de recursos entre os republicanos da Câmara, e não por acaso.[58] Toda vez que ela atrai cobertura midiática por ser ultrajante, está transformando atenção em dinheiro. Alexandria Ocasio-Cortez, que é o oposto de Marjorie Taylor Greene (uma política séria e inteligente que acredita na república constitucional), também tem um verdadeiro dom para a atenção, uma presença forte nas redes sociais e, como resultado, um dos mais formidáveis aparatos de captação de recursos de qualquer membro júnior do Congresso.

Mas os estímulos para chamar a atenção e o dinheiro que os acompanha geralmente estão em tensão direta com o projeto real de governo. No outono de 2023, quando um grupo muito pequeno de republicanos da Câmara iniciou um esforço bem-sucedido para depor o então presidente da Câmara, Kevin McCarthy, usando um procedimento raramente invocado chamado de "moção para desocupar", os republicanos que se opunham ao esforço disseram que tudo aquilo era uma tentativa descarada de arrecadar fundos para Matt Gaetz, que estava liderando o esforço. O deputado republicano da Louisiana Garret Graves protestou contra "mensagens de texto que dizem: 'Ei, me dê dinheiro. [...] Eu apresentei a moção para desocupar'. Usar ações oficiais para arrecadar dinheiro. É nojento. É isso que é nojento em Washington".[59] Aparecendo no púlpito do plenário da Câmara no dia da votação para destituir McCarthy, a deputada Kelly Armstrong (R-ND) expôs o que era um consenso entre muitos membros da conferência republicana:

> Vamos deixar claro por que estamos aqui. Porque a estrutura de incentivos nesta cidade está completamente quebrada. Não valorizamos mais a lealdade, a integridade, a competência ou a colaboração. Em vez disso, descemos a um lugar onde os cliques, os sucessos na TV e a busca incessante pelo sabor mais medíocre da fama impulsionam um comportamento juvenil que está muito abaixo deste estimado órgão.[60]

Devo dizer que foi um pouco estranho os membros republicanos do Congresso parecerem tão chocados com o fato de a era da atenção de seu partido ter se tornado tão disfuncional. Afinal de contas, isso foi sete anos após o início da era Donald Trump, o homem que fez da busca pelo "gosto mais medíocre da fama" o projeto de sua triste vida.

Quando a atenção se torna a única coisa que importa na vida pública, várias outras formas relacionadas de discurso público se espalham como mofo e começam a se sobrepor a todo o resto. Há três tendências no discurso público da era da atenção que são particularmente comuns e insidiosas: *trollagem*, *whataboutism* e *conspiracionismo*.

TROLLAGEM

No outono de 2022, faltando apenas algumas semanas para as eleições de meio de mandato para o Congresso, a conta oficial do Twitter dos republicanos no Comitê Judiciário da Câmara publicou: "Kanye. Elon. Trump".[61] Só isso. Apenas esses três nomes. Era uma articulação tão concisa da visão de mundo dominante na política conservadora quanto se poderia oferecer. Não continha propostas ou sugestões de políticas, nem mesmo um slogan. Apenas três personalidades, todas muito diferentes em alguns aspectos, mas unidas da maneira que o funcionário que presumivelmente escreveu o tuíte admirava. O tuíte permaneceu no ar por semanas, mesmo quando Kanye (ou Ye, como ficou conhecido na época) fez uma turnê midiática cada vez mais perturbadora e desequilibrada, na qual ia de um meio de comunicação a outro falando mal dos judeus e expressando uma vez atrás da outra sua admiração por Hitler. Por fim, o tuíte foi retirado do ar, mas o éthos que ele expressava permanece e inclusive, enquanto escrevo, parece ficar cada vez mais forte.

Pode-se dizer que o que une Musk, West e Trump é o fato de eles serem muito bons em chamar a atenção constantemente, mas isso não é dizer tudo, não é mesmo? Taylor Swift também é muito boa em chamar a atenção, mas não se encaixaria na trindade maldita, e isso porque é muito boa em chamar uma atenção *positiva*. Ela é uma estrela no sentido tradicional. Musk, West e Trump não. Eles são outra coisa. São figuras intensamente polarizadoras que parecem viciadas em controvérsias e, acima de tudo, são os exemplos mais proeminentes de pessoas que parecem se alimentar compulsivamente de atenção negativa. Ou seja: eles são trolls.

Antes de a trollagem assumir seu significado contemporâneo, ela era a descrição de um método de pesca. Você coloca uma isca brilhante e colorida na água, com o objetivo de imitar um alimento para um peixe faminto, e a arrasta pela água em círculos, tentando atrair um peixe. É um truque de atenção: você tenta chamar a atenção do peixe, aciona o mecanismo de resposta dele e, quando o bicho percebe o erro que cometeu, já é tarde demais.

No século XX, os pilotos de caça usavam o termo metaforicamente para descrever a intenção de atrair o fogo inimigo para longe de um colega. Em outras palavras, uma distração proposital. E muito antes de a trollagem virar uma forma de captura de atenção específica da internet, havia figuras públicas que intencionalmente cortejavam a polêmica devido a alguma profunda necessidade patológica ou a um simples cálculo comercial.

Mas foi só na era da atenção que a trollagem se tornou uma forma tão central de comunicação pública. Parte disso tem a ver com como a interação despersonalizada através do tempo e do espaço na internet funciona na psique humana. Desde o início da existência dos fóruns de mensagens, havia usuários que se deliciavam com provocações e pegadinhas, com incomodar os outros atrás de uma reação. Ao separar a comunicação de massa e a socialização da comunicação face a face, os inibidores normais de todos os tipos de comportamento antissocial são erradicados. As pessoas não conseguem vê-lo, não sabem quem você é, e você pode dizer on-line coisas que nunca teria coragem ou mesmo vontade de dizer a alguém tête-à-tête. Tudo que você encontra são pequenas imagens desencarnadas ou nomes de usuários, não totalmente humanos, e essa forma de interação social torna a verdadeira substância da conexão humana — reconhecimento, amor — quase impossível e a substitui pela experiência quimicamente semelhante, mas muito menos gratificante, da atenção. Devido à experiência virtual ser plana, buscamos e reagimos a qualquer forma de atenção, mesmo a negativa, porque é a que mais se aproxima da verdadeira conexão. Não é de surpreender que esses espaços produzam comportamentos que, como os de uma criança desajustada, dependem de atrair atenção negativa como forma de sentir algo (veja o capítulo 4).

A interação on-line, que é onde uma parte cada vez maior (para alguns, a maior parte) de nossas trocas humanas ocorre agora, torna-se então quase uma versão de videogame da conversa, uma experiência gamificada de entradas e saídas, tão completamente mediada e divorciada da realidade humana, com riso e sofrimento, que falar mal ou insultar alguém on-line parece mais ou menos semelhante a atirar em um grupo de caras no *Call of Duty*. Há quem até se refira às recompensas desses tipos de interações como "pontos de internet sem sentido".

Nada disso está acontecendo em espaços projetados de forma neutra. Como sabemos, as plataformas em que a maioria dessas interações ocorre são projetadas para monetizar a atenção. Elas funcionam, em um sentido financeiro, com base no que os usuários fazem e, quanto mais determinado usuário chama a atenção e incita o "engajamento" em uma plataforma, mais atenção há para a plataforma monetizar e mais dinheiro ela ganha. É um pouco parecido com o funcionamento da máfia: cada camada de *capo* leva o dinheiro de seus esquemas e extorsões para o *capo dei capi*, que, nesse caso, é Mark Zuckerberg, Elon Musk ou quem quer que esteja dominando os mercados de atenção no momento em que você lê esta frase.

E em cada nível desse esquema os criadores de conteúdo são movidos por uma profunda necessidade psicológica, pressão social, estímulos financeiros ou uma combinação profana dos três. No final, a única coisa que importa é que quanto mais eles chamarem a sua atenção, melhor será para o *capo* (e seus acionistas).[62]

Voltando à metáfora original: se o que você está pescando é atenção, então a isca mais fácil, a mais brilhante e reluzente, a mais impossível de ignorar é ser ostensivamente cruel, ultrajante ou ofensivo. E assim como o peixe que se lança em direção à isca, alguém que diz algo ultrajante ou insultante aciona algum recôndito de sua neurobiologia e socialização para reagir, um impulso que às vezes você pode sentir surgir em si mesmo antes mesmo de perceber o que está acontecendo. Você acaba sendo como o pobre peixe fisgado pela isca.

Se o peixe soubesse que a isca era um anzol, simplesmente a ignoraria. Mas, mesmo quando sabemos que alguém está nos enganando, ignorar não é tão simples. Trolls particularmente talentosos ou notórios — a trindade de trolls que o lado republicano do Comitê Judiciário da Câmara elogiou antes, por exemplo — criam um dilema discursivo. Se você os ignorar por completo, eles continuarão dizendo e fazendo coisas nojentas, desagradáveis ou até mesmo perigosas com as plataformas que têm à disposição — promovendo teorias da conspiração, ou o revisionismo de Hitler, ou o fanatismo contra muçulmanos. Mas, se você os condena, apenas lhes dá mais atenção, que é o que eles estão buscando e, perversamente, acaba espalhando qualquer mensagem doentia que eles estejam transmitindo.

Esse é o problema fundamental que Donald Trump tem apresentado à mídia há muito tempo e é familiar para qualquer um que já tenha lidado com trolls em qualquer ambiente. Em seu livro sobre como lidar com conflitos interpessoais, Amanda Ripley usa o termo "empreendedores de conflitos" para descrever pessoas que prosperam com brigas e discórdia. Obviamente, o mundo on-line é um lugar em que essas pessoas têm uma grande influência, muitas vezes provocando desentendimentos e lançando insultos como forma de expandir seu alcance.[63]

Como eles estão comercializando conflitos, e os conflitos só podem ser criados em parceria com outras pessoas que reagem a provocações, a sabedoria adquirida a duras penas nos fóruns de mensagens que lidam com trolls há décadas é: "Não alimente os trolls". Não lhes dê atenção, porque eles se alimentam disso e, se você os deixar sem atenção, eles vão embora.[64]

A lógica é convincente. Se alguém estiver desesperado para chamar a sua atenção de qualquer maneira, não dê atenção e ele desistirá. É semelhante ao conselho que os pais dão no pátio da escola a gerações de crianças que lidam com valentões: "Ele está tentando te irritar, não preste atenção nele". Mas, como muitos repórteres que cobrem a cultura digital já apontaram, ignorar os trolls pode permitir que eles tenham rédea solta para se transformarem em campanhas de ameaças, assédio e terror na vida real, fazendo com que as pessoas precisem de segurança ou se mudem de casa.[65]

Do meu ponto de vista, tendo que decidir o que cobrir todos os dias, o dilema dos trolls é um dos principais desafios, talvez até o mais importante. Considere as escolhas editoriais que fazem parte da cobertura da forma mais horrível de trollagem: um tiroteio em massa. Essa forma particularmente ritualizada de selvageria americana, que quase sempre termina em morte para o atirador, nasce, em cada caso, de uma série de fatores específicos. Mas não há dúvida de que, além do pronto acesso às armas, o fenômeno dos tiroteios em massa também é produto de um tipo de contágio social motivado por um desejo obscuro por atenção. De fato, um número assustador de jovens começa sua jornada rumo ao tiroteio em massa em fóruns de mensagens dedicados à trollagem, onde uma linha escura, doentia, mas legível conecta o desejo de chocar outros "*normies*" postando na internet com o desejo de chocá-los no mundo real em um assassinato em massa.[66]

Cada tiroteio em massa cria uma nova tragédia e um novo trauma, bem como um novo dilema para aqueles que o cobrem. Quando um indivíduo perturbado comete um assassinato em massa, isso é, quase que por definição, notícia. Mas cobrir as consequências do tiroteio dá ao atirador o que ele queria, mesmo que postumamente. E ao fazer isso, cria um conjunto de incentivos para futuros atiradores que veem nos atos de ultraviolência um meio confiável de obter atenção em uma escala que, de outra forma, estaria total e completamente fora de seu alcance. Mas ignorar um tiroteio desses seria negligência jornalística, sem mencionar a desonra e a ofensa às famílias e comunidades que sobreviveram a ele.

Ao longo dos meus anos de trabalho em noticiários, acho que fizemos um progresso significativo na adaptação a essa realidade: enquanto antes era comum colocar o nome, o rosto e a biografia do atirador na tela, agora o padrão é evitar isso o máximo possível. Nomeamos o atirador, podemos mostrar uma foto uma vez, mas não o tornamos o centro da cobertura como fazíamos antigamente, sem deixar de cobrir o ato e suas consequências. Mantemos a atenção longe do agressor o máximo possível.

Mas esse tipo de ajuste necessário é, admito, um pouco insatisfatório: não resolve de fato o dilema. Haverá mais tiroteios em massa e nós os cobriremos porque serão notícia e, em algum nível, essa atenção, mesmo que a regulamentemos, repercutirá no mundo com consequências próprias.

O mesmo vale para formas menos destrutivas e mortais de trollagem. A trollagem persistente, principalmente nos níveis mais altos, cria um dilema de atenção do qual não há como escapar. Essa é a razão pela qual ela floresce em nossa época. É uma forma de discurso perfeitamente adaptada a um ambiente em que a atenção não é mais um meio para algum outro fim comunicativo, mas o próprio fim.

WHATABOUTISM

Até onde sei, o termo "*whataboutism*"* veio de uma carta de um professor de história para o *The Irish Times* em 1974.[67] O professor, residente na Irlanda

* Em português, a expressão é usada em sua forma original para se referir a um sofisma que argumenta com "mas e tal coisa?", uma espécie de contra-acusação vazia não relacionada ao assunto original. (N. T.)

do Norte, desabafou sua frustração com os defensores do violento IRA Provisório, que apelidou de "The Whatabouts?". "Essas são as pessoas", escreveu ele, que respondem a toda condenação do IRA Provisório com um argumento para provar a maior imoralidade do "inimigo" e, portanto, a justiça da causa dos Provisórios: "E o Domingo Sangrento, as prisões compulsórias, a tortura, a alimentação forçada, a intimidação do Exército?". Todo apelo para parar é respondido da mesma forma: "E o Tratado de Limerick; o tratado anglo-irlandês de 1921; Lenadoon?".

O termo "whatabout" foi adotado por um colunista do mesmo jornal alguns dias depois e decolou a partir daí.[68] Na década de 1970, diplomatas norte-americanos e ocidentais começaram a usar o termo *whataboutism* para descrever um movimento retórico soviético padrão quando os diplomatas soviéticos eram confrontados com as violações dos direitos humanos de seu país: "Qualquer crítica à União Soviética (Afeganistão, lei marcial na Polônia, prisão de dissidentes, censura)", lembrou o ex-chefe do escritório do *Economist* em Moscou, Edward Lucas, "era recebida com um 'Mas e...?' (o apartheid na África do Sul, os sindicalistas presos, os Contras na Nicarágua e assim por diante)".[69] Era um elemento tão básico da propaganda soviética que os próprios russos fizeram piada com isso. Uma antiga piada soviética diz o seguinte: quando um ouvinte de um programa de rádio russo pergunta sobre os salários nos Estados Unidos, o apresentador, depois de uma longa pausa, diz a ele: "Lá eles lincham negros", uma referência ao foco exclusivo dado pelas autoridades soviéticas ao racismo americano para rechaçar as críticas ao seu próprio sistema e, como observa Lucas, "uma frase que, na época do colapso soviético, havia se tornado uma sinédoque da propaganda soviética como um todo".[70]

O *whataboutism* passou a ser visto como um truque retórico desonesto, o que às vezes é chamado de falácia do tipo *tu quoque*, ou "olha quem está falando". Não há dúvida de que, muitas vezes, é uma forma de evasão e má-fé. Mas também é verdade que questionar em que exatamente estamos prestando atenção é uma parte vital da navegação na era da atenção. O *whataboutism* pode ser uma manobra cínica de atores poderosos para se protegerem da crítica ou uma espécie de rebelião contra quem quer que esteja tentando controlar o espaço de atenção, uma tentativa de retomar esse poder e, com isso, reconhecer de forma tácita a importância de definir o escopo do foco.

O fato é que todos na era da atenção estão sempre jogando alguma forma de *whataboutism*. Porque, ao contrário dos debates Lincoln-Douglas, o debate público em geral raramente se concentra em um único assunto, com vários pontos de vista debatendo os méritos de uma área específica da política. Em vez disso, a atenção do público é dispersa e difusa, e a forma como as batalhas ideológicas são travadas é como uma batalha sobre *o que focar*.

Vejo isso todos os dias quando olho para as várias TVs do meu escritório e vejo os três principais canais de notícias a cabo. Às vezes, como nos primeiros dias após o ataque do Hamas a Israel em 7 de outubro de 2023, as três redes cobrem o mesmo assunto, embora com suas próprias perspectivas e escolhas editoriais. Mas, em geral, elas não estão alinhadas quanto ao que estão enfocando. Na maioria das vezes, quando olho para o que a Fox está cobrindo, é completamente diferente do que estamos fazendo na MSNBC. Talvez eu esteja atualizando meus telespectadores de um dos casos criminais contra Donald Trump e eles estejam falando dos requerentes de asilo na fronteira. Ou eu estou cobrindo o caos mais recente na Câmara dos Deputados, onde os republicanos se envolveram em brigas intrapartidárias desagradáveis sem nenhum precedente neste século, e a Fox está cobrindo o caso criminal de Hunter Biden.

Não posso falar pelas outras emissoras nem mesmo pelas decisões de outros programas, mas, falando por mim e pelo nosso programa, essas ênfases muito diferentes são produto de julgamentos de boa-fé sobre o que importa combinados com julgamentos sobre a demanda do público, ou seja: para onde a atenção está fluindo. O ponto ideal que se pretende encontrar são histórias importantes por seus próprios méritos — o destino da democracia americana em uma época em que uma das duas principais coalizões políticas se voltou contra ela — e que também atraem e mantêm a atenção do público. Quando você encontra esse ponto ideal, permanece nele.

Em uma era de distração, foco é poder, e concentrar-se incessantemente em um assunto é transmitir sua importância. Como qualquer poder, esse pode estar sujeito a abusos flagrantes com consequências desastrosas. Você pode se concentrar, por exemplo, em crimes violentos cometidos por imigrantes, ou apenas cobrir agressões brutais cometidas por negros, ou fazer reportagens sobre homens judeus acusados de abuso sexual.

Para citar um exemplo particularmente nocivo, considere a cobertura da vacina contra a covid-19. Considerando que foram aplicadas centenas de milhões de doses dessa vacina nos Estados Unidos e bilhões em todo o mundo, um meio de comunicação desonesto poderia se dedicar a cobrir histórias de reações adversas — diretamente relacionadas à vacina ou não — que surgiram após a aplicação da mesma. Se o foco fosse apenas esse, você nunca precisaria mentir de forma explícita sobre a vacina. Poderia, por exemplo, entrevistar um piloto de avião que teve um problema cardíaco logo depois que as companhias aéreas implementaram a obrigatoriedade da vacina contra a covid ou o pai de um atleta que desmaiou no campo alguns dias depois de tomar a primeira dose. O foco contínuo nas consequências negativas implícitas das vacinas produziria, no conjunto, uma falsa impressão de que elas eram inúteis e perigosas. Foi isso que várias figuras proeminentes de direita fizeram, principalmente Tucker Carlson, que foi quem entrevistou o piloto que relacionou sua própria parada cardíaca à vacina obrigatória contra a covid.[71]

Isso não funciona apenas em uma direção ideológica. Policiais e defensores da integridade de policiais norte-americanos apontam que, embora o número de homens negros desarmados baleados pela polícia nos Estados Unidos seja, tanto como número absoluto quanto como porcentagem de tiroteios com a polícia, bastante baixo (dezoito em mil no ano de 2020), essas mortes recebem uma cobertura jornalística desproporcional.[72] Isso é, na opinião deles, um tipo de propaganda, como a cobertura obsessiva de pessoas que dizem ter sofrido efeitos negativos de vacinas, que dá uma impressão extremamente distorcida, se não falsa, da realidade, sem nunca precisar mentir.

Quando recebo feedback de telespectadores ou de outros consumidores de notícias sobre nossa cobertura, quase todas as críticas se concentram naquilo que focamos ou não focamos. Passei a acreditar que não existe um conjunto de critérios padrão ou objetivo, nenhuma rubrica externa que possa ser usada para determinar de forma confiável e precisa o que merece a atenção do público. É uma decisão subjetiva, e decisões subjetivas sempre estarão abertas a críticas ou questionamentos. E em um ambiente em que há um número praticamente infinito de coisas nas quais se pode prestar atenção, não há um árbitro a quem apelar, nenhum grupo fixo de juízes que determine para onde se deve ir.

A jornalista de guerra Azmat Khan, ganhadora do Prêmio Pulitzer, conta a história de quando estava no Iraque em 2016, cobrindo a guerra contra o Estado Islâmico. Ela estava infiltrada junto a um comandante de milícia xiita enquanto se dirigiam a uma cidade onde o Estado Islâmico havia usado armas químicas de baixa qualidade. Durante o trajeto, o comandante perguntou o que ela achava do anúncio do presidente Obama de que os Estados Unidos construiriam uma casa para cada sírio e iraquiano que tivesse perdido sua moradia devido aos implacáveis ataques aéreos da coalizão. Quando Khan expressou certo ceticismo de que isso tivesse de fato acontecido, o comandante sacou seu celular e mostrou a ela um vídeo de Barack Obama falando com legendas em árabe, no qual o então presidente diz, nas legendas, que se sente tão culpado por todas as casas bombardeadas no Iraque e na Síria que isso o assombra. "E então ele faz uma pausa para chorar e enxuga uma lágrima do rosto", lembra Khan. "E ele continua dizendo: 'E vou construir uma casa para cada iraquiano e sírio cujo lar bombardeei. E, sabe, às vezes fico tão triste com isso que tenho vontade de me jogar da torre de Chicago'."[73]

As legendas, claro, eram mentirosas. Era um vídeo de Obama falando após o tiroteio em Newtown, onde vinte crianças foram mortas a tiros em uma escola primária. No discurso, Obama menciona que atos de violência armada como esse acontecem todos os dias nas ruas de Chicago, daí a parte "torre de Chicago" da legenda. Quem quer que estivesse dando esse golpe percebeu que tinha de explicar o fato de ele ter dito "Chicago".

O vídeo era o que hoje chamamos, enganosamente, de "desinformação". Alguém que forjou uma tradução e dedicou tempo para fazer o vídeo e publicá-lo, sem que se saiba ao certo com que finalidade. E é compreensível que o comandante militar tenha acreditado. O vídeo fora compartilhado em um grupo do WhatsApp do qual ele fazia parte, e o homem não falava inglês. Como ele ia saber?

Há uma ideia central nessa anedota, à qual voltei várias vezes: *se* Barack Obama *tivesse* realmente feito o anúncio que as legendas afirmavam que ele fez, *teria* sido uma notícia enorme nos Estados Unidos e no mundo todo.

Havia uma razão para a realidade inventada do vídeo ter viralizado no grupo do WhatsApp, uma razão para o comandante xiita ter ficado tão convencido dela que discutiu o assunto com uma jornalista visitante e até lhe mostrou o vídeo. A história falsa contida nesse vídeo era muito mais memorável e chamava mais a atenção do que a realidade brutal e banal da política norte-americana em relação aos civis pegos na zona de explosão de nossa campanha contra o Estado Islâmico, que era, em sua maioria, negligência maldosa.

A realidade era desanimadora, cruel e entediante, mas a realidade alternativa apresentada no vídeo adulterado era brilhante, de alta definição e surpreendente. Quem pode culpar o comandante por se apegar a esta última?

A adesão duradoura a crenças comprovadamente falsas é tão antiga quanto andar para a frente. O mundo é caótico, aleatório e inescrutável, e nós encontramos maneiras de dar sentido a ele, desde os deuses cujas rixas determinaram nossos destinos até os "globalistas do Estado paralelo" que ocupam, na mente de milhões de pessoas hoje, seu próprio Monte Olimpo. Nós nos envolvemos no processo de ordenar o mundo de acordo com nossas teorias populares e histórias culturais, mesmo ao custo de ver o que está bem à nossa frente. Criamos histórias para dar sentido a um mundo sem sentido e insistimos em contar essas histórias mesmo quando tudo ao nosso redor desmorona. Nossas teorias sobre o mundo, imbuídas de pura causalidade, tornam o mundo legível, e nós nos agarramos a essa legibilidade mesmo ao custo de nossa vida. Nunca paramos. Fazemos isso até morrermos e, às vezes, é a causa de nossa própria morte.

Dito isso, não parece particularmente controverso sugerir que a era da atenção tem sido uma bênção para as teorias da conspiração. Um dos dois principais partidos dos Estados Unidos, por exemplo, aderiu a uma ilusão amplamente compartilhada e perigosamente violenta de que a eleição de 2020 foi objeto de uma fraude sistemática e generalizada tão grande que desequilibrou a balança de uma eleição decidida por 7 milhões de votos.

Há muitas razões sociológicas e psicológicas pelas quais as pessoas aderem às teorias da conspiração. Por um lado, é muito melhor acreditar em coisas que confirmam suas ideias (os democratas são ruins e os Estados Unidos os rejeitam) do que ter de lidar com fatos que as forçam a reconsiderar. As teorias da conspiração também oferecem a seus adeptos a emoção de saberem algo secreto e, como Naomi Klein aponta em seu magistral livro *Doppelgänger*, uma sensação estimulante de ser o herói da história, o detetive particular em um romance de mistério que está descobrindo as verdades ocultas por meio de uma vasta gama de pistas fáceis de não enxergar.[74]

Além disso, em um mundo de complexidade crescente e fracasso rotineiro da elite, o conspiracionismo também oferece uma visão da competência da elite que pode ser perversamente reconfortante — a ideia de que aqueles nos mais altos escalões do poder são superpoderosos e têm algum plano secreto que conseguem executar com precisão. Se você já esteve perto dos caos organizado de, por exemplo, um escritório de administração do processo eleitoral de um condado ou dos escritórios estaduais de uma campanha presidencial, é impossível imaginar qualquer universo em que os dois pudessem se coordenar de alguma forma para roubar uma eleição em um condado, quanto mais em dezenas e dezenas de condados em vários estados.

Tudo isso está misturado, mas acho que um aspecto subestimado do fascínio das conspirações no atual ambiente de atenção é que elas geralmente — na verdade quase sempre — chamam a atenção mais do que a realidade. Em termos evolutivos, as partes chocantes de informações falsas superam as partes mundanas de informações verdadeiras. E em um ambiente como o nosso, em que a competição pela atenção é o fator dominante no discurso público, serão produzidas cada vez mais e mais dessas informações.

O comandante da milícia xiita no Iraque, que acreditava que Barack Obama havia anunciado às lágrimas um programa de reparações para os iraquianos bombardeados, não estava errado ao perceber que, se isso realmente tivesse acontecido, seria digno de nota. Como jornalista, eu diria que seu julgamento sobre a notícia foi excelente. O único problema é que a história não era verdadeira. O mesmo se aplica a quase todas as teorias da conspiração proeminentes (e não tão proeminentes) que circulam pela internet ou por dormitórios universitários e salões de bingo. Se alguma "cabala globalista" realmente tivesse planejado a covid-19 para impor formas tirânicas de governo, seria uma notícia muito importante — na verdade, talvez a maior do nosso tempo. Se houvesse uma ordem global secreta de elites todo-poderosas traficando crianças para abuso sexual e colhendo suas substâncias químicas corporais, como acreditam os adeptos do QAnon, essa também seria uma das notícias mais explosivas da história americana.

A mesma dinâmica vale para a teoria da conspiração mais consequente e perigosa de nosso tempo, a falsa alegação de Donald Trump de que ele na verdade ganhou a eleição de 2020 e que os resultados foram manipulados para mostrar o contrário. A história da eleição fraudada — uma conspiração vasta e complicada na qual o fantasma de Hugo Chávez e talvez alguns funcionários da inteligência italiana, possivelmente com a ajuda dos chineses, tornaram a conspiração bem-sucedida em uma nação de 330 milhões de pessoas para fazer parecer que Joe Biden foi eleito presidente, sendo que ele perdeu — realmente chamaria a atenção *se fosse verdadeira*. É claro que um grande chamativo dessa história para os conservadores foi o conforto do viés de confirmação, de serem informados de que seu escolhido havia de fato vencido, que seu modelo mental do mundo, no qual Donald Trump era um colosso amado e Joe Biden, um homem senil de que ninguém nem se lembrava, era verdadeiro, afinal. Mas também há uma aderência de atenção a essas teorias da conspiração porque elas pintam um mundo que é, em um sentido estrito, mais digno de notícia, mais surpreendente do que o mundo real em que habitamos.

Vamos pôr da seguinte forma: se o que Trump e seus advogados estavam alegando fosse verdade, teria sido a maior notícia da história do noticiário americano e justificaria o nível de cobertura que os meios de comunicação simpáticos a Trump estavam dando. Acontece que não era verdade. A realidade banal é que Donald Trump tinha índices desfavoráveis muito altos, era muito impopular e perdeu a eleição por 7 milhões de votos por causa disso.

Uma grande mentira costuma atrair mais a atenção do que uma lista de pequenas verdades. E o consumidor de uma determinada informação tem dificuldade de avaliar seu valor de verdade no momento em que se depara com uma nova revelação ou alegação chocante. Na aniquilação do sistema antigo e relativamente fechado de guardiões da informação, a única razão para aderir à verdade é algum conjunto mais amplo de valores — ou uma determinação estratégica, baseada no mercado, de que o excesso de mentiras, desinformação e coisas do gênero acabará sendo ruim para a monetização da atenção. Mas a desagregação dos mercados de atenção eliminou o que antes era um custo de reputação que um meio de comunicação pagaria por não ser confiável. Se você assina um jornal e ele está sempre lhe dizendo coisas falsas, é provável que você pare de assiná-lo. Mas, na era do algoritmo, cada tentativa discreta de chamar a atenção geralmente tem uma origem desconhecida. As pessoas que tentam viralizar não precisam se preocupar com o tipo de reputação que construirão ao longo do tempo. Elas só querem ganhar o prêmio máximo de atenção e, depois, passar para a próxima alavanca do caça-níqueis.

A política americana sempre teve um forte elemento de loucura. A história dominante que os americanos tendem a aprender na escola sobre a nação não é exatamente essa. Nosso folclore básico é o de uma república constitucional ininterrupta que, por meio de sucessivas reformas, tornou-se mais perfeita, mas nunca sofreu o colapso da ditadura, do fascismo ou da violência do terror de tantos outros países. Mas a verdade é muito menos organizada: somos uma nação que, de uma perspectiva, passa de episódio em episódio de mania, fervor religioso, violência racista em massa e agitação.

Dito isso, parece mesmo que a vida pública e a política americanas perderam a sanidade, mesmo que tênue, que tinham há algumas décadas. O ambiente informacional, enquanto escrevo este texto durante a campanha presidencial de 2024, parece ruim como nunca vi. Mal consigo começar a dizer onde, digamos, um eleitor médio de vinte anos está obtendo suas informações sobre o mundo, sobre o país e os candidatos.

Isso porque, pelo que podemos dizer com base nos dados disponíveis, a resposta a essa pergunta é: nas plataformas — TikTok, YouTube, Instagram, Facebook e X. Mas isso, por si só, não nos diz nada, porque essas plataformas são simplesmente leilões dinâmicos de atenção em que os olhos são vendidos aos anunciantes com base no conteúdo que faz você parar de rolar a tela. Ao longo dos anos, a maioria dessas redes tornou o acesso aos dados sobre o que as pessoas estão realmente vendo cada vez mais difícil, se não impossível. É uma caixa-preta.

Os imperativos de atenção parecem ter engolido por completo os imperativos de informação. Em dimensões grandes e pequenas, estamos vendo a erosão dos últimos vestígios de um regime de atenção funcional, que orientaria a mecânica básica de, por exemplo, selecionar quem deve ser a única figura política eleita por todos os cidadãos para representar o país.

Aqui está um exemplo. Durante os primeiros meses de 2024, a política de Joe Biden de apoio total dos Estados Unidos à resposta militar de Israel à atrocidade de 7 de outubro do Hamas começou a fraturar a coalizão democrata à medida que a realidade monstruosa de seu efeito sobre os civis de Gaza se tornou clara. Quase metade dos eleitores de Biden em 2020, de acordo com uma pesquisa, disse que Israel estava cometendo genocídio, maiorias consideráveis de democratas registraram desaprovação da conduta de Israel e maiorias de todos os eleitores desaprovaram a forma como Biden lidou com a crise. Isso se transformou em um grave problema político.

Tudo isso estava acontecendo em um ano de eleição presidencial em que o Partido Republicano já tinha um candidato: Donald Trump. Nessas condições, era de esperar que surgisse um debate robusto entre os dois prováveis indicados sobre essa questão emblemática da política externa. Então, qual foi a posição de Donald Trump sobre o apoio dos Estados Unidos à ofensiva de Israel em Gaza?

Ele evitou, em grande parte, articular uma posição. Normalmente, quando perguntado sobre o assunto, dizia: "Se eu fosse presidente, isso nunca teria acontecido" e mudava de assunto. E embora estivesse claro que ele apoiaria ainda mais os esforços de guerra do governo de Netanyahu (dizendo que queria permitir que eles "terminassem o trabalho"), a campanha de Trump nunca apresentou nenhum documento com seu posicionamento ou uma visão abrangente de sua política. Na maior parte do tempo, foi um monte de gestos retóricos e evasivas, muitas vezes contraditórios. Nessas condições, como os eleitores poderiam começar a avaliar no que estariam votando?

Voltando ao modelo Lincoln-Douglas, imagine se, em vez de Lincoln pedir o fim da expansão da escravidão e a anulação do caso Dred Scott, ele tivesse apenas afirmado que "nenhuma dessas coisas estaria acontecendo" se ele fosse senador de Illinois. Não seria possível nem mesmo realizar um debate nessas condições.

Trump conseguiu se safar com isso, pelo menos em parte, devido ao declínio acentuado da capacidade da imprensa política de concentrar efetivamente a atenção nacional em questões e perguntas. No passado, a imprensa de campanha usava esse poder para fins que eu considerava enlouquecedores — focar em escândalos triviais ou questões efêmeras de números de campanhas — mas, como instituição, o que costumava ser chamado de imprensa de campanha ou imprensa política nacional tinha a capacidade de chamar a atenção do público.

Isso moldou a forma como as campanhas eram feitas e como os candidatos agiam. Para dar um exemplo de apenas dezesseis anos atrás, no verão de 2008, Vladimir Putin invadiu a Geórgia, país da região do Cáucaso. Tanto John McCain quanto Barack Obama, os indicados de seus respectivos partidos, assumiram uma posição quanto a como reagir. McCain adotou uma posição maximalista de confronto, enquanto Obama enfatizou a diplomacia e o trabalho com aliados para isolar a Rússia. As campanhas publicaram documentos de posicionamento, e os candidatos fizeram discursos e organizaram chamadas telefônicas com repórteres para detalhar seus pontos de vista.

Essencialmente, eles estavam reencenando uma versão de Lincoln-Douglas sob o regime de atenção então existente da cobertura da campanha mainstream. Aqui está uma questão urgente do dia, aqui está minha posição sobre ela.

Mas agora isso quase não existe mais. Temos um país repleto de megafones, um paredão de som esmagador, as luzes giratórias de um cassino 24 horas por dia piscando para nós, tudo parte de um sistema minuciosamente projetado para desviar nossa atenção para obter lucro. Sob essas condições, qualquer coisa que se assemelhe a uma deliberação democrática parece não apenas impossível, mas cada vez mais absurda, como tentar meditar em um clube de striptease.

A promessa da era da informação era o acesso a todo e qualquer conhecimento humano, a todo momento, e a realidade é uma mente coletiva que oscila à beira da loucura. Cerca de um mês após o início da guerra entre Israel e o Hamas no outono de 2023, quando os usuários de redes sociais se depararam com uma avalanche de vídeos e imagens horríveis de morte, destruição e atrocidade, alguns verdadeiros, outros falsos, alguns verificados, outros não, um tuíte viralizou: "Ei, desculpa por não ter visto sua mensagem, estou processando um ataque ininterrupto de informações 24 horas por dia, sete dias por semana, com um cérebro projetado para comer frutinhas em uma caverna".[75]

Uma das condições necessárias para a sanidade é a capacidade de ordenar os pensamentos, de controlar a mente, de direcionar o feixe de pensamento para onde queremos que ele vá. Aqueles que sofrem com várias formas de doenças mentais agudas lutam a todo momento para exercer esse tipo de domínio sobre seus próprios pensamentos contra intrusões, vozes, aparições, elementos da psique que parecem fora de controle e surgem do nada. Mas isso descreve com precisão a natureza de nosso discurso público compartilhado, o barulho insistente de uma mente profundamente inquieta.

8.

Retomando nossa mente

Atualmente, é difícil escapar de uma sensação generalizada de pavor e desgraça, sobretudo on-line. Os inebriantes primeiros dias da revista *Wired*, na década de 1990, a era do triunfalismo da internet e dos blogs parecem agora um sonho febril ou a ingenuidade da juventude. Aos vinte e poucos anos, eu e muitos de meus colegas realmente acreditávamos que a internet alteraria a dinâmica de poder da vida política americana. Estávamos irados, às vezes desesperados, mas também sentíamos que, pelo menos em nível tecnológico, o futuro nos pertencia. A velha guarda, os titulares, não conseguia nos acompanhar. O vento estava a nosso favor.

Hoje, minha sensação é muito diferente. Cada nova inovação tecnológica dá um nó em meu estômago. Cada novo desenvolvimento no mundo da tecnologia parece distópico e agourento. Fico tentado a pensar que é somente um processo conhecido como "envelhecimento". Sim, quando você é jovem, as mudanças parecem bem-vindas e empolgantes e, à medida que você envelhece, parecem aterrorizantes. Acontece desde que o mundo é mundo.

E, no entanto, há algo mais acontecendo. Minha opinião é compartilhada por grande parte da população, e algumas das perspectivas mais pessimistas do futuro pertencem aos mais jovens entre nós.[1] Essa sensação de desgraça, de que o futuro será pior, aplica-se à política e ao clima, bem como à trajetória da tecnologia.

Em 2023, a Sociedade Americana de Dialetos elegeu "*enshittification*" como a palavra do ano.* O termo foi criado pelo teórico de tecnologia e blogueiro Cory Doctorow para descrever o processo pelo qual as plataformas passam de prósperas a moribundas: "Primeiro, elas são boas para seus usuários; depois, abusam deles para melhorar as coisas para seus clientes comerciais; finalmente, abusam desses clientes comerciais para recuperar todo o valor para si mesmos. Depois, morrem. Chamo isso de *enshittification*".[2]

Vemos esse processo em todos os cantos: a internet está piorando a cada dia. A experiência, a sensação, a utilidade, tudo isso. Os efeitos sociais da era da atenção são bem documentados, com quase todos os dados que temos apontando na mesma direção. Houve um aumento acentuado da depressão e do suicídio não apenas entre os adolescentes, mas também entre as crianças. A felicidade que relatamos tem sofrido um declínio secular desde a adoção em massa de smartphones em todas as idades nos Estados Unidos, mas isso é particularmente grave entre os adolescentes.[3] As pessoas estão passando cada vez menos tempo interagindo ao vivo e mais tempo interagindo por meio de seus dispositivos e, junto com isso, temos visto que elas têm cada vez menos amigos.[4] A presença de celulares também parece estar tendo efeitos deletérios sobre estudantes em todo o mundo. De forma global, as pontuações dos testes padronizados vêm caindo significativamente desde 2012, em diferentes sociedades e abordagens educacionais. O culpado, com base no Programa Internacional de Avaliação de Estudantes (Pisa), que coleta os dados, é bastante claro. O *Atlantic* caracterizou assim as descobertas: "Em suma, os alunos que passam mais tempo olhando para o celular têm um desempenho pior na escola, distraem os outros estudantes ao seu redor e se sentem pior em relação à vida".[5]

Independentemente de ser ou não a única causa, a vida na era da atenção é mais ansiosa e mais deprimida, mais isolada e menos social. Temos

* O termo, derivado de "*shit*" (merda), seria algo como "merdificação" se traduzido de forma literal, mas oficialmente muitos traduzem como "decadência das plataformas", de modo a descrever a degradação dos produtos e plataformas digitais ao priorizarem a monetização e o lucro. (N. T.)

menos amigos e os vemos menos. Temos dificuldades de manter a atenção e ler com profundidade, de aprender coisas novas. A esfera política está cada vez mais fragmentada, polarizada; e a atmosfera de informações, cada vez mais poluída. Isso não pode continuar assim, certo? Não, acho que não pode. Há algumas maneiras de avançar, caminhos que estão abertos para nós e não são mutuamente excludentes, de forma que nosso controle coletivo sobre nossa própria mente seja restaurado.

Se a atenção é a substância da vida, então a questão de em que prestamos atenção é a questão do que será nossa vida. E aqui chegamos a uma questão fundamental que é muito mais difícil de responder do que gostaríamos que fosse. No que *queremos* prestar atenção? Se não tivéssemos todas as tecnologias e corporações disputando nossa atenção, se nossa atenção não estivesse sendo mercantilizada e extraída, no que escolheríamos prestar atenção?

Na era da atenção, ouvimos o tempo todo reclamações sobre a lacuna entre aquilo em que queremos prestar atenção e em que acabamos prestando atenção. Alguém leva três romances para as férias e depois volta tendo lido apenas um terço de um deles porque foi sugado pelo Instagram. Acho que a leitura é um foco específico dessas reclamações. Todos, inclusive eu, reclamam que não conseguem mais ler livros longos. Temos a sensação de que nossas preferências não mudaram — eu ainda gosto de ler —, apenas nosso comportamento. E o motivo de nosso comportamento ter mudado é que alguém tirou algo de nós. Alguém nos coagiu de forma sutil e insidiosa.

Mas talvez existam vários eus que queiram coisas diferentes — um eu que queira ler, um eu que queira rolar a tela. Há uma tensão aqui, voltando ao ponto de partida deste livro, entre diferentes aspectos do eu que pode ser difícil de conciliar. Temos o que nosso superego quer (sair de férias e ler romances) e o que nosso eu real faz (rolar o Instagram). Como acontece com frequência, nossas preferências reveladas são diferentes das declaradas. E quem vai dizer qual é o nosso verdadeiro desejo?

Grande parte da autoajuda moderna é voltada para fechar a lacuna entre o que dizemos que queremos e valorizamos e como agimos. E aqui, no instante a instante de nossa vida interior, podemos imaginar um projeto semelhante, pelo menos no nível individual. A solução, na medida em que existe uma, para a alienação causada por essa lacuna entre aquilo em que prestamos atenção e aquilo em que queremos prestar atenção é começar com a pergunta: o que realmente desejamos? Se você tivesse o poder total de sua própria atenção, uma espécie de hiperfoco no estilo *X-Men* que pudesse ser sempre direcionado à vontade para o que você escolhesse, pelo tempo que quisesse, o que faria com esse superpoder?

Devo dizer que, acho, a maioria das pessoas daria respostas bastante semelhantes. Eu me concentraria na minha família, nos meus amigos, nos meus hobbies e interesses, em coisas que me trouxessem alegria, em projetos pessoais — seja tirar fotos, fazer jardinagem ou construir um deque — que me trouxessem satisfação.

Voltemos ao nosso herói Odisseu. Ele precisa que todos prestem atenção na navegação do navio, mas sabe que sua atenção será capturada pelas sereias e, por isso, assume um compromisso *antes* do momento em que sabe que sua atenção será roubada.

Esses compromissos são fundamentais para qualquer tipo de modificação de comportamento pessoal: parar de fumar, adotar uma rotina de exercícios. Mas há formas de mercados de atenção que funcionam melhor ou pior para obter esse tipo de compromisso de nossa parte. Na trajetória atual dos mercados da era da atenção, eles se tornam cada vez mais rápidos, agindo segundo a segundo, para nos manter em movimento, engajados e evitando o compromisso.

Compare a experiência de como você assiste às coisas agora, por exemplo, no TikTok, no Reels do Instagram ou mesmo na Netflix, com o modo de uma geração anterior de espectadores. Correndo o risco de sucumbir à nostalgia (um perigo real para quem escreve sobre tecnologia e cultura humana), vamos considerar a locadora de vídeo. Do final dos anos 1980 até o início dos anos 2000, a locadora de vídeo foi uma importante instituição comercial e cultural. A maioria das pessoas que lê este livro provavelmente se lembra dela, mas, para aqueles que não se lembram, era assim que funcionava: havia uma loja em seu bairro que tinha uma biblioteca física com centenas de fitas VHS dispostas em prateleiras. No início da era das locadoras de vídeo, todas eram pequenas lojas independentes, embora com o tempo a maioria tenha sido canibalizada pela gigante Blockbuster que, em seu auge, tinha 9 mil lojas. Mas as lojas pré-Blockbuster geralmente empregavam nerds do cinema, cinéfilos atraídos pela vantagem de ter acesso a uma biblioteca inteira de filmes a qualquer momento, algo a que meus filhos não dão a mínima hoje em dia.

Em um sábado à noite, por exemplo, você ia à locadora com alguém com quem iria assistir ao filme — seu namorado ou sua namorada ou, quando mais jovem, seu pai ou sua mãe. Às vezes, uma dupla de expedicionários era enviada a uma locadora para alugar um filme para um grupo maior. Era uma grande responsabilidade! Você tinha que pensar no que agradaria gregos e troianos.

Na locadora, não era possível enviar mensagens de texto ou ligar para as pessoas em casa, o suprimento era limitado e era preciso simplesmente tomar uma decisão, uma decisão comprometida, sobre em que você prestaria atenção por duas horas quando chegasse em casa. Às vezes, o filme decepcionava. Ou alguns membros da família detestavam. Não é que fosse infalível de alguma forma. Mas era, no mínimo, uma escolha proativa e intencional, feita com nossa mente consciente, de dedicar nossa atenção a algo. Íamos à locadora e nos prendíamos ao mastro. E então era hora de assistir ao filme e assistíamos ao filme, bom ou ruim, transcendente ou terrível.

Não podemos voltar no tempo, e tudo isso pode parecer um devaneio equivocado de um homem preso em seu desejo por uma época mais simples, mas, na verdade, acho que podemos aproveitar algo crucial nessa história. Não é que a locadora de vídeo fosse uma organização sem fins lucrativos: era uma empresa comercial que oferecia um serviço, dentro daquela época da economia da atenção, por um preço e buscava obter lucro. Seu valor foi o resultado de uma inovação tecnológica (a criação de fitas VHS e, mais tarde, de DVDs) e, em seguida, de um conjunto de empresas que cresceram em torno dessa tecnologia.

Pode parecer bobo tentar ressuscitar uma tecnologia extinta do passado para nos salvar da tirania dos atuais mercados de atenção que construímos, mas acho que alguns modelos úteis em outros domínios sugerem que essas formas de fuga se tornarão cada vez mais populares e até lucrativas nos próximos anos.

Vamos considerar a trajetória dos discos de vinil. Durante décadas, eles foram a forma dominante de ouvir música, até que a introdução das fitas cassete desestruturou completamente todo o negócio de discos de vinil. Os CDs viriam logo depois e fariam o mesmo com as fitas cassete, e então os downloads digitais substituíram os CDs, e tudo isso acabou sendo substituído pelos serviços de streaming. Exceto pelo fato de que, há cerca de quinze anos, um grupo pequeno e dedicado de fãs de música começou a comprar vinil e não parou mais. As lojas de discos começaram a relatar uma força econômica surpreendente e, por dezessete anos consecutivos, as vendas de vinil cresceram ano após ano, um crescimento, às vezes, explosivo. Em 2020, as vendas de vinil aumentaram 46,2% em relação ao ano anterior e, no seguinte, mais 51,4%. Mesmo com a desaceleração desse crescimento explosivo, no último ano para o qual temos dados, 2023, foram vendidos 41,3 milhões de discos de vinil, o maior número desde 1991.[6] Mais uma vez, isso representa uma fração minúscula da receita geral de música, que é dominada pelo streaming, mas também é o formato em que as pessoas mais compram álbuns. Acho que ninguém teria previsto que seria assim quinze anos atrás, quando a revolução do iPod começou a decolar e o vinil parecia semelhante às máquinas de escrever.

Há vários motivos para esse ressurgimento surpreendente. A embalagem física e visual de um álbum de vinil o torna muito mais desejável e colecionável como objeto. Os LPs de vinil também oferecem uma qualidade de som muito superior aos arquivos de áudio compactados dos serviços de streaming. Por fim, ouvir música em um toca-discos o liberta da ansiedade infinita de escolha que vem das formas digitais de mídia, em que a todo momento você pode pular para a próxima música ou decidir que não quer mais ouvir o que está ouvindo. Quando você coloca um álbum em um toca-discos, está *dedicando* sua atenção a esse álbum. Você se prendeu ao mastro.[7]

Para mim, o vinil das notícias é o jornal físico. Como um consumidor de notícias on-line e voraz, que tem uma estranha mania de acumular papel em casa, passei décadas lendo notícias somente on-line. Nossa família assinava várias revistas impressas e o *New York Times* de domingo, mas quase toda a minha leitura era feita on-line. Enquanto eu estava escrevendo este livro, decidimos começar a receber o *New York Times* diariamente, e logo fiquei surpreso com a alta qualidade do produto.

Um jornal existe, antes de mais nada, como uma tecnologia engenhosa para direcionar a atenção. Os editores tomam decisões sobre onde colocar as diferentes matérias, o tamanho da fonte das manchetes, se elas devem ser acompanhadas de fotos ou se várias matérias sobre o mesmo assunto devem ocupar páginas inteiras do jornal. Esses sinais de atenção estão relacionados à importância editorial e são uma tentativa de fazer com que o leitor preste atenção em coisas que, de outra forma, talvez não prestasse — seja uma matéria com lindas fotos sobre a vida em um pequeno vilarejo italiano que está perdendo seus moradores rapidamente ou uma grande reportagem investigativa sobre trabalho infantil nos Estados Unidos, ocupando toda uma página do jornal.

O que é realmente impressionante quando se lê o jornal físico todos os dias é a pouca semelhança que ele tem com a versão do mesmo jornal que se encontra on-line por meio das redes sociais. Lá, os artigos que tendem a receber mais atenção são aqueles que mais irritam as pessoas, como uma opinião particularmente polêmica ou uma reportagem sobre os "jovens de hoje em dia" nos campi universitários. No entanto, no jornal físico, essas mesmas reportagens costumam ter um espaço muito menor, na parte de trás do jornal, às vezes sem fotos. O *Times* pode publicar uma grande reportagem sobre, por exemplo, as eleições na Indonésia, repleta de fotografias coloridas impressionantes e, ao abrir o jornal físico, você será obrigado a ler, mas logo perceberá que ninguém na internet está falando disso. Quando você acessa a guia "Mais lidos" do próprio *Times*, vê que os artigos quentes e as táticas para provocar raiva que se tornam virais realmente atraem um tráfego enorme, e é muito mais raro ver matérias sobre as eleições na Indonésia ou sobre compradores de ouro no Egito na lista das mais lidas. Essa é a diferença entre a atenção direcionada por meio de um processo editorial intencional e a atenção direcionada por meio de mecanismos semelhantes aos de cassinos das "plataformas". A diferença está bem ali, literalmente em preto e branco, entre um meio de direcionar a atenção na era pré-atenção e na era da atenção.

Ler o jornal físico é um hábito de nicho, não muito diferente de comprar vinis. Apenas cerca de 8% das assinaturas do *New York Times* são impressas, embora representem um terço da receita total de assinaturas. (Uma perspectiva de negócios assustadora, caso esses assinantes do impresso desapareçam.)

Acho que a maioria das pessoas preveria que, em algum momento, o número de assinantes impressos chegará a zero, mas e se isso não acontecer? E se os jornais impressos, em vez disso, seguirem o caminho do vinil?

Podem parecer alternativas de nicho e hipster aos modelos dominantes do mercado da atenção, mas acho (e torço para isso) que veremos um crescimento cada vez maior de empresas, tecnologias e modelos de consumo que buscam evitar ou superar a realidade punitiva e exaustiva da mercantilização interminável da atenção que estamos vivendo.

A melhor maneira de entender como isso poderia ser é voltar ao exemplo da produção industrial de alimentos e como ela interage com nossas próprias heranças biológicas. A partir da década de 1970, um pequeno grupo de pessoas, em sua maioria hippies, iniciou um pequeno movimento de se afastar e evitar os meios dominantes da produção corporativa de alimentos. Alguns compraram fazendas e começaram a trabalhar nelas como parte do movimento de volta à terra, e outros abriram lojinhas que vendiam alimentos saudáveis, grãos integrais e produtos alimentícios de pequena escala não produzidos por grandes empresas do agronegócio e vendidos em supermercados.

Essas lojas de alimentos naturais eram pequenas, peculiares e espalhadas pelo país. Não eram um modelo novo e lucrativo, e sim um pequeno refúgio sob medida do modelo dominante. Mas, em 1978, dois jovens de vinte e poucos anos pediram dinheiro emprestado à família para abrir uma loja de alimentos naturais em Austin, Texas, que dois anos depois se fundiu com outra loja semelhante e passou a se chamar Whole Foods. Atualmente, existem mais de quinhentos pontos de venda em todos os Estados Unidos e, com o passar do tempo, a lojinha de alimentos naturais hippie virou um grande negócio que a Amazon comprou em 2017 por 14 bilhões de dólares.

Exatamente na mesma época em que o Whole Foods estava sendo concebido, dois planejadores urbanos da cidade de Nova York tiveram a ideia de criar um mercado de agricultores urbanos em Manhattan, onde as fazendas familiares locais das áreas circundantes (Long Island, Hudson Valley) pudessem vender seus produtos.[8] Em 1976, o primeiro mercado verde da cidade de Nova York foi inaugurado na esquina da Segunda Avenida com a rua 59 e, atualmente, existem cinquenta em toda a cidade. Em 1994, havia cerca de 1.800 mercados de produtores rurais em todo o país e, em 2019, o número era 8.800, um crescimento de mais de 500%.[9]

Os alimentos orgânicos seguiram uma trajetória semelhante. Um pequeno grupo de agricultores foi pioneiro no que hoje chamamos de agricultura orgânica na década de 1970, geralmente vendendo seus produtos para lojas de alimentos naturais. Em 2002, o USDA finalizou a certificação orgânica oficial e, em uma década, esse era um negócio de 30 bilhões de dólares. Em 2022, era um negócio de 60 bilhões.

Ainda assim, a maioria dos americanos não consome alimentos orgânicos nem faz compras na Whole Foods ou em mercados de produtores rurais. Em termos relativos, ainda são empreendimentos pequenos, até mesmo de nicho, mas em termos absolutos são mercados grandes, crescentes e ativos. Eles oferecem enormes oportunidades de investimento e lucro e, por isso, atraem enormes investimentos. Também é verdade que há, em termos gerais, um componente socioeconômico significativo nessa história. As pessoas que compram alimentos orgânicos, frequentam mercados de produtores rurais e apreciam refeições "da fazenda para a mesa" tendem a ser, em média, muito mais ricas do que aquelas que não o fazem.

Acredito que é muito provável que vejamos o crescimento de um mercado paralelo para produtos de atenção alternativos, como os mercados de alimentos naturais, agricultura orgânica e as feiras de produtores rurais. Não posso dizer como será, embora haja alguns lugares onde já se vê o início: a resistência obstinada dos leitores em mudar para os e-books, a persistência dos assinantes da edição física do *New York Times*. É possível ver isso em um número cada vez maior de pais que tomam medidas drásticas para proibir telas para os filhos e nas escolas que fazem a mesma coisa. Várias empresas começaram a comercializar "celulares burros" com funções básicas, diferentes dos caça-níqueis no nosso bolso.

Acho que é muito provável que vejamos o crescimento de todos os tipos de mercados de produtores de atenção para quem deseja optar por não se submeter à constante mercantilização desse recurso. A princípio, tudo isso parecerá peculiar, estranho, pequeno e contracultural. Talvez você esteja lendo isso e pensando: "Jornais e livros físicos? Sério?". Sim, sério. Não posso prever com exatidão as formas que isso assumirá, mas levando em conta a rebelião palpável contra a atual experiência dominante de alienação quase constante, as pessoas optarão por não participar, e um dos axiomas do capitalismo americano é que onde houver demanda do consumidor, logo haverá empresas para atendê-la.

Podemos ter formas alternativas de mercados de atenção, mas e se tivéssemos lugares totalmente livres de imperativos comerciais? A grande maioria do tempo que passamos on-line é em plataformas ou em espaços que tentam mercantilizar e comercializar nossa atenção. Nem sempre foi assim. A versão mais antiga da internet e aquela que floresceu no final da década de 1990 e nos anos 2000 foram construídas com base em uma série de estruturas não comerciais que permitiam às pessoas interagirem e criar comunidades, compartilhar, paquerar, conversar e coisas do gênero, sem nenhum interesse comercial subjacente. É importante observar que essa internet aberta e não comercial derrotou uma versão anterior totalmente monetizada — os chamados jardins murados representados pela America Online, Prodigy e CompuServe.

A internet não comercial usava protocolos abertos e trabalho voluntário para manter quadros de mensagens e comunidades. O que mais se aproxima disso hoje provavelmente é o Reddit, que cresceu durante anos como uma empresa privada com níveis de receita muito inferiores aos de operações como Facebook e Google. Veremos se esse espírito persistirá agora que se trata de uma empresa pública com pressão dos acionistas.

Mas o Reddit continua sendo um negócio. O principal espaço verdadeiramente não comercial que temos hoje é o chat em grupo, seja com membros da família trocando fotos das fantasias de Halloween dos netos, seja com velhos amigos falando mal do time favorito de um e de outro, seja com amigos colaborando com conselhos sobre namoro. O chat em grupo — pessoas que se conhecem trocando mensagens, memes, clipes, piadas — é fonte de prazer, fofocas, vínculos e, às vezes, briga, mas brigas reconhecidamente humanas. Não há algoritmo nem anúncios no chat em grupo. Se alguém está tentando chamar a sua atenção, é uma pessoa com quem você tem um relacionamento real, não um estranho que o está perturbando. Esse é o único espaço que recria a sensação da internet não comercial, a experiência de trocar e-mails com amigos que estavam a horas de distância na faculdade, uma forma de conectividade que era nova, íntima e vital no final da década de 1990.

Em 2019, a *New York Magazine* declarou: "Os chats em grupo estão tornando a internet divertida novamente". O repórter, Max Read, observou que aquilo que por tanto tempo fez da internet um lugar divertido para se estar estava vivo nos chats em grupo. "A mensagem paradigmática do chat em grupo é uma que meu amigo Sam enviou esses dias: 'Quer ver algo levemente engraçado?'. Nos chats em grupo, a resposta é sempre 'sim'." Read tem, não por coincidência, mais ou menos a minha idade e os mesmos pontos de referência que eu em relação a como seria uma outra versão da internet. Ele argumentou que o chat em grupo havia se tornado um "substituto definitivo para o modo de organização social que definiu a última década: a rede social centrada em plataformas e baseada em feeds".

Tenho passado cada vez mais tempo em chats em grupo, que proporcionam um nível de satisfação cada vez mais raro nas redes sociais. E não estou sozinho. Adam Mosseri, que dirige o Instagram para a Meta, disse em 2023 que todo o crescimento que estava ocorrendo no aplicativo estava acontecendo nos *stories*, que são semiprivados, ou nas mensagens diretas (DMs) e nos chats em grupo por DMs, em que os amigos podem compartilhar fotos e vídeos em particular. "Se você observar como os adolescentes gastam seu tempo no Instagram, eles passam mais tempo nas mensagens diretas do que nos *stories* [as postagens semiprivadas apenas para amigos] e mais tempo nos *stories* do que no feed [as postagens voltadas para o público]." Na verdade, disse Mosseri, o uso de mensagens diretas havia crescido tanto e se tornado tão dominante que ele estava concentrando cada vez mais energia nelas.[10]

Em certo nível, a distinção entre esses diferentes modos de compartilhamento — o feed público, os *stories* semiprivados e as DMs privadas — parece trivial. Se você está perto de alguém, por exemplo, um adolescente obcecado pelo Instagram que vive no celular, distraído e pouco presente, que diferença faz se ele está em um tópico de mensagens diretas em grupo ou rolando o Reels? Mas é bastante notável para mim que a geração mais nativa, mais cercada pela experiência alienante do capitalismo da atenção, tenha escolhido criar espaços de compartilhamento e comunicação simples, diretos, não algorítmicos e não públicos. As pessoas estão buscando mensagens em chats em grupo porque isso evita muito do que torna o atual capitalismo da atenção tão alienante.

Quando penso nos usos da tecnologia digital de que mais gosto, são aqueles que me ajudam a estar em contato com pessoas com quem tenho relacionamentos reais à distância. Minha família, como muitas outras, tem vários grupos nos quais podemos compartilhar atualizações sobre a vida e fotos de nossos filhos. Os amigos da faculdade que sigo no Instagram e que publicam fotos de sua vida — as férias na Flórida com os filhos menores, a festa de aniversário de casamento — fazem com que eu me sinta próximo a eles e presente de uma forma que nada mais faz, a não ser morar na mesma cidade. E mesmo morando!

Esse é, obviamente, o "sonho da conexão" que as empresas de tecnologia comercializaram e prometeram. Durante anos, toda a proposta de valor do Facebook foi uma versão de "veja facilmente as fotos de seus netos". E por um tempo funcionou, antes de ele ser vítima da lógica de mercado do spam e da *enshittification*. Mas, da mesma forma que você pode se reunir com seus amigos em um parque público ou uma praia em vez de em um restaurante ou em um shopping, devemos ter opções não comerciais para esse tipo de conexão.

E isso não é uma hipótese impossível. Atualmente, um dos aplicativos de mensagens que mais crescem e são mais usados no mundo é o aplicativo criptografado de ponta a ponta Signal, desenvolvido e distribuído por uma organização sem fins lucrativos: "Como uma organização sem fins lucrativos", diz o site aos usuários, "não temos investidores ou membros do conselho com fins lucrativos batendo à porta em tempos difíceis, pedindo que 'sacrifiquemos um pouco de privacidade' em nome de atingir metas monetárias e de crescimento". Da mesma forma, eles rejeitam explicitamente o "*growth hacking*" [hacks de crescimento] e as tentativas de manipular e mercantilizar a atenção dos usuários de forma a "manter as pessoas grudadas em feeds e notificações".[11] O Signal é apenas um aplicativo, que enfrenta uma enorme concorrência corporativa, mas não precisa ser um unicórnio. Tivemos essas mesmas opções não comerciais em um passado recente, antes de serem todas destruídas pelas grandes plataformas. É hora de trazê-las de volta.

A forma atual de capitalismo de atenção não está destinada a durar para sempre ou mesmo por muito mais tempo. Podemos ter formas alternativas de mercados para a atenção, instituições e empresas que criem modelos diferentes daqueles que dominam atualmente. Também podemos criar espaços não comerciais onde possamos prestar atenção uns nos outros, em nossos hobbies, em nossos interesses e em nossas comunidades sem que essa atenção seja capturada, comprada e vendida. E ainda há mais um caminho a seguir, mais radical do que essas outras abordagens, que se fundamenta na criação voluntária de novas alternativas pelas pessoas. Podemos regular a atenção.

Ao longo deste livro, comparei o que está acontecendo com a atenção no século XXI com o que aconteceu com o trabalho no século XIX. Em ambos os casos, algo que estava dentro de nós, que nos era íntimo e que possuíamos, foi transformado, por meio de uma série de inovações tecnológicas, legais e mercadológicas, em uma mercadoria extraída de nós a um preço. Essa mercantilização onipresente transformou os aspectos mais granulares e privados de toda a nossa vida e produziu uma alienação generalizada.

Em resposta a isso, os movimentos trabalhistas e vários pensadores, críticos, partidos e tendências políticas radicais e reformistas começaram a criar solidariedade e comunidade em torno da resistência a essas novas formas exploradoras de vida e, posteriormente, a articular um papel para o governo intervir e regular os principais aspectos da troca do mercado de trabalho por salários.

Precisamos de algo semelhante para a atenção. Assim como as alternativas às cadeias de supermercados e ao fast food surgiram de movimentos de profunda resistência ideológica à lógica do hipercapitalismo na distribuição de alimentos, o mesmo ocorrerá com as estruturas e os modelos para o que vem a seguir em nossa vida interior. Precisamos de um movimento que resista às predações do capitalismo de atenção, assim como o movimento de volta à terra, os luditas e os sindicatos resistiram a formas de mercantilização e alienação. Vemos os impulsos em direção a esses movimentos em toda parte, desde o grande sucesso das críticas ao atual *status quo* da atenção no documentário *O dilema das redes* e no livro de Jonathan Haidt, *A geração ansiosa*. Mas também há pessoas trabalhando para criar um movimento popular de resistência à atenção. A rede Friends of Attention e a escola associada, a Strother School of Radical Attention, estão entre os grupos que organizam a resistência de base às formas atuais de capitalismo da atenção.[12] Acho que esses empreendimentos são vitais e você deve procurar participar deles se concordar com a ideia que gerou este livro.

Se olharmos para trás, para os movimentos trabalhistas do século XIX, há duas formas particularmente rudimentares e fundamentais de regulamentação que eles passaram a defender: a proibição do trabalho infantil e a limitação do total de horas trabalhadas. Nenhuma dessas restrições parecia óbvia e sensata na época, pelo menos não para os titãs do setor e os políticos que as combatiam. Foi necessária muita mobilização política, agitação e persuasão para levar os governos a proibir o trabalho infantil e limitar o número de horas que os funcionários poderiam trabalhar.

E se considerássemos a atenção em termos semelhantes? Obviamente, não é uma analogia perfeita, mas há muitas semelhanças. No contexto jurídico, um dos maiores desafios é o fato de que a atenção é algo difícil de regulamentar porque, nos Estados Unidos, ela está muito ligada à expressão e é difícil separá-la disso. A Primeira Emenda fornece, com razão, proteções sólidas para a liberdade de expressão, e qualquer tentativa de regular a atenção — dizendo às empresas de mídia social como elas podem ou não operar, por exemplo — inevitavelmente levanta questões profundas da Primeira Emenda. Mas há maneiras de regulamentar a atenção que contornam de forma plausível a questão da liberdade de expressão, simplesmente impondo limitações não específicas de pontos de vista que se aplicam a todos.

Já existem projetos de lei em legislaturas estaduais e no Congresso que criariam uma idade mínima por lei para ter redes sociais. Embora os detalhes variem, em termos gerais, isso parece óbvio e sensato. Nós, como sociedade e governo, podemos afirmar que a atenção das crianças não deve ser vendida e mercantilizada da forma agressiva e alienante como as redes sociais fazem hoje em dia. Assim como crianças de doze anos não podem realmente consentir com um contrato de trabalho, poderíamos dizer que elas não podem consentir com a expropriação de sua atenção da forma como, por exemplo, o Instagram faz.

Mas e os adultos? E se decidíssemos aplicar as lições básicas do direito do trabalho à atenção e simplesmente impuséssemos limites à quantidade de atenção que pode ser monetizada de nós? Há algumas possibilidades: um limite rígido obrigatório e legislado, por exemplo, para o número de horas de tempo de tela em nosso celular, ou talvez algo personalizado por aplicativo. Imediatamente, podemos imaginar os problemas logísticos — precisar responder a um e-mail de trabalho enquanto fazemos uma tarefa e descobrir que o tempo de tela acabou — e os problemas políticos e filosóficos mais profundos: isso não seria um ataque intolerável às nossas estimadas liberdades? Digamos que você esteja doente ou se recuperando de uma cirurgia e queira assistir a uma série na Netflix por dez horas, mas esbarre em algum limite legal estabelecido pelo Grande Irmão que lhe diga que você não pode. Isso é intolerável em um país livre!

É aqui que ressalto que foi exatamente essa mesma lógica — de que o governo não poderia interferir em uma transação econômica consentida entre adultos — que esteve no centro de uma das decisões mais polêmicas e infames da Suprema Corte, *Lochner v. Nova York*. Em 1899, o proprietário de uma padaria, Joseph Lochner, foi condenado por violar uma lei estadual que limitava o número máximo de horas que os padeiros poderiam trabalhar a sessenta por semana. Lochner recorreu de sua condenação à conservadora Suprema Corte, que invalidou a lei de Nova York. A Suprema Corte decidiu que a lei estadual violava os direitos substantivos de Lochner, de acordo com o devido processo legal segundo a 14ª Emenda, à liberdade de contrato.

O direito geral de fazer um contrato em relação aos seus negócios faz parte da liberdade do indivíduo protegida pela 14ª Emenda da Constituição Federal. De acordo com essa disposição, nenhum Estado pode privar qualquer pessoa da vida, liberdade ou propriedade sem o devido processo legal. O direito de comprar ou vender mão de obra faz parte da liberdade protegida por essa emenda, a menos que haja circunstâncias que excluam esse direito.[13]

Esse caso histórico deu nome a toda uma era de jurisprudência da Suprema Corte, na qual uma série de regulamentações progressivas do capitalismo industrial foi derrubada sob sua lógica. Essa era durou até 1937, quando o tribunal do New Deal finalmente derrubou a era Lochner, abrindo caminho para uma era de proteções trabalhistas, ambientais e ao consumidor.

Tenho plena consciência de que uma regulamentação pesada dos mercados de atenção, como um limite de horas de trabalho, enfrentaria uma forte oposição política e jurídica. Mas talvez estejamos em nossa própria era Lochner no que diz respeito à atenção. Dá para sentir que essa era está acabando, que o poder do capitalismo da atenção é tão formidável que o Estado precisará encontrar maneiras de controlá-lo. No caso do TikTok, esses temores foram expressos em termos de segurança nacional, de que não se pode permitir que uma empresa chinesa, subordinada ao governo chinês, capture e colha a atenção e os dados de milhões de americanos. Em vários estados, os conservadores sociais e os legisladores republicanos apresentaram projetos de lei que definiriam a idade mínima para ter redes sociais a fim de proteger os jovens de conteúdo inadequado.

Mas há outra maneira de ver os esforços para regulamentar a comercialização de nossa atenção. Um dos primeiros slogans que promoviam a jornada de trabalho de oito horas era: "Oito horas para trabalhar, oito horas para dormir e oito horas para o que quisermos". Parece que cada vez mais esse tempo é *tirado de nós*, e não *usado voluntariamente por nós*. O controle de nossa mente foi roubado. Será que estamos de fato gastando as preciosas horas de nosso tempo livre acordado fazendo "o que queremos"? Ou será que a lógica conquistadora do capitalismo penetrou em nossos momentos mais silenciosos e íntimos? Não precisamos aceitar isso. Não precisa ser assim. Precisamos usar todas as ferramentas e estratégias imagináveis para retomar nosso livre-arbítrio, para criar um mundo em que direcionemos nossa atenção para onde nós, o "nós" voluntário e consciente, queremos que ela vá. Um mundo em que possamos funcionar e florescer como seres humanos plenos, como almas libertas, soltas do mastro, com os ouvidos desimpedidos, escutando o bater das ondas, voltando para casa, para as pessoas que amamos, com o canto das sereias à distância.

AGRADECIMENTOS

ANTES DE MAIS NADA, quero agradecer ao meu agente, Will Lippincott, que me incentivou, cutucou e ajudou a trazer este livro para o mundo. Ele é meu parceiro profissional mais antigo e mais confiável e, sem sua atenção dedicada, esta obra não existiria. Scott Moyers é um editor fenomenal como todos dizem, e seu rigor e seu entusiasmo foram essenciais para transformar este livro no melhor possível. Helen Rouner cuidou do manuscrito de forma meticulosa e Danielle Plafsky e Gail Brussel moveram céus e terra para fazer dele um sucesso.

Tive muita sorte de contar com uma notável ajuda na pesquisa. Liam Bendicksen é *excepcionalmente* brilhante e excepcionalmente jovem e forneceu toda a assistência de pesquisa para meus extensos escritos. O livro não existiria sem ele e seus esforços. Isabel Cristo, outro talento impressionante, no nível dos sábios, cuidou da checagem de fatos e talvez seja a melhor checadora de fatos que já tive, o que é impressionante, pois escrevo há duas décadas. Suspeito que vocês ouvirão falar muito de Isabel e Liam no futuro; eles são estrelas.

Ekin Tünçok, doutorando em cognição e percepção na NYU, muito gentilmente passou um tempo com Isabel certificando-se de que não estávamos pisando na bola com a literatura psicológica sobre atenção. É claro que qualquer erro que tenha sido cometido é meu e somente meu.

Eric Klinenberg é um amigo e mentor intelectual, que me incentivou nesse projeto desde o início e organizou um seminário inicial no Institute for

Public Knowledge que se mostrou um ponto de virada na trajetória deste livro. Sou grato a Caitlin Petre, Matthew McCreery Wolfe, Caitlin Zaloom, Patrick Le Gales, John Jost, Natasha Dow Schüll, Susan Murray, Paul DiMaggio, Jonathan Metzl, Neil Gross, Rodney Benson, Samuel DeJohn, Isabelle Caraluzzi, Bruce Robbins e ao meu velho e querido amigo Jeffrey Lane, que participaram da leitura dos primeiros capítulos e ofereceram um feedback erudito e esclarecedor. Uma de minhas amigas mais antigas no mundo é Zoe Sherman, que, por acaso, refletiu profunda e brilhantemente por muitos anos sobre a atenção. Tive a sorte de conversar com ela em uma série de longas caminhadas.

Jonathan Lewinsohn, Andrew Marantz e Rich Yeselson, todos brilhantes, eruditos e formidáveis em seus aspectos particulares (um fundador de fundo de hedge, um escritor da *New Yorker* e um intelectual que pesquisa sobre trabalho entram em um bar...), todos leram rascunhos do texto e deram feedbacks cruciais. Este livro é muito, muito melhor por causa de seus comentários.

A equipe do *All In* tolerou graciosamente meu trabalho neste livro, e a MSNBC, sob a direção de Rashida Jones, continua a ser um lar profissional incrível.

Quando se tem três filhos, para escrever um livro é preciso uma aldeia, e nada disso teria acontecido sem Lydia Duquette e Luisa Neira Bustamante, que são pessoas extraordinárias e têm sido cuidadoras amorosas de nossos filhos. Temos a bênção de ter minha mãe e meu pai, Geri e Roger Hayes, morando muito perto e muito envolvidos em nossa vida e na vida dos netos. Eles, juntamente com meus sogros, Mary e Andy Shaw, contribuíram muito não apenas para a vida de nossa família, mas também para podermos atender nossos compromissos profissionais, às vezes comicamente excessivos. Somos muito gratos.

É claro que o que faz tudo isso funcionar é minha brilhante esposa, Kate Shaw. Ela consegue fazer dez coisas ao mesmo tempo, o tempo todo, tudo de forma impecável, e forneceu, como em todos os meus empreendimentos profissionais, apoio emocional e reforços intelectuais quando eu ficava frustrado ou impaciente. Desde os dezenove anos de idade, não escrevi nada importante sem a sua contribuição e espero nunca escrever.

Notas

I. O CANTO DA SEREIA

1. Homero, *The Odyssey*. Trad. Samuel Rockville. Rockville, MD: Wildside Press, 2021, p. 148. [Ed. bras.: *Odisseia*. Trad. Jaime Bruna. São Paulo: Cultrix, 1993, p. 142.]

2. Ralph Ellison, *Invisible Man*. Nova York: Vintage, 1995 [1952], p. 19. [Ed. bras.: *Homem invisível*. Trad. Mauro Gama. Rio de Janeiro: José Olympio, 2020]; William Shakespeare, *The Comedy of Errors*. Nova York: Simon & Schuster, 2020, p. 73.

3. James Joyce, *Ulysses* [1922]. Nova York: Random House, 1986 [1922], p. 532. [Ed. bras.: *Ulysses*. Trad. Caetano Galindo. São Paulo: Companhia das Letras, 2012, p. 829.]

4. Jonathan Manning, "The Haunting History of the Air-Raid Siren", *National Geographic*, 17 mar. 2022. Acesso em: 1 mar. 2024; Robert T. Beyer, *Sounds of Our Times: Two Hundred Years of Acoustics*. Nova York: Springer, 1999, p. 30.

5. John Robison, *A System of Mechanical Philosophy*, v. 4. Cambridge: Cambridge University Press, 2015, pp. 404-5.

6. Kevin Desmond, *Gustave Trouve: French Electrical Genius (1839-1902)*. Jefferson, NC: McFarland, 2015, p. 106.

7. Evan Williams, "Fire Truck Sirens: A Tale of the Wail", *Toronto Star*, 8 jan. 2022. Disponível em: <www.thestar.com/autos/fire-truck-sirens-a-tale-of-the-wail/article_e8c6878e-edfa-54c9-b31c-8d9664b8acd6.html>. Acesso em: 3 mar. 2024.

8. William James, *The Principles of Psychology*, v. 1. Nova York: Dover, 1950 [1890], p. 402.

9. Ibid., v. 2, p. 562.

10. Platão, *Phaedrus*. Trad. R. Hackforth. Cambridge: Cambridge University Press, 1952. [Ed. bras.: *Fedro*. Trad. Maria Cecília Gomes dos Reis. São Paulo: Penguin-Companhia, 2016.]

11. "How Using Facebook Could Raise Your Risk of Cancer", *Daily Mail*, 19 fev. 2009. Disponível em: <www.dailymail.co.uk/health/article-1149207/How-using-Facebook-raise-risk-cancer.html>. Acesso em: 19 fev. 2024.

12. Nicholas Kardaras, "It's 'Digital Heroin': How Screens Turn Kids into Psychotic Junkies", *New York Post*, 27 ago. 2016. Disponível em: <https://nypost.com/2016/08/27/its-digital-heroin-how-screens-turn-kids-into-psychotic-junkies>. Acesso em: 19 fev. 2024.

13. Jericka Duncan, "Teens on Social Media Go from Dumb to Dangerous", CBS News, 28 abr. 2016. Disponível em: <www.cbsnews.com/news/teens-on-social--media-from-dumb-to-dangerous>. Acesso em: 19 fev. 2024.

14. Jean M. Twenge, "Have Smartphones Destroyed a Generation?", *Atlantic*, set. 2017. Disponível em: <www.theatlantic.com/magazine/archive/2017/09/has-the--smartphone-destroyed-a-generation/534198>. Acesso em: 18 fev. 2024.

15. Candice L. Odger, "The Great Rewiring: Is Social Media Really Behind an Epidemic of Teenage Mental Illness?", *Nature*, 29 mar. 2024. Disponível em: <www.nature.com/articles/d41586-024-00902-2>. Acesso em: 9 set. 2024.

16. Mike Allen, "Sean Parker Unloads on Facebook: 'God Only Knows What It's Doing to Our Children's Brains'", *Axios*, 9 nov. 2017. Disponível em: <www.axios.com/2017/12/15/sean-parker-unloads-on-facebook-god-only-knows-what-its--doing-to-our-childrens-brains-1513306792>. Acesso em: 19 fev. 2024.

17. Nellie Bowles, "A Dark Consensus About Screens and Kids Begins to Emerge in Silicon Valley", *New York Times*, 26 out. 2018. Disponível em: <www.nytimes.com/2018/10/26/style/phones-children-silicon-valley.html>. Acesso em: 18 fev. 2024.

18. Stanley Cohen, *Folk Devils and Moral Panics: The Creation of the Mods and Rockers*. Oxfordshire: Routledge, 2011 [1972], p. 1.

19. Joseph Leeds, *Concerning Printed Poison*. [S.l.: s.n.], 1885, p. 9.

20. Robert Ferrari, "Do Radio Noises Cause Illness?", *New York Times*, 28 jul. 1929. Disponível em: <https://timesmachine.nytimes.com/timesmachine/1929/07/28/107103487.html?pageNumber=130>. Acesso em: 19 fev. 2024.

21. Randall Munroe, "The Pace of Modern Life", *xkcd*. Disponível em: <https://xkcd.com/1227>. Acesso em: 19 fev. 2024.

22. Stewart A. Robertson, "The Teaching of English in Schools Which Study No Foreign Language", *Journal of Education*, v. 38, n. 453, p. 288, 1907.

23. Henry David Thoreau, *Walden*. Nova York: Thomas Y. Crowell & Co., 1910 [1854], p. 67. [Ed. bras.: *Walden*. Trad. Denise Bottmann. São Paulo: L&PM, 2010.]

24. Johann Hari, *Stolen Focus: Why You Can't Pay Attention — and How to Think Deeply Again*. Nova York: Crown, 2022. [Ed. bras.: *Foco roubado: Os ladrões de atenção da vida moderna*. Trad. Luis Reyes Gil. Rio de Janeiro: Vestígio, 2023.]

25. Rei Jaime I da Inglaterra, *A Counterblaste to Tobacco*. Londres: R. B., 1604.

26. Ver, por exemplo, "Smoking and Health: Report of the Advisory Committee to the Surgeon General of the Public Health Service", Departamento de Saúde, Educação e Assistência Social dos Estados Unidos, 1 jan. 1964. Disponível em: <www.govinfo.gov/content/pkg/gpo-smokingandhealth/pdf/gpo-smokingandhealth.pdf>. Acesso em: 28 fev. 2024.

27. A assinatura do Master Settlement Agreement supostamente marca essa virada decisiva. Ver, por exemplo, Barry Meier, "Cigarette Makers and States Draft a $206 Billion Deal", *New York Times*, 14 nov. 1998. Disponível em: <www.nytimes.com/1998/11/14/us/cigarette-makers-and-states-draft-a-206-billion-deal.html>. Acesso em: 28 fev. 2024.

28. Ellen Barry, "Researchers Say Social Media Warning Is Too Broad", *New York Times*, 19 jun. 2024. Disponível em: <www.nytimes.com/2024/06/19/health/social-media-kids-mental-health.html>.

29. "1961 Assets", CNN. Disponível em: <https://money.cnn.com/magazines/fortune/fortune500_archive/assets/1961>. Acesso em: 18 fev. 2024.

30. Andrea Murphy e Matt Schifrin (Orgs.), "The Global 2000 2024", *Forbes*, 6 jun. 2024. Disponível em: <www.forbes.com/lists/global2000>. Acesso em: 9 set. 2024.

31. Lawrence Lessig, *Free Culture: The Nature and Future of Creativity*. [S.l.]: Authorama, 2005. Disponível em: <www.authorama.com/book/free-culture.html>.

32. Naomi Klein, *No Logo*. Nova York: Picador, 2009, pp. 4-5. [Ed. bras.: *Sem logo: A tirania das marcas em um planeta vendido*. Rio de Janeiro: Record, 2002.]

33. "Melamine-Contaminated Pet Food Recall of 2007", LA County Department of Public Health. Disponível em: <http://publichealth.lacounty.gov/vet/petfoodrecall2007.htm>. Acesso em: 29 set. 2024.

34. Barry C. Lynn, *Cornered: The New Monopoly Capitalism and the Economics of Destruction*. Hoboken: Wiley, 2010, p. 4.

35. Ibid., p. 4.

36. Walter Lippmann, *The Phantom Public*. Nova York: Macmillan, 1927, p. 20.

37. José Ortega y Gasset, *The Revolt of the Masses*. Nova York: Norton, 1994 [1930], p. 73. [Ed. bras.: *A rebelião das massas*. Trad. Felipe Denardi. Campinas: Vide, 2016.]

38. Marshall McLuhan, *Understanding Media: The Extensions of Man*. Berkeley: Gingko Press, 2013, p. 33.

39. Neil Postman, *Amusing Ourselves to Death: Public Discourse in the Age of Show Business*. Nova York: Penguin, 2006 [1985], pp. 92-3. [E-book.]

40. E-mail pessoal trocado com Bill McKibben.

41. Jeremy Barr, "Some Conservative Media Hosts Ridiculed Biden's Warnings of a Russian Attack. Now They Say It's His Fault", *Washington Post*, 24 fev. 2022. Disponível em: <www.washingtonpost.com/media/2022/02/24/media-fox-biden-blame>. Acesso em: 19 fev. 2024.

42. Tucker Carlson, "Tucker: This Is the Single-Most Damaging Thing Any American President Has Ever Done", Fox News, 11 mar. 2022. Disponível em: <www.foxnews.com/opinion/tucker-damage-president-biden-russia-ukraine-putin>. Acesso em: 1 fev. 2024.

43. Karl Marx, *Economic and Philosophic Manuscripts of 1844*. Mineola: Dover, 2012, p. 72. [Ed. bras.: *Manuscritos econômico-filosóficos de 1844*. Trad. Jesus Ranieri. São Paulo: Boitempo, 2004.]

44. William Shakespeare, Julius Caesar. Mineola: Dover, 1991, p. 46. [Ed. bras.: *Júlio César*. Trad. José Francisco Botelho. São Paulo: Companhia das Letras, 2018.]

2. O CAÇA-NÍQUEL E O TIO SAM

1. Herbert Simon, "Designing Organizations for an Information-Rich World", em Martin Greenberger (Org.), *Computers, Communications, and the Public Interest*. Baltimore: Johns Hopkins University Press, 1971, p. 40.
2. Frank Wolkenberg, "Out of a Darkness", *New York Times Magazine*, 11 out. 1987. Disponível em: <www.nytimes.com/1987/10/11/magazine/out-of-a-darkness.html>. Acesso em: 19 fev. 2024.
3. William James, *The Principles of Psychology*, op. cit., v. 1, p. 403.
4. Ibid., p. 404.
5. F. H. Bradley, "Is There Any Special Activity of Attention?", *Mind,* v. 11, n. 43, pp. 305-23, 1886.
6. Bernhard Hommel et al., "No One Knows What Attention Is", *Attention, Perception, & Psychophysics, v.* 81, p. 2.288, 2019.
7. William James, *The Principles of Psychology*, op. cit., v. 1, p. 404.
8. Christopher Chabris e Daniel Simons, *The Invisible Gorilla: And Other Ways Our Intuitions Deceive Us*. Nova York: Crown, 2010, pp. 5-6.
9. Ver, por exemplo, Ula Cartwright-Finch e Nilli Lavie, "The Role of Perceptual Load in Inattentional Blindness", *Cognition,* v. 102, n. 3, pp. 321-40, 2007.
10. Siri Carpenter, "Sights Unseen", *Monitor on Psychology,* v. 32, n. 4, p. 54, abr. 2001. Disponível em: <www.apa.org/monitor/apr01/blindness>.
11. E. Colin Cherry, "Some Experiments on the Recognition of Speech, with One and with Two Ears", *Journal of the Acoustical Society of America,* v. 25, n. 5, pp. 975-9, 1953.
12. Kimron L. Shapiro, Judy Caldwell e Robyn E. Sorensen, "Personal Names and the Attentional Blink: A Visual 'Cocktail Party' Effect", *Journal of Experimental Psychology: Human Perception and Performance,* v. 23, n. 2, pp. 504-14, 1997.
13. Neville Moray, "Attention in Dichotic Listening: Affective Cues and the Influence of Instructions", *Quarterly Journal of Experimental Psychology,* v. 11, n. 1, p. 56, 1959.
14. Ibid..
15. Ibid., p. 59.
16. Ibid., p. 60.
17. Noelle Wood e Nelson Cowan, "The Cocktail Party Phenomenon Revisited: How Frequent Are Attention Shifts to One's Name in an Irrelevant Auditory Channel", *Journal of Experimental Psychology,* v. 21, n. 1, pp. 255-60, 1995.
18. P. Tacikowski et al., "Is It About the Self or the Significance? An FMRI Study of Self-Name Recognition", *Social Neuroscience,* v. 6, n. 1, pp. 98-107, 2011.

19. Hongsheng Yang et al., "The Cognitive Advantage for One's Own Name Is Not Simply Familiarity: An Eye-Tracking Study", *Psychonomic Bulletin & Review,* v. 20, p. 1.178, 2013.

20. Sigmund Freud, *The Ego and the Id*. Mineola: Dover, 2018 [1923], p. 27. [Ed. bras.: *O ego e o id*. Trad.: José Sonensegel. Campinas: Convivium, 2023.]

21. Adam Phillips, *Attention Seeking*. Nova York: Farrar, Straus & Giroux, 2022, p. 7. [E-book.]

22. Yuval Noah Harari, *Sapiens: A Brief History of Humankind*. Nova York: HarperCollins, 2015, p. 10. [E-book.] [Ed. bras.: *Sapiens: Uma breve história da humanidade*. Trad. Jorio Dauster. São Paulo: Companhia das Letras, 2020.]

23. Ibid., p. 10.

24. Tony Haile, "What You Think You Know About the Web Is Wrong", *Time*, 9 mar. 2014. Disponível em: <https://time.com/12933/what-you-think-you-know-about-the-web-is-wrong>. Acesso em: 20 fev. 2024.

25. Bill Peterson, "Ex- Hostage Calls Being American 'Dangerous'", *Washington Post*, 17 dez. 1984. Disponível em: <www.washingtonpost.com/archive/politics/1984/12/18/ex-hostage-calls-being-american-dangerous/29e99318-6fa6-4b67-bac4-c544226fa-fbc>. Acesso em: 20 fev. 2024.

26. Tim O'Brien, *The Things They Carried*. Nova York: Mariner, 2009, p. 33.

27. Laith al-Shawaf, "The Evolutionary Psychology of Hunger", *Appetite,* v. 105, p. 592, 2016.

28. Amy K. Sutton e Michael J. Krashes, "Integrating Hunger with Rival Motivations", *Trends in Endocrinology and Metabolism,* v. 31, n. 7, p. 495, 2020.

29. Aron Ralston, *Between a Rock and a Hard Place*. Nova York: Atria, 2004, p. 212.

30. Peter de Lissovoy, "Hunger Strike, Albany, GA, 1963", Arquivo do Civil Rights Movement. Disponível em: <www.crmvet.org/nars/peter5.htm>. Acesso em: 20 fev. 2024.

31. Michael Moss, *Hooked: Food, Free Will, and How the Food Giants Exploit Our Addictions*. Nova York: Random House, 2021, p. 61.

32. Michael Pollan, *The Omnivore's Dilemma: A Natural History of Four Meals*. Nova York: Penguin, 2007, p. 106. [Ed. bras.: *O dilema do onívoro: Uma história natural de quatro refeições*. Trad. Cláudio Figueiredo. Rio de Janeiro: Intrínseca, 2007.]

33. Êxodo 3,8 [versão Almeida Corrigida Fiel].

34. Michael Moss, *Salt Sugar Fat: How the Food Giants Hooked Us*. Nova York: Random House, 2014, p. 15. [Ed. bras.: *Sal, açúcar, gordura: Como a indústria alimentícia nos fisgou*. Trad. Andrea Gottlieb de Castro Neves. Rio de Janeiro: Intrínseca, 2015.]

35. Guilherme de Rubruck, *The Journey of William of Rubruck to the Eastern Parts of the World, 1253-1255, as Narrated by Himself, with Two Accounts of the Earlier Journey of John of Pian de Carpine*. Londres: Bedford Press, 1942, p. 85.

36. Eric R. Kandel, "The Molecular Biology of Memory Storage: A Dialogue Between Genes and Synapses", *Science,* v. 294, p. 1.031, 2001.

37. Vicky McKeever, "This Eight-Year-Old Remains YouTube's Highest-Earner, Taking Home $26 Million in 2019", CNBC, 20 dez. 2019. Disponível em: <www.cnbc.com/2019/12/20/ryan-kaji-remains-youtubes-highest-earner-making-26-million-in-2019.html>. Acesso em: 20 fev. 2024.

38. Ryan's World, "huge eggs Surprise Toys Challenge with Inflatable Water Slide", YouTube, 13 abr. 2016. Disponível em: <www.youtube.com/watch?v=jjd-BeTX6U0>.

39. Jay Caspian King, "The Boy King of YouTube", *New York Times Magazine*, 5 jan. 2022. Disponível em: <www.nytimes.com/2022/01/05/magazine/ryan-kaji-youtube.html>. Acesso em 20 fev. 2024.

40. James Poniewozik, "The Tick, Tick, Tick of the Times", *Time*, 24 nov. 2010. Disponível em: <https://content.time.com/time/specials/packages/article/0,28804,2032304_2032745_2032850,00.html>. Acesso em: 22 fev. 2024.

41. Natasha Dow Schüll, *Addiction by Design: Machine Gambling in Las Vegas*. Princeton, NJ: Princeton University Press, 2014, p. 81.

42. Ibid., p. 80.

43. Ibid., p. 81.

44. Ibid., p. 6.

45. Ibid., p. 2.

46. Em março de 2024, vários requerentes processaram uma série de desenvolvedores de games por "tirar vantagem do sistema químico de recompensa do cérebro do usuário. As empresas afirmam que seus jogos são uma forma de expressão constitucionalmente protegida". Para mais, ver: Tyler Wilde, "You Can't Sue Us for Making Games 'Too Entertaining', Say Major Game Developers in Response to Addiction Lawsuits", PC Gamer, 27 mar. 2024. Disponível em: <www.pcgamer.com/gaming-industry/video-game-addiction-lawsuit-motion-to-dismiss>.

47. habie147, "Why Is Warzone So Addicting", YouTube, 19 set. 2020. Disponível em: <www.youtube.com/watch?v=3Q76bULxMs8>.

48. Brian Fung, "Humankind Has Now Spent More Time Playing Call of Duty Than It Has Existed on Earth", *Washington Post*, 13 ago. 2013. Disponível em: <www.washingtonpost.com/news/the-switch/wp/2013/08/13/humankind-has-now-spent-more-time-playing-call-of-duty-than-it-has-existed-on-earth>. Acesso em: 22 fev. 2024.

49. David Vergun, "WWII Posters Aimed to Inspire, Encourage Service", Departamento de Defesa dos Estados Unidos, 16 out. 2019. Disponível em: <www.defense.gov/News/Feature-Stories/story/Article/1990131/wwii-posters-aimed-to-inspire-encourage-service>. Acesso em: 22 fev. 2024.

50. Antonio García Martínez, *Chaos Monkeys: Obscene Fortune and Random Failure in Silicon Valley*. Nova York: HarperCollins, 2018, p. 38.

51. Tristan Harris, "How Technology Is Hijacking Your Mind — from a Magician and Google Design Ethicist", Medium, 18 maio 2016. Disponível em: <https://medium.com/thrive-global/how-technology-hijacks-peoples-minds-from-a-magician-and-google-s-design-ethicist-56d62ef5edf3>. Acesso em: 22 fev. 2024.

3. A RAIZ DO MAL

1. Timothy D. Wilson et al., "Just Think: The Challenges of the Disengaged Mind", *Science,* v. 345, pp. 75-7, 2014.

2. Blaise Pascal, *Pensées*. Trad. W. F. Trotter. [S.l.]: Pacific Publishing, 2004, p. 17. [Ed. bras.: *Pensamentos*. Trad. Christian Lesage. São Paulo: Kírion, 2023.]

3. Ibid., p. 18.

4. Ibid..

5. Ibid..

6. Marshall Sahlins, *Stone Age Economics*. Nova York: Routledge, 2017, p. 14.

7. Ibid., p. 33.

8. Frederick D. McCarthy e Margaret McArthur, "The Food Quest and the Time Factor in Aboriginal Economic Life", em *Records of the American-Australian Scientific Expedition to Arnhem Land*, v. 2: *Anthropology and Nutrition*. Melbourne: Melbourne University Press, 1960, p. 193.

9. Edward M. Curr, *Recollections of Squatting in Victoria: Then Called the Port Phillip District (from 1841 to 1851)*. Melbourne: George Robertson, 1883, p. 240.

10. Pierre Biard, "Relation of New France, of Its Lands, Nature of the Country, and of Its Inhabitants, also, of the Voyage of the Jesuit Fathers to Said Country, and of Their Work There up to the Time of Their Capture by the English", em *The Jesuit Relations and Allied Documents: Travels and Explorations of the Jesuit Missionaries in New France, 1610-1791*, v. 3. Cleveland: Burrows Brothers Company, 1897, p. 86.

11. Michael Cepek, e-mail ao autor, 29 ago. 2022.

12. Id.

13. Matti Eräsaari, "'Wasting Time' the Veratan Way", HAU: *Journal of Ethnographic Theor,* v. 7, n. 2, p. 325, 2017.

14. Michael Cepek, e-mail ao autor, 29 ago. 2022.

15. Yasmine Musharbash, "Boredom, Time, and Modernity: An Example from Aboriginal Australia", *American Anthropologist,* v. 109, n. 2, p. 310, 2007.

16. William Park, "What Can Different Cultures Teach About Boredom", BBC News, 10 dez. 2020. Disponível em: <www.bbc.com/travel/article/20201209-what-can-different-cultures-teach-about-boredom>. Acesso em: 3 mar. 2024.

17. Karl Marx e Friedrich Engels, *The German Ideology*. Amherst: Prometheus, 1998, p. 53. [Ed. bras.: *A ideologia alemã*. Trad. Rubens Enderle e Nélio Schneider. São Paulo: Boitempo, 2007.]

18. John Maynard Keynes, *Essays in Persuasion*. Nova York: Classic House, 2009, p. 197.

19. É uma leitura decididamente não feminista de uma condição que Betty Friedan abordaria trinta anos depois em *A mística feminina*. John Maynard Keynes, *Essays in Persuasion*, op. cit., pp. 197-8.

20. Ibid., pp. 198-9.

21. Ibid., p. 198.

22. Thorstein Veblen, *Theory of the Leisure Class: An Economic Study of Institutions*. Nova York: Vanguard, 1928, p. 40.

23. Pamela Hutchinson, "A Window on Infinity: Rediscovering the Short Films of the Lumière Brothers", *Guardian*, 23 maio 2016. Disponível em: <www.theguardian.com/film/2016/may/23/rediscovering-lumiere-brothers-early-cinema-pioneers>. Acesso em: 4 mar. 2024.

24. David A. Horowitz, "An Alliance of Convenience: Independent Exhibitors and Purity Crusaders Battle Hollywood, 1920-1940", *The Historian*, v. 59, n. 3, p. 553, 1997.

25. "History of Commercial Radio", *Federal Communications Commission*, 17 out. 2023. Disponível em: <www.fcc.gov/media/radio/history-of-commercial-radio>. Acesso em: 1 jul. 2024.

26. "CBS Says 25,217,000 Heard Truman Friday", *New York Times*, 26 maio 1946. Disponível em: <https://timesmachine.nytimes.com/timesmachine/1946/05/26/121024140.html?pageNumber=24>. Acesso em: 4 mar. 2024.

27. "MTP at 70: Martha Rountree Blazes a Trail", NBC News, 6 nov. 2017. Disponível em: <www.nbcnews.com/storyline/meet-the-press-70-years/mtp-70-martha-rountree-blazes-trail-n817941>. Acesso em: 4 mar. 2024.

28. "1960 Census of Housing, Advanced Report: Housing Equipment", US Census Bureau, maio 1962. Disponível em: <www.census.gov/history/pdf/1960tv-homeequip.pdf>. Acesso em: 4 mar. 2024. (Números de 1950 podem ser visto aqui: <www.census.gov/history/pdf/1950tvsinkfridge.pdf>.)

29. Neil Postman, *Amusing Ourselves to Death, op. cit.*, pp. 3-4. [E-book.]

30. David Foster Wallace, *Infinite Jest*. Nova York: Little, Brown, 2009 [1996], p. 549. [Ed. bras.: *Graça infinita*. Trad. Caetano Galindo. São Paulo: Companhia das Letras, 2014, p. 497.]

31. Johann Hari, *Stolen Focus, op. cit.*, p. 121.

32. Ibid..

33. John Maynard Keynes, *Essays in Persuasion*, op. cit., p. 201.

34. Michael Cepek, e-mail ao autor, 29 ago. 2022.

35. John Geirland, "Go with the Flow", *Wired*, 1 set. 1996. Disponível em: <www.wired.com/1996/09/czik>. Acesso em: 28 fev. 2024.

36. Søren Kierkegaard, *Either/Or: A Fragment of Life*. Nova York: Penguin Classics, 2004, pp. 227-8. [E-book.] [Ed. port.: *Ou-ou: um fragmento de vida*. Trad. Elisabete M. de Sousa. Lisboa: Relógio d'Água, 2013.]

37. Ibid., p. 228.

38. Ibid., pp. 230-1.

39. Ibid., p. 231.

40. Ibid., p. 232.

41. Robert Wright, *Why Buddhism Is True: The Science and Philosophy of Meditation and Enlightenment*. Nova York: Simon & Schuster, 2018, p. 255. [Ed. bras.: *Por que o budismo funciona: Como a psicologia evolucionista e a neurociência explicam os benefícios da meditação*. Trad. Claudio Carina. Rio de Janeiro: Sextante, 2018.]

42. Søren Kierkegaard, *Either/Or, op. cit.*, p. 233. [E-book.]

43. Ibid., p. 233.

44. William James, *The Principles of Psychology*, op. cit., v. 1, p. 404.

45. Johann Hari, *Stolen Focus, op. cit.*, p. 93.

46. Jenny Odell, *How to Do Nothing: Resisting the Attention Economy*. Brooklyn: Melville House, 2019, p. 23. [Ed. bras.: *Resista, não faça nada: A batalha pela economia da atenção*. Trad. Ricardo Giassetti e Gabriel Naldi. Cotia: Latitude, 2020.]

47. Jean-Paul Sartre, *No Exit and Three Other Plays*. Nova York: Vintage, 1989, p. 45.

4. ATENÇÃO SOCIAL

1. "Child Maltreatment, 2022", Departamento de Saúde e Serviços Humanos dos Estados Unidos, 29 jan. 2024. Disponível em: <www.acf.hhs.gov/sites/default/files/documents/cb/cm2022.pdf>. Acesso em: 4 mar. 2024.

2. "Neglect", Centro de Desenvolvimento Infantil da Universidade Harvard. Disponível em: <https://developingchild.harvard.edu/science/deepdives/neglect>. Acesso em: 24 fev. 2024.

3. Blaise Pascal, *Pensées*, op. cit., p. 18.

4. Richard Vaux, "The Pennsylvania Prison System", *Proceedings of the American Philosophical Society*, v. 21, n. 116, pp. 651-4, 1884.

5. William Crawford, *Report of William Crawford, Esq., on the Penitentiaries of the United States, Addressed to His Majesty's Principal Secretary of State for the Home Department*. Londres: [s.n.], 1834, p. 9.

6. Alexis de Tocqueville, *On Democracy, Revolution, and Society*. Chicago: University of Chicago Press, 1982, p. 311.

7. Ibid..

8. Charles Dickens, *American Notes for General Circulation*. Londres: Chapman & Hall, 1842, p. 121.

9. William Blake, "A Sentence Worse Than Death", em *Hell Is a Very Small Place: Voices from Solitary Confinement*. Nova York: New Press, 2016, p. 29.

10. Nelson Mandela, *Long Walk to Freedom: The Autobiography of Nelson Mandela*. Boston: Back Bay Books, 1995, p. 333. [Ed. bras.: *Longa caminhada até a liberdade*. São Paulo: Alta Life, 2020.]

11. Ibid., p. 334.

12. Ibid..

13. John T. Cacioppo e William Patrick, *Loneliness: Human Nature and the Need for Social Connection*. Nova York: Norton, 2008, p. 7.

14. Ibid., p. 15.

15. Amelia Worsley, "Ophelia's Loneliness", ELH, *v.* 82, n. 2, p. 546, 2015.

16. William Shakespeare, *Hamlet*. Nova York: Simon & Schuster, 2012, p. 127. [Ed. bras.: *Hamlet*. Trad. Lawrence Flores Pereira. São Paulo: Companhia das Letras, 2015.]

17. K. D. M. Snell, "The Rise of Living Alone and Loneliness in History", *Social History*, v. 42, n. 1, p. 5, 2017.

18. Eric Klinenberg, *Going Solo: The Extraordinary Rise and Surprising Appeal of Living Alone*. Nova York: Penguin, 2012, p. 6.

19. Esteban Ortiz-Ospina, "Loneliness and Social Connections", *Our World in Data*, 10 dez. 2019. Disponível em: <https://ourworldindata.org/social-connections-and-loneliness>. Acesso em: 24 set. 2024.

20. Ibid.

21. K. D. M. Snell, "The Rise of Living Alone and Loneliness in History", op. cit., p. 8..

22. Jena McGregor, "This Former Surgeon General Says There's a Loneliness Epidemic and Work Is Partly to Blame", *Washington Post*, 4 out. 2017. Disponível em: <www.washingtonpost.com/news/on-leadership/wp/2017/10/04/thisformersurgeongeneralsaystheres-a-lonelinessepidemicandwork-is-partly-to-blame>. Acesso em: 26 fev. 2024.

23. "Our Epidemic of Loneliness and Isolation", US Surgeon General, 3 maio 2023. Disponível em: <www.hhs.gov/sites/default/files/surgeongeneralsocialconnectionadvisory.pdf>. Acesso em: 26 fev. 2024.

24. John T. Cacioppo e William Patrick, *Loneliness*, op. cit., pp. 7-8.

25. Ver, por exemplo, Nancy Kanwisher e Galit Yovel, "The Fusiform Face Area: A Cortical Region Specialized for the Perception of Faces", *Philosophical Transactions of the Royal Society B*, v. 361, n. 1476, pp. 2.109-28, 2006.

26. Ver, por exemplo, Marco Iacoboni et al., "Grasping the Intentions of Others with One's Own Mirror Neuron System", PLOS *Biology*, v. 3, n. 3, p. e79, 2005.

27. Kate Schweitzer, "Tina Fey Perfectly Explains How 'Having a Teenage Daughter Is Like Having an Office Crush'", *PopSugar*, 24 maio 2021. Disponível em: <www.popsugar.com/family/tinafeycompareshavingteenagedaughterto-office-crush48337557>. Acesso em: 26 fev. 2024.

28. R. I. M. Dunbar, "Gossip in Evolutionary Perspective", *Review of General Psychology*, v. 8, n. 2, p. 100, 2004.

29. Ibid., p. 102.

30. Ibid..

31. Ibid.2.

32. Leo Braudy, *The Frenzy of Renown: Fame and Its History*. Nova York: Vintage, 1997, p. 3.

33. Ibid., p. 32.

34. Rob Goldberg, "Kevin Durant Responds to Multiple Trash-Talking Fans on Twitter", *Bleacher Report*, 18 jun. 2017. Disponível em: <https://bleacherreport.com/articles/2716427-kevin-durant-responds-to-multiple-trash-talkingfans-ontwitter>. Acesso em: 26 fev. 2024.

35. Francesca Gariano, "The 10 Most Shocking Speeches from Golden Globes History", Today.com, 27 fev. 2021. Disponível em: <www.today.com/popculture/10-mostshockingspeechesgoldenglobeshistoryt210224>. Acesso em: 26 fev. 2024.

36. "Bart the Murderer", *Os Simpsons*, temporada 3, episódio 4, Disney+, 23:45, originalmente transmitido na Fox, 10 out. 1991.

37. Jean-Paul Sartre, *Being and Nothingness*. Trad. Sarah Richmond. Nova York: Routledge, 2018 [1943], p. 382. [Ed. bras.: *O ser e o nada: Ensaio de uma ontologia fenomenológica*. Trad.: Paulo Perdigão. Petrópolis: Vozes, 2016, p. 360.]

38. Alexis C. Madrigal, "Before It Conquered the World, Facebook Conquered Harvard", *Atlantic*, 4 fev. 2019. Disponível em: <www.theatlantic.com/technology/archive/2019/02/andthentherewasthefacebookcom/582004>. Acesso em: 26 fev. 2024.

39. O investidor inicial mais influente do Facebook, Peter Thiel, estudou com o teórico francês René Girard e, com frequência, credita o pensamento deste como formativo. A ideia central de Girard é que "o homem é a criatura que não sabe o que deseja e recorre aos outros para se decidir. Nós desejamos o que os outros desejam porque imitamos o desejo deles". Não é difícil ver como o Facebook é uma máquina projetada nesse sentido.

40. Arthur Miller, *Death of a Salesman: Certain Private Conversations in Two Acts and a Requiem*. Nova York: Penguin, 1976 [1949], p. 36. [Ed. bras.: *A morte do caixeiro-viajante*. Trad. Flávio Rangel. São Paulo: Abril, 1980, p. 301.]

41. Ibid., p. 56.

42. John Lahr, "Arthur Miller and the Making of Willy Loman", *New Yorker*, 17 jan. 1999. Disponível em: <www.newyorker.com/magazine/1999/01/25/makingwillyloman>. Acesso em: 26 fev. 2024.

43. Rebecca Jennings, "Everyone's a Sellout Now", *Vox*, 1 fev. 2024. Disponível em: <www.vox.com/culture/2024/2/1/24056883/tiktokselfpromotionartistcareerhow-to-buildfollowing>. Acesso em: 26 fev. 2024.

44. Epiteto, *Discourses and Selected Writings*. Nova York: Penguin Classics, 2008, p. 53.

45. Id., *Art of Living: The Classical Manual on Virtue, Happiness, and Effectiveness*. Nova York: HarperCollins, 2007, p. 58. [Ed. bras.: *A arte de viver*. São Paulo: Camelot, 2022.]

46. Id., *Discourses and Selected Writings*. Nova York: Penguin Classics, 2008, p. 69.

47. Alexandre Kojève, *Introduction to the Reading of Hegel: Lectures on the Phenomenology of Spirit*. Ithaca: Cornell University Press, 1980, p. 6.

48. Ibid., p. 41.

49. Ibid.

50. Ibid., p. 19.

51. Raj Patel, *Stuffed and Starved: The Hidden Battle for the World Food System*. Brooklyn: Melville House, 2012.

52. Elon Musk (@elonmusk), "*The amount of attention on me has gone supernova, which super sucks. Unfortunately, even trivial articles about me generate a lot of clicks :(Will try my best to be heads down focused on doing useful things for civilization*", X, 25 jul. 2022. Disponível em: <https://twitter.com/elonmusk/status/1551698120328749056>. Acesso em: 26 fev. 2024.

53. Jonathan Weil, "Elon Musk Sold Tesla Shares Before Company Acknowledged Weakness", *Wall Street Journal*, 20 jan. 2023. Disponível em: <www.wsj.com/articles/elonmusksoldteslasharesbeforecompanyacknowledgedweakness11674177642>. Acesso em: 26 fev. 2024.

5. ALIENAÇÃO

1. Sabawoon Samim, "New Lives in the City: How Taleban Have Experienced Life in Kabul", *Afghanistan Analysts Network*, 2 fev. 2023. Disponível em: <www.afghanistan-analysts.org/en/reports/context-culture/new-lives-in-the-city-how-taleban-have-experienced-life-in-kabul>. Acesso em: 28 jan. 2024.

2. Ibid.

3. Karl Marx e Friedrich Engels, *The Communist Manifesto*. Nova York: Penguin, 2002 [1848], p. 227. [Ed. bras.: *O Manifesto do Partido Comunista*. São Paulo: Sunderman, 2017, p. 23.]

4. Karl Marx, *Wage Labour and Capital: Wages, Price and Profit*. Pequim: Foreign Languages Press, 2020, p. 42. [Ed. bras.: *Trabalho assalariado e capital & Salário, preço e lucro*. São Paulo: Expressão Popular, 2024.]

5. Id., *Economic and Philosophic Manuscripts of 1844*. Mineola: Dover, 2012, p. 69. [Ed. bras.: *Manuscritos econômico-filosóficos de 1844*. Trad. Jesus Ranieri. São Paulo: Boitempo, 2004.]

6. Yann Moulier-Boutang, *Cognitive Capitalism*. Cambridge: Polity Press, 2011; Claudio Bueno, *The Attention Economy: Labour, Time and Power in Cognitive Capitalism*. Lanham: Rowman & Littlefield, 2016.

7. Tim Wu, *The Attention Merchants: The Epic Scramble to Get Inside Our Heads*. Nova York: Knopf Doubleday, 2017, p. 12. [E-book.]

8. Ibid., p. 13.

9. Christine H. Carpenter, "The Spectre of Ingleton; or the Forest Mystery", *New York Sun*, 21 nov. 1859. Disponível em: <https://chroniclingamerica.loc.gov/lccn/sn83030272/1859-11-21/ed-1/seq-1>. Acesso em: 7 fev. 2024.

10. Também foi esse o modelo no Reino Unido. Kevin Williams, *Read All About It!: A History of the British Newspaper*. Nova York: Routledge, 2009, p. 64.

11. Hoje em dia, a oposição dos CEOs ao home office vem de um medo prevalente de que permitir que os trabalhadores exerçam sua função longe dos olhos atentos de gerentes vá fazê-los perder todos esses ganhos.

12. Seamus Kirst, "What Are Nielsen Ratings and How Are They Calculated?", *Forbes*, 18 dez. 2015. Disponível em: <www.forbes.com/sites/seamuskirst/2015/12/18/what-are-nielsen-ratings-and-how-are-they-calculated/?sh=10ed8c8456e0>. Acesso em: 7 fev. 2024.

13. Tony Magilo, "How Nielsen Has Built a TV Ratings Monopoly Nearly as Old as TV", *TheWrap*, 26 abr. 2016. Disponível em: <www.thewrap.com/nielsen-tv-ratings-new-threats-history>. Acesso em: 7 fev. 2024.

14. Ibid.

15. Masha Abarinova, "Nielsen Regains Media Rating Council Accreditation for National TV Ratings", *StreamTV Insider*, 17 abr. 2023. Disponível em: <www.streamtvinsider.com/video/nielsen-regains-media-rating-council-accreditation-national-tv-ratings>. Acesso em: 7 fev. 2024.

16. Dan Clarendon, "Why Have tv Networks Turned Against Nielsen Ratings?", *tv Insider*, 28 jul. 2021. Disponível em: <www.tvinsider.com/1006916/tv-network-nielsen-ratings-vab-mrc-accreditation>. Acesso em: 7 fev. 2024.

17. Raquel Harris, "Byron Allen's Media Group Files Lawsuit Against Nielsen for Fraud in Ratings; Seeks Billions in Damages", *Forbes*, 23 mar. 2022. Disponível em: <www.forbes.com/sites/forbestheculture/2022/03/23/byron-allens-media-group-files-lawsuit-against-nielsen-for-fraud-in-ratings-seeks-billions-in-damages/?sh=31b1b891728f>. Acesso em: 7 fev. 2024.

18. Tim Hwang, *Subprime Attention Crisis*. Nova York: Farrar, Straus & Giroux, 2020, pp. 42-3. [E-book.]

19. Suzanne Vranica e Jack Marshall, "Facebook Overestimated Key Video Metric for Two Years", *Wall Street Journal*, 22 set. 2016. Disponível em: <www.wsj.com/articles/facebook-overestimated-key-video-metric-for-two-years-1474586951>. Acesso em: 7 fev. 2024.

20. Alexandra Bruell, "Fraudulent Web Traffic Continues to Plague Advertisers, Other Businesses", *Wall Street Journal*, 28 mar. 2018. Disponível em: <www.wsj.com/articles/fraudulent-web-traffic-continues-to-plague-advertisers-other-businesses-1522234801>. Acesso em: 7 fev. 2024.

21. Tim Hwang, *Subprime Attention Crisis*, op. cit., p. 87. [E-book.]

22. Karl Polanyi, *The Great Transformation*. Boston: Beacon, 2001 [1944], p. 75. [E-book.] Zoe Sherman, *Modern Advertising and the Market for Audience Attention: The us Advertising Industry's Turn-of-the-Twentieth-Century Transition*. Abingdon: Routledge, 2020, p. 3.

23. Karl Polanyi, *The Great Transformation*, op. cit., p. 76. [E-book.]

24. Para uma abordagem mais extensa da teoria de Polanyi aplicada à era digital, ver: Dean Curran, "Polanyi's Discovery of Society and the Digital Phase of the Industrial Revolution", *European Journal of Social Theory*, v. 27, n. 1, pp. 78-96, 2024.

25. American Academy of Sleep Medicine, "Are You TikTok Tired? 93% of Gen Z Admit to Staying Up Past Their Bedtime Due to Social Media", 7 set. 2022. Disponível em: <https://aasm.org/

are-you-tiktok-tired-93-of-gen-z-admit-to-staying-up-past-their-bedtime-due-to--social-media>. Acesso em: 28 maio 2024.

26. "Mobile Fact Sheet", Pew Research Center, 21 jan. 2024. Disponível em: <www.pewresearch.org/internet/fact-sheet/mobile>. Acesso em: 7 fev. 2024.

27. Jia Tolentino, "How CoComelon Captures Our Children's Attention", *New Yorker*, 10 jun. 2024. Disponível em: <https://www.newyorker.com/magazine/2024/06/17/cocomelon-children-television-youtube-netflix>.

28. Laura Ceci, "Number of YouTube Kids Mobile App Downloads Worldwide from 2016 to 2023", Statista, 4 mar. 2024. Disponível em: <www.statista.com/statistics/1251942/global-youtube-kids-app-downloads>. Acesso em: 28 maio 2024.

29. Tim Wu, *The Attention Merchants, op. cit.*, p. 22. [E-book.]

30. Frank Maguire, "New Research: Understanding Consumer Behaviors During TV Commercial Breaks", Sharethrough, 10 fev. 2022. Disponível em: <www.sharethrough.com/blog/new-research-understanding-consumer-behaviors-during-tv--commercial-breaks>. Acesso em: 3 jul. 2024.

31. Brian Flood, "Fox News Celebrates 25 Years Since Rupert Murdoch's Vision Debuted on Air", Fox News, 4 out. 2021. Disponível em: <www.foxnews.com/media/rupert-murdoch-fox-news>. Acesso em 7 fev. 2024.

32. Nicholas Confessore, "How Tucker Carlson Reshaped Fox News — and Became Trump's Heir", *New York Times*, 30 abr. 2022. Disponível em: <www.nytimes.com/2022/04/30/us/tucker-carlson-fox-news.html>. Acesso em: 7 jul. 2024.

33. Brian Stelter, *Hoax: Donald Trump, Fox News, and the Dangerous Distortion of Truth*. Nova York: Atria, 2020.

34. Sarah Ellison, Paul Farhi e Jeremy Barr, "Fox News Feared Losing Viewers by Airing Truth About Election, Documents Show", *Washington Post*, 17 fev. 2023. Disponível em: <www.washingtonpost.com/media/2023/02/17/fox-news-dominion-ratings--fear>. Acesso em: 7 fev. 2024.

35. Amanda Terkel e Jane C. Timm, "See What Fox News Tried to Redact in the Dominion Defamation Case", NBC News, 14 abr. 2023. Disponível em: <www.nbcnews.com/media/see-fox-news-tried-redact-dominion-defamation-case-rcna77481>. Acesso em: 7 fev. 2024.

36. Kevin Young, "Moon Shot: Race, a Hoax, and the Birth of Fake News", *New Yorker*, 21 out. 2017. Disponível em: <www.newyorker.com/books/page-turner/moon-shot-race-a-hoax-and-the-birth-of-fake-news>. Acesso em: 7 fev. 2024.

37. Ryan Smith, "Bo Burnham Goes Viral over Social Media Rant Amid Elon Musk Twitter Buyout", *Newsweek*, 3 nov. 2022. Disponível em: <www.newsweek.com/bo-burnham-social-media-rant-video-elon-musk-twitter-1756570>. Acesso em: 7 fev. 2024.

38. Émile Durkheim, *The Elementary Forms of the Religious Life*. Trad. Joseph Ward Swain. Londres: George Allen & Unwin Ltd., 1915. [Ed. bras.: *As formas elementares de vida religiosa*. São Paulo: Paulus, 2001.]

39. Lincoln Caplan, "The Walkman", *New Yorker*, 13 set. 1981. Disponível em: <www.newyorker.com/magazine/1981/09/21/the-walkman>.

40. Tom Zito, "Stepping to the Stereo Strut", *Washington Post*, 12 maio 1981. Disponível em: <www.washingtonpost.com/archive/lifestyle/1981/05/12/stepping-to-the-stereo-strut/c810a6d9-c054-4b2b-b150-db330cdd08a6>. Acesso em: 28 jan. 2024.

41. Ibid.

42. Rebecca Tuhus-Dubrow, "The Gadget That Broke Humanity", *Boston Globe*, 1 set. 2017. Disponível em: <www.bostonglobe.com/ideas/2017/09/01/the-gadget-that-broke-humanity/NS9wsBmtIMHQmrEvRRmtZL/story.html>. Acesso em: 28 jan. 2024.

43. Phil Patton, "Humming Off Key for Two Decades", *New York Times*, 29 jul. 1999. Disponível em: <https://archive.nytimes.com/www.nytimes.com/library/tech/99/07/circuits/articles/29walk.html>.

44. Ibid.

45. Erik Barnouw, *Tube of Plenty: The Evolution of American Television*. Oxford: Oxford University Press, 1990, p. 114.

46. Elena Ferrante, *My Brilliant Friend*. Nova York: Europa, 2012, cap. 34. [E-book.] [Ed. bras.: *A amiga genial*. Trad. Maurício Santana Dias. Rio de Janeiro: Biblioteca Azul, 2015.]

47. "U.S. Census Bureau History: Philo Farnsworth and the Invention of Television", US Census Bureau. Disponível em: <www.census.gov/history/www/homepage_archive/2023/september_2023.html>. Acesso em: 28 jan. 2024.

48. Arthur C. Clarke, *Profiles of the Future: An Inquiry into the Limits of the Possible*. Nova York: Harper & Row, 1973, p. 38.

6. OS PRIMÓRDIOS DA ERA DA ATENÇÃO

1. Alvin Toffler, *The Third Wave*. Nova York: Random House, 1980. [Ed. bras.: *A terceira onda*. Rio de Janeiro: Record, 1981.]

2. Ibid., p. 12.

3. Foi em 1960 que a expressão "era da informação" apareceu pela primeira vez, em uma pequena publicação técnica de um homem que fundaria uma empresa de vigilância e chefiaria o desenvolvimento de sistemas de inteligência e reconhecimento no Pentágono. Falando sobre o crescimento do poder dos computadores e a importância deles para aplicações militares e civis, o autor observou: "As conquistas informacionais espetaculares atuais e previstas darão início ao reconhecimento público da 'era da informação', provavelmente com um título mais simbólico". Pois é, esse colou.

4. Andrew Blum, *Tubes: A Journey to the Center of the Internet*. Nova York: Ecco Press, 2012.

5. Chistof Ruhl e Titus Erker, "Oil Intensity: The Curiously Steady Decline of Oil in gdp", Center on Global Energy Policy, 9 set. 2021. Disponível em: <www.energypolicy.columbia.edu/wp-content/uploads/2021/09/LongTermOilIntensity_CGEP_Report_111122.pdf>.

6. Enquanto escrevo, a explosão tanto de criptomoedas quanto do uso de grandes modelos de linguagem — ambos com forte uso de energia — ameaça reverter essa tendência.

7. "Job Polarization", Federal Reserve Bank of St. Louis, 28 abr. 2016. Disponível em: <https://fredblog.stlouisfed.org/2016/04/job-polarization>. Acesso em: 4 set. 2024.

8. David Carr, "The Coolest Magazine on the Planet", *New York Times*, 27 jul. 2003. Disponível em: <www.nytimes.com/2003/07/27/books/the-coolest-magazine-on--the-planet.html>. Acesso em: 28 maio 2024.

9. Andras N. Zsidó et al., "The Effects of Task-Irrelevant Threatening Stimuli on Orienting and Executive Attentional Processes Under Cognitive Load", *British Journal of Psychology*, v. 113, n. 2, pp. 412-33, 2022. Disponível em: <https://doi.org/10.1111/bjop.12540>.

10. Alvin Toffler, *Future Shock*. Nova York: Random House, 1970, p. 371.

11. Ibid., p. 366.

12. Herbert A. Simon, "Designing Organizations for an Information-Rich World", em Martin Greenberger (Org.), *Computers, Communications, and the Public Interest*. Baltimore: Johns Hopkins University Press, 1971, pp. 40-1.

13. Ibid., p. 42.

14. Ibid., p. 43.

15. Ibid., p. 44.

16. Chris Whipple, *The Gatekeepers: How the White House Chiefs of Staff Define Every Presidency*. Nova York: Crown, 2017.

17. Herbert A. Simon, "Designing Organizations for an Information-Rich World", op. cit., p. 47.

18. Jay Yarow, "Jony Ive: This Is the Most Important Thing I Learned from Steve Jobs", *Business Insider*, 10 out. 2014. Disponível em: <www.businessinsider.com/jony-ive-this-is-the-most-important-thing-i-learned-from-steve-jobs-2014-10>. Acesso em: 8 jan. 2024.

19. Herbert A. Simon, "Designing Organizations for an Information-Rich World", op. cit., 1971, p. 44.

20. Robert M. Solow, "We'd Better Watch Out", *New York Times Book Review*, 12 jul. 1987, p. 36.

21. Robert J. Gordon, *The Rise and Fall of American Growth*. Princeton: Princeton University Press, 2016, p. 575. [E-book.]

22. O historiador econômico Robert Gordon escreve que, embora a rápida industrialização em massa que se seguiu à Guerra Civil tenha produzido um século "de revolução nos Estados Unidos" que libertou "as famílias de uma rotina incessante de trabalho manual penoso, trabalho doméstico árduo, escuridão, isolamento e morte prematura [...], o crescimento econômico desde 1970 tem sido ao mesmo tempo deslumbrante e decepcionante. Esse paradoxo é resolvido quando reconhecemos que os avanços desde 1970 tendem a ser canalizados para uma esfera

restrita da atividade humana relacionada ao entretenimento". Robert J. Gordon, *The Rise and Fall of American Growth*, op. cit., p. 2. [E-book.]

23. "Link Best Practices for Google", Google, atualizado em 20 dez. 2023. Disponível em: <https://developers.google.com/search/docs/crawling-indexing/links-crawlable>. Acesso em: 3 fev. 2024.

24. "About Google", Google. Disponível em: <https://about.google>. Acesso em: 28 jan. 2024.

25. "Google Introduces New Pricing for Popular Self-Service Online Advertising Program", Google, 20 fev. 2022. Disponível em: <http://googlepress.blogspot.com/2002/02/google-introduces-new-pricing-for.html>. Acesso em: 28 maio 2024; "Google Launches Self-Service Advertising Program", Google, 23 out. 2000. Disponível em: <http://googlepress.blogspot.com/2000/10/google-launches-self-service.html>. Acesso em: 28 maio 2024.

26. O Google Adwords Keyword Planner (ferramenta on-line gratuita aqui: <https://ads.google.com/home/tools/keyword-planner>) mostra que "advogado de mesotelioma" custaria entre 55 e 233 dólares a um anunciante. Ver também Carl Bialik, "Lawyers Bid Up Value of Web-Search Ads", *Wall Street Journal*, 8 abr. 2004. Disponível em: <www.wsj.com/articles/SB108137355250477123>. Acesso em: 5 jul. 2024.

27. US Securities and Exchange Commission, 10-k, Google Inc., "Item 6 — Selected Financial Data". Disponível em: <www.sec.Archives/edgar/data/1288776/000119312505065298/d10k.htm#toc10062_>.

28. Shoshana Zuboff, *The Age of Surveillance Capitalism: The Fight for a Human Future at the New Frontier of Power*. Nova York: PublicAffairs, 2018, p. 9. [E-book.]

29. Larry Page e Sergey Brin, "Letter from the Founders", *New York Times*, 29 abr. 2004. Disponível em: <www.nytimes.com/2004/04/29/business/letter-from-the--founders.html>. Acesso em: 28 jan. 2024.

30. Google Inc., Form S-1 (enviado em 29 abr. 2004), US Securities and Exchange Commission. Disponível em: <www.sec.gov/Archives/edgar/data/1288776/000119312504073639/ds1.htm>. Acesso em: 3 fev. 2024.

31. Jake Lingeman, "Here's Every Three-Row EV You Can Buy, Now and Soon", *Newsweek*, 11 nov. 2022. Disponível em: <www.newsweek.com/heres-every--three-row-ev-you-can-buy-now-soon-1758289>. Acesso em: 28 jan. 2024.

32. Finn Brunton, *Spam: A Shadow History of the Internet*. Cambridge: MIT Press, 2013, p. 565. [E-book.]

33. "Spam", *Monty Python's Flying Circus*, temporada 2, episódio 12, com John Cleese, Graham Chapman e Terry Jones, transmitido em 15 dez. 1970, BBC, 27:00.

34. Finn Brunton, *Spam: A Shadow History of the Internet*, op. cit., p. 35. [E-book.]

35. Ibid., p. 36.

36. Id., "Spam", em Niels Brügger e Ian Milligan, *The SAGE Handbook of Web History*. Thousand Oaks: SAGE, 2019, p. 565.

37. Sharael Feist, "The Father of Modern Spam Speaks", CNET, 16 mar. 2002. Disponível em: <www.cnet.com/tech/tech-industry/the-father-of-modern-spam-speaks>. Acesso em: 28 jan. 2024.

38. Laurence A. Canter e Martha S. Siegel, *How to Make a Fortune on the Information Superhighway: Everyone's Guerrilla Guide to Marketing on the Internet and Other On-Line Services*. Nova York: HarperCollins, 1995.

39. Justin M. Rao e David H. Reiley, "The Economics of Spam", *Journal of Economic Perspectives*, v. 26, n. 3, p. 87, 2012.

40. Tom Curry, "How Dean Uses the Power of the Web", NBC News, 23 out. 2003. Disponível em: <www.nbcnews.com/id/wbna3340001>. Acesso em: 29 maio 2024.

41. Alexis C. Madrigal, "Hey, I Need to Talk to You About This Brilliant Obama Email Scheme", *Atlantic*, 29 nov. 2012. Disponível em: <www.theatlantic.com/technology/archive/2012/11/hey-i-need-to-talk-to-you-about-this-brilliant-obama-email--scheme/265725>. Acesso em: 29 maio 2024.

42. "Is Slack Better Than Email?", Slack. Disponível em: <https://slack.com/why/slack-vs-email>. Acesso em: 28 jan. 2024.

43. Alicia Liu, "Death By a Thousand Pings: The Hidden Side of Using Slack", Medium, 20 mar. 2018. Disponível em: <https://medium.com/counter-intuition/the-hidden-side-of-using-slack-2443d9b66f8a>. Acesso em: 28 jan. 2024.

44. Tim Wu, *The Attention Merchants*, op. cit., p. 22. [E-book.]

45. Ibid., pp. 22-3.

46. Aaron Gordon, "How We Ended Up with All This Junk Mail", *Vice*, 15 out. 2020. Disponível em: <www.vice.com/en/article/889wyv/how-we-ended-up-with-all-this-junk--mail>. Acesso em: 29 maio 2024.

47. Finn Brunton, *Spam*, op. cit., p. 566. [E-book.]

48. Yusef Mehdi, "Announcing the Next Wave of ai Innovation with Microsoft Bing and Edge", Microsoft, 4 maio 2023. Disponível em: <https://blogs.microsoft.com/blog/2023/05/04/announcing-the-next-wave-of-ai-innovation-with-microsoft-bing-and-edge>. Acesso em: 29 maio 2024.

49. Ezra Klein, "Beyond the 'Matrix' Theory of the Mind", *New York Times*, 28 maio 2023. Disponível em: <www.nytimes.com/2023/05/28/opinion/artificial-intelligence-thinking-minds-concentration.html>.

50. Donella H. Meadows et al., *The Limits to Growth: A Report for the Club of Rome's Project on the Predicament of Mankind*. Nova York: Universe Books, 1972, p. 23.

51. "The Amazon in Crisis: Forest Loss Threatens the Region and the Planet", World Wildlife Fund, 8 nov. 2022. Disponível em: <www.worldwildlife.org/stories/the--amazon-in-crisis-forest-loss-threatens-the-region-and-the-planet>. Acesso em: 28 jan. 2024.

52. Donella H. Meadows et al., *The Limits to Growth*, op. cit., 1972, p. 23.

53. "Your Mind Is Being Fracked", *The Ezra Klein Show*, 31 maio 2024. Disponível em: <www.nytimes.com/2024/05/31/opinion/ezra-klein-podcast-d-graham-burnett.html>.

54. "New Perspectives on Human Multitasking", *Psychological Research*, v. 82, pp. 1-3, 2018. Disponível em: <https://link.springer.com/article/10.1007/s00426-018-0970-2>; J. M. Watson e D. L. Strayer, "Supertaskers: Profiles in Extraordinary Multitasking Ability", *Psychonomic Bulletin & Review*, v. 17, pp. 479-85, 2010. Disponível em: <https://doi.org/10.3758/PBR.17.4.479>.

55. Michael Goldhaber, "The Attention Economy and the Net", *First Monday* 2, n. 4, 1997. Disponível em: <https://doi.org/10.5210/fm.v2i4.519>. Acesso em: 4 fev. 2024.

56. Ibid.

57. Ibid.

58. Ibid.

59. C. Wright Mills, *The Power Elite*. Oxford: Oxford University Press, 1956.

60. Kate Conger e Lauren Hirsch, "Elon Musk Completes $44 Billion Deal to Own Twitter", *New York Times*, 27 out. 2022. Disponível em: <www.nytimes.com/2022/10/27/technology/elon-musk-twitter-deal-complete.html>. Acesso em: 4 fev. 2024.

61. Gareth Vipers, "Twitter Is Now Worth a Third of What Musk Paid for It, Fidelity Says", *Wall Street Journal*, 31 maio 2023. Disponível em: <www.wsj.com/articles/twitter-is-now-worth-a-third-of-what-musk-paid-for-it-fidelity-says-e66f61db>. Acesso em: 2 fev. 2024.

62. Tom Murray, "Mandy Patinkin Has Perfect Response to Elon Musk Using The Princess Bride Quote", *Independent*, 18 maio 2023. Disponível em: <www.independent.co.uk/artsentertainment/films/news/mandy-patinkin-princess-bride-elon-musk-b2341121.html>. Acesso em: 2 fev. 2024.

63. Zoë Schiffer, "Elon Musk Attacked My Article Accusing Him of Gaming Twitter's Algorithm for More Attention. In Some Ways, It Gave Him Exactly What He Wanted", *Business Insider*, 15 fev. 2024. Disponível em: <www.businessinsider.com/musk-changed-twitter-algorithm-tweets-didnt-get-attention-book-2024-2>; Zoë Schiffer, *Extremely Hardcore: Inside Elon Musk's Twitter*. Nova York: Portfolio, 2024.

7. ATENÇÃO PÚBLICA

1. Allen C. Guelzo, "Houses Divided: Lincoln, Douglas, and the Political Landscape of 1858", *Journal of American History*, v. 94, n. 2, pp. 391-41, 2007.

2. Id., *Lincoln and Douglas: The Debates that Defined America*. Nova York: Simon & Schuster, 2008, p. xii

3. Ibid., p. xii.

4. Neil Postman, *Amusing Ourselves to Death,* op. cit., p. 48.

5. "Lincoln-Douglas Debates of 1858", biblioteca digital da Northern Illinois University.

6. "The Freeport Doctrine", US National Park Service. Disponível em: <www.nps.gov/liho/learn/historyculture/freeport-doctrine.htm>.

7. Também se deve parcialmente ao fato de os repórteres estarem reconstruindo os discursos a partir de anotações ao vivo; não havia transcrições de fato.

8. Rodney O. Davis e Douglas L. Wilson (Orgs.), *The Lincoln-Douglas Debates*. Champaign: University of Illinois Press, 2008, p. 134.

9. Henry Robert, *Robert's Rules of Order Newly Revised*. Nova York: Public Affairs, 2020.

10. Henry Petroski, "Henry Martyn Robert", *American Scientist* 84, n. 2, 1996, p. 106.

11. Graham A. Peck, "New Records of the Lincoln-Douglas Debate at the 1854 Illinois State Fair: The Missouri Republican and the Missouri Democrat Report from Springfield", *Journal of the Abraham Lincoln Association, v.* 30, n. 2, pp. 25-8, 2009..

12. Loren Lind, "Speed and Journalism", *Queen's Quarterly,* v. 108, n. 3, pp. 346-5, 2001..

13. Ibid., pp. 346-55.

14. O que não significa que as posições em si continuem válidas. Obviamente, as desculpas de Douglas para a escravidão são moralmente odiosas. Mas, a certo ponto, Lincoln faz uma longa crítica para garantir ao público branco que não tem interesse algum na igualdade verdadeira entre americanos brancos e negros, incluindo uma série de piadas sobre como seria ridícula a ideia de ele se casar com uma negra.

15. James Baldwin, *Notes of a Native Son*. Boston: Beacon, 1984 [1955], pp. 13-4. [Ed. bras.: *Notas de um filho nativo*. Trad. de Paulo Henriques Britto. São Paulo: Companhia das Letras, 2020.]

16. Neil Postman, *Amusing Ourselves to Death,* op. cit., p. 92.

17. Ibid., p. xvi.

18. George Orwell, *Nineteen Eighty-Four*. Londres: Secker & Warburg, 1949. [Ed. bras.: *1984*. Trad. de Alexandre Hubner e Heloisa Jahn. São Paulo: Penguin, 2020.]

19. Aldous Huxley, *Brave New World*. Londres: Chatto & Windus, 1932. [Ed. bras.: *Admirável mundo novo*. Trad. de Vidal de Oliveira. Rio de Janeiro: Biblioteca Azul, 2014.]

20. Neil Postman, *Amusing Ourselves to Death,* op. cit., p. xxi.

21. Essa crítica ficou ainda mais influente depois que os regimes comunistas de verdade no Leste Europeu caíram alguns anos mais tarde. É possível argumentar que o atual Partido Comunista Chinês teve sucesso em sintetizar esses dois modelos em um novo, muito bem-sucedido: o PCC restringe certos tipos de informação por meio do Grande Firewall e de vigilância sofisticada, ao mesmo tempo que permite que os cidadãos chineses acessem toda a diversão e as trivialidades do pão e circo moderno que é a internet. O TikTok começou como um aplicativo chinês.

22. George Saunders, *The Braindead Megaphone: Essays*. Nova York: Riverhead, 2007.

23. Ibid., pp. 3-4.

24. Lily Rothman, "The Scathing Speech That Made Television History", *Time*, 9 maio 2016. Disponível em: <https://time.com/4315217/newton-minow-vast-wasteland-1961-speech>. Acesso em: 2 fev. 2024.

25. Note que parece ser na verdade uma citação de Tim Sullivan de Tammany Hall. William Safire, *Safire's Political Dictionary*. Nova York: Oxford University Press, 2008, p. 583.

26. Também devo notar que, entre suas muitas outras atividades, Barnum era representante eleito, com quatro mandatos na legislatura de Connecticut. Então, o sucesso do showman na política não é um produto inteiramente da era da atenção.

27. Tim Miller, mensagem de e-mail ao autor, 1 out. 2023.

28. Jim Norman, "Solid Majority Still Opposes New Construction on Border Wall", Gallup, 4 fev. 2019. Disponível em: <https://news.gallup.com/poll/246455/solid-majority-opposes-new-construction-border-wall.aspx>. Acesso em: 2 fev. 2024.

29. Alexandra Marquez, "Poll: Republicans Have Advantages on Immigration, Crime and the Economy", NBC News, 26 set. 2023. Disponível em: <www.nbcnews.com/meet-the-press/first-read/poll-republicans-advantages-immigration-crime-economy-rcna117054>. Acesso em: 2 fev. 2024.

30. Brent Kendall, "Trump Says Judge's Mexican Heritage Presents 'Absolute Conflict'", *Wall Street Journal*, 3 jun. 2016. Disponível em: <www.wsj.com/articles/donald-trump-keeps-up-attacks-on-judge-gonzalo-curiel-1464911442>. Acesso em: 2 fev. 2024.

31. Steven Shepard, "Poll: Majority of Voters Back Trump Travel Ban", *Politico*, 5 jul. 2017. Disponível em: <www.politico.com/story/2017/07/05/trump-travel-ban-poll-voters-240215>. Acesso em: 2 fev. 2024.

32. Frank Newport et al., "'Email' Dominates What Americans Have Heard About Clinton", Gallup, 19 set. 2016. Disponível em: <https://news.gallup.com/poll/195596/email-dominates-americans-heard-clinton.aspx>. Acesso em: 2 fev. 2024.

33. Lydia Saad, "Biden and Trump Evenly Matched in U.S. Favorable Ratings", Gallup, 9 jan. 2024. Disponível em: <https://news.gallup.com/poll/548138/american-presidential-candidates-2024-election-favorable-ratings.aspx>. Acesso em: 2 fev. 2024.

34. Jeffrey M. Jones, "Last Trump Job Approval 34%, Average is Record-Low 41%", Gallup, 18 jan. 2021. Disponível em: <https://news.gallup.com/poll/328637/last-trump-job-approval-average-record-low.aspx>. Acesso em: 6 jul. 2024.

35. Andrew Prokop, "The GOP Had Terrible Senate Candidates and It Really Did Sink Them", *Vox*, 16 nov. 2022. Disponível em: <www.vox.com/policy-and-politics/2022/11/16/23458896/republicans-senate-candidate-quality-trump>. Acesso em: 2 fev. 2024.

36. Isabelle Schmeler, "Katie Hobbs Sticks with No-Debate Stance, Says Kari Lake Wants a 'Spectacle'", NBC News, 21 out. 2022. Disponível em: <www.nbcnews.com/meet-the-press/meetthepressblog/katie-hobbs-sticks-no-debate-stance-says-kari-lake-wants-spectacle-rcna53511>. Acesso em: 2 fev. 2024.

37. Jonathan Weisman, "Vivek Ramaswamy, Wealthy Political Novice Who Aligned with Trump, Quits Campaign", *New York Times*, 15 jan. 2024. Disponível em: <www.nytimes.com/2024/01/15/us/politics/vivek-ramaswamy-drops-out.html>. Acesso em: 2 fev. 2024.

38. Peter Hamby, "Death of a Salesman", *Puck*, 16 out. 2023. Disponível em: <https://puck.news/death-of-a-salesman>. Acesso em: 24 fev. 2024.

39. Ibid.

40. Thomas Hobbes, *Leviathan*. Londres: St Paul's Churchyard, 1651, cap. 19. [Ed. bras.: *Leviatã*. Trad. Gabriel Lima Marques e Renan Marques Birro. Petrópolis: Vozes; Bragança Paulista: Editora Universitária São Francisco, 2020.]

41. Foi o Conselho de Supervisão que revisou (ou iniciou) a remoção de Trump da plataforma após 6 de janeiro de 2021. Ver, por exemplo, Charlie Warzel, "Trump and Facebook's Mutual Decay", *Atlantic*, 25 jan. 2023. Disponível em: <www.theatlantic.com/technology/archive/2023/01/meta-reinstates-trump-facebook-instagram-accounts-ban/672845>. Acesso em: 2 fev. 2024.

42. "Monetary Policy: What Are Its Goals? How Does It Work", US Federal Reserve. Disponível em: <www.federalreserve.gov/monetarypolicy/monetary-policy-what-are-its-goals-how-does-it-work.htm>. Acesso em: 2 fev. 2024.

43. Yonette Joseph e Eric Schmitt, "What to Know About the Titan Submersible", *New York Times*, 20 jun. 2023. Disponível em: <www.nytimes.com/2023/06/20/us/missing-submarine-titanic-search.html>. Acesso em: 2 fev. 2024.

44. Olivia B. Waxman, "Baby Jessica's Rescue from a Well Capped Off a Terrifying Week in U.S. History", *Time*, 16 out. 2017. Disponível em: <https://time.com/4980689/baby-jessica-30th-anniversary>. Acesso em: 2 fev. 2024; Maureen Corrigan, "The Incredible Story of Chilean Miners Rescued from the 'Deep Down Dark'", NPR News, 29 out. 2014. Disponível em: <www.npr.org/2014/10/29/359839104/the-incredible-story-of-chilean-miners-rescued-from-the-deep-down-dark>. Acesso em: 2 fev. 2024; Dave Davies, "Documentary Follows the Divers Who Risked It All in the Thailand Cave Rescue", NPR News, 11 out. 2021. Disponível em: <www.npr.org/2021/10/11/1043363760/thailand-cave-rescue-documentary-film>. Acesso em: 2 fev. 2024.

45. Matina Stevis-Gridneff e Karam Shoumali, "Everyone Knew the Migrant Ship Was Doomed. No One Helped", *New York Times*, 1 jul. 2023. Disponível em: <www.nytimes.com/2023/07/01/world/europe/greece-migrant-ship.html>. Acesso em: 2 fev. 2024.

46. Alex Shephard, "The Media Cares More About the Titanic Sub Than Drowned Migrants", *New Republic*, 20 jun. 2023. Disponível em: <https://newrepublic.com/article/173808/media-cares-titanic-sub-drowned-migrants>. Acesso em: 2 fev. 2024.

47. Ogi Ogas e Sai Gaddam, *A Billion Wicked Thoughts: What the Internet Tells Us About Sex and Relationships*. Nova York: Penguin, 2012.

48. Walter Lippmann, *Men of Destiny*. Nova York: Macmillan, 1927, p. 236.

49. "NASA Announces Summer 2023 Hottest on Record", US National Aeronautics and Space Administration, 14 set. 2023. Disponível em: <www.nasa.gov/news-release/nasa-announces-summer-2023-hottest-on-record>. Acesso em: 3 fev. 2024.

50. Victoria Bisset, "Maui Police Identify the 100th, Last Known, Victim of the Lahaina Fires", *Washington Post*, 27 jan. 2024. Disponível em: <www.washingtonpost.com/nation/2024/01/27/wildfire-maui-lahaina-victims-lydia-coloma>. Acesso em: 3 fev. 2024/; "Hurricane Hilary in Death Valley National Park", US National Park Service. Disponível em: <www.nps.gov/deva/learn/nature/hilary.htm>. Acesso em: 3 fev. 2024.

51. *Don't Look Up*, dirigido por Adam McKay. Los Angeles: Netflix, 2021.

52. "US Open Semi-Final Interrupted as Climate Protester Glues Feet to Floor in Stands", *Guardian*, 7 set. 2023. Disponível em: <www.theguardian.com/sport/2023/sep/08/us-open-2023-semi-final-climate-protester-glues-feet>. Acesso em: 3 fev. 2024.

53. Jack Guy e Inke Kappeler, "Renowned Conductor Allows Climate Activists to Address Crowd at Swiss Music Festival", CNN, 11 set. 2023. Disponível em: <www.cnn.com/style/article/vladimir-jurowski-protesters-climate-scli-intl/index.html>. Acesso em: 3 fev. 2024.

54. "First Debate: Ottawa, Illinois", US National Park Service. Disponível em: <www.nps.gov/liho/learn/historyculture/debate1.htm>. Acesso em: 3 fev. 2024.

55. Ibid.

56. "Member's Podcasts", House GOP. Disponível em: <www.gop.gov/member-podcast/>. Acesso em: 3 fev. 2024.

57. William Vaillancourt, "Matt Gaetz Shows Up on Newsmax — as a Guest Host", *Daily Beast*, 26 maio 2023. Disponível em: <www.thedailybeast.com/matt-gaetz-shows-up-on-newsmax-as-a-guest-host>. Acesso em: 3 fev. 2024.

58. Olivia Beavers e Melanie Zanona, "MTG's Eye-Popping Fundraising Haul", *Politico*, 7 abr. 2021. Disponível em: <www.politico.com/newsletters/huddle/2021/04/07/mtgs-eye-popping-fundraising-haul-492390>. Acesso em: 3 fev. 2024.

59. Ryan Tarinelli, "House Republican Infighting Turns Raw During McCarthy Floor Debate", *Roll Call*, 3 out. 2023. Disponível em: <https://rollcall.com/2023/10/03/house-republican-infighting-turns-raw-during-mccarthy-floor-debate>. Acesso em: 3 fev. 2024.

60. Ibid.

61. Amanda Terkel e Garrett Haake, "House Judiciary Republicans Delete 'Kanye. Elon. Trump.' Tweet as Rapper Praises Hitler", NBC News, 1 dez. 2022. Disponível em: <www.nbcnews.com/politics/congress/house-judiciary-republicans-delete-kanye-elon-trump-tweet-rapper-prais-rcna59654>. Acesso em: 3 fev. 2024.

62. Para um tratamento no formato de um livro incrível sobre como funcionam essas dinâmicas, ver: Andrew Marantz, *Anti-Social: Online Extremists, Techno-Utopians, and the Hijacking of the American Conversation*. Nova York: Penguin, 2019.

63. Amanda Ripley, *High Conflict: Why We Get Trapped and How We Get Out*. Nova York: Simon & Schuster, 2021.

64. Sim, alimentação aqui é um termo um pouco invertido quando se considera a metáfora original da trollagem como pescaria. Mas, com o tempo, ela converteu os "*trolls*" para descrever as pessoas que praticam a trollagem — como as criaturas

bizarras que moram embaixo da ponte em contos de fadas — e se "alimentam" da energia negativa.

65. Olivia Solon e Brandy Zadrozny, "Trolls Turned 911 into a Weapon. Now Cops Are Fighting Back", NBC News, 22 nov. 2019. Disponível em: <www.nbcnews.com/news/all/trolls-turned-911-weapon-now-cops-are-fighting-back-n1105991>. Acesso em: 7 jul. 2024.

66. Angela Nagle, *Kill All Normies: Online Culture Wars from 4Chan and Tumblr to Trump and the Alt-Right*. Alresford: Zero Books, 2017.

67. Tracy Bowell, "Whataboutisms: The Good, the Bad and the Ugly", *Informal Logic* 43, n. 1, pp. 102-, 2023..

68. Patsy McGarry, "In a Word... Whataboutism", *Irish Times*, 8 jul. 2017. Disponível em: <www.irishtimes.com/culture/in-a-word-whataboutism-1.3129364>. Acesso em: 3 fev. 2024.

69. Edward Lucas, "Whataboutism", *Economist*, 31 jan. 2008. Disponível em: <www.economist.com/europe/2008/01/31/whataboutism>. Acesso em: 3 fev. 2024.

70. Ibid.

71. *Tucker Carlson Tonight*, Fox News, 31 jan. 2023. Disponível em: <https://grabien.com/file?id=1794829>. Acesso em: 7 jul. 2024.

72. "Fatal Force", *Washington Post*, uma base de dados de tiroteios policiais. Disponível em: <www.washingtonpost.com/graphics/investigations/police-shootings-database>. Acesso em: 7 jul. 2024.

73. "Resilience in Journalism and Free Speech in the Age of Social Media", Escola de Jornalismo de Columbia, YouTube, 20 maio 2023. Disponível em: <www.youtube.com/watch?v=JIfp2KcAKFc>. Acesso em: 29 maio 2024.

74. Naomi Klein, *Doppelganger: A Trip into the Mirror World*. Nova York: Farrar, Straus & Giroux, 2023, p. 240. [Ed. bras.: *Doppelgänger: Uma viagem através do mundo-espelho*. Trad. de Renato Marques. São Paulo: Carambaia, 2024.]

75. Janel Comeau (@VeryBadLlama), "*hey sorry I missed your text, I am processing a non-stop 24/7 onslaught of information with a brain designed to eat berries in a cave*", X, 26 set. 2023. Disponível em: <https://twitter.com/VeryBadLlama/status/1706859631098630633>. Acesso em: 3 fev. 2024.

8. RETOMANDO NOSSA MENTE

1. Universidade de Oxford, *World Happiness Report 2024*. Wellbeing Research Centre, 20 mar. 2024. Disponível em: <http://doi.org/10.18724>. Acesso em: 4 set. 2024.

2. Cory Doctorow, "The 'Enshittification' of TikTok", *Wired*, 23 jan. 2023. Disponível em: <www.wired.com/story/tiktok-platforms-cory-doctorow>. Acesso em: 23 set. 2024.

3. Jean M. Twenge, "The Sad State of Happiness in the United States and the Role of Digital Media", *World Happiness Report*, 20 mar. 2019. Disponível em: <https://worldhappiness.report/ed/2019/the-sad-state-of-happiness-in-the-united-states-and-the-role-of-digital-media>. Acesso em: 29 maio 2024.

4. Daniel A. Cox, "The State of American Friendship: Change, Challenges, and Loss", Survey Center on American Life, 8 jun. 2021. Disponível em: <www.americansurveycenter.org/research/the-state-of-american-friendship-change-challenges-and-loss>. Acesso em: 7 jul. 2024.

5. Derek Thompson, "It Sure Looks Like Phones Are Making Students Dumber", *Atlantic*, 19 dez. 2023. Disponível em: <www.theatlantic.com/ideas/archive/2023/12/cell-phones-student-test-scores-dropping/676889>. Acesso em: 29 maio 2024.

6. "One of Every 15 Vinyl Albums Sold in the U.S. in 2023 Was by Taylor Swift", *Billboard*, 16 jan. 2024. Disponível em: <www.billboard.com/pro/taylor-swift-vinyl-albums-sold-2023-total>. Acesso em: 29 set. 2024.

7. Felix Richter, "Despite Comeback, Vinyl Is Still Far from Its Glory Days", Statista, 19 abr. 2024. Disponível em: <www.statista.com/chart/7699/lp-sales-in-the-united-states>. Acesso em: 29 maio 2024; Keith Caulfield, "U.S. Vinyl Album Sales Rise for 17th Straight Year — but Growth Is Slowing", *Billboard*, 11 jan. 2023. Disponível em: <www.billboard.com/pro/vinyl-album-sales-rise-growth-slowing>. Acesso em: 29 maio 2024; Felix Richter, "From Tape to Tidal: 4 Decades of U.S. Music Sales", *Statista*, 24 jun. 2022. Disponível em: <www.statista.com/chart/17244/us-music-revenue-by-format>. Acesso em: 29 maio 2024.

8. Albert Amateau, "Seeds of Today's Greenmarket Were Planted in '76", *am*NY, 23 out. 2014. Disponível em: <www.amny.com/news/seeds-of-todays-greenmarket-were-planted-in-76>. Acesso em: 6 jul. 2024.

9. Economic Research Service, US Department of Agriculture, "Growth in the Number of U.S. Farmers Markets Slows in Recent Years". Disponível em: <www.ers.usda.gov/data-products/chart-gallery/gallery/chart-detail/?chartId=104402>. Acesso em: 29 maio 2024.

10. "Instagram CEO: Why You Don't See Your Friends' Posts Anymore", TikTok, 28 jul. 2023. Disponível em: <www.tiktok.com/@20vc_tok/video/7260934323824610565?lang=en>. Acesso em: 29 maio 2024.

11. Meredith Whittaker e Joshua Lund, "Privacy Is Priceless, but Signal Is Expensive", Signal, 16 nov. 2023. Disponível em: <https://signal.org/blog/signal-is-expensive>.

12. Para informações sobre o Friends of Attention e a Strother School of Radical Attention, ver: <www.friendsofattention.net/> e <www.schoolofattention.org>.

13. *Lochner v. New York*, 198 U.S. 45, 1905, National Constitution Center. Disponível em: <https://constitutioncenter.org/the-constitution/supreme-court-case-library/lochner-v-new-york>.

Este livro, composto na fonte Fairfield,
foi impresso em papel Ivory Slim 65g/m² na Coan.
Tubarão, julho de 2025.